“十三五”高职院校财经精品系列教材

财务管理

主　编◎张首楠
副主编◎黄春燕　谢月丹　陈春梅

西南财经大学出版社
Southwestern University of Finance & Economics Press
中国·成都

图书在版编目(CIP)数据

财务管理/张首楠主编.—成都:西南财经大学出版社,2019.1
ISBN 978-7-5504-3862-0

Ⅰ.①财… Ⅱ.①张… Ⅲ.①财务管理—教材 Ⅳ.①F275

中国版本图书馆 CIP 数据核字(2019)第 000872 号

财务管理

主　编　张首楠

副主编　黄春燕　谢月丹　陈春梅

责任编辑:高小田

封面设计:何东琳设计工作室

责任印制:朱曼丽

出版发行	西南财经大学出版社(四川省成都市光华村街 55 号)
网　　址	http://www.bookcj.com
电子邮件	bookcj@foxmail.com
邮政编码	610074
电　　话	028-87353785　87352368
照　　排	四川胜翔数码印务设计有限公司
印　　刷	四川五洲彩印有限责任公司
成品尺寸	185mm×260mm
印　　张	17.25
字　　数	418 千字
版　　次	2019 年 1 月第 1 版
印　　次	2019 年 1 月第 1 次印刷
印　　数	1— 3000 册
书　　号	ISBN 978-7-5504-3862-0
定　　价	39.80 元

QIAN YAN 前言

为了适应高等职业技术教育发展的需要，依据高职高专教育的人才培养目标，本着“理论够用为主，突出能力培养”的原则，并根据我国最新的企业会计准则和相关法规，结合当前企业财务管理的实际情况，我们组织编写了本书。

本书力求体现以下特点：

（1）体现职业性

本书内容深入浅出，以企业财务管理的工作流程为主线，由筹资、投资、资金营运和收益分配为主要内容编写而成；将财务管理工作岗位要求与职业资格标准有机结合，体现教学内容的职业性与实用性。

（2）突出实操性

本书注重理论联系实际，理论上以“必需、够用”为度，以财务管理能力的培养为核心，注重培养学生的创新能力与应用能力，引导学生掌握财务管理的基本方法、基本知识与基本技能，着重培养学生分析问题与解决问题的能力。

（3）教材结构合理

本书每个项目前设有引导案例及学习目标，以明确学习目标和任务，增强其应用性；每个项目后设有综合实训，以帮助学生更好地理解和掌握所学内容，提高学生的动手能力和分析能力。

本书由广西工商职业技术学院张首楠老师任主编，负责设计总体框架，组织编写及最后完稿。由山西经济管理干部学院谢月丹老师、广西工商职业技术学院黄春燕老师、国家税务总局广西壮族自治区税务局第一税务分局陈春梅参与教材的编写，黄春燕、谢月丹、陈春梅任副主编。具体的编写分工为：张首楠老师编写项目一、项目二和项目十一，黄春燕老师编写项目三、项目四和项目七，谢月丹老师编写项目五和项目六，陈春梅编写项目

八、项目九和项目十。

本书在编写过程中参考了大量的相关资料，并得到相关专家学者、学院领导的支持，在此一并表示感谢！由于编者水平有限，本书难免存在不足和疏漏之处，敬请广大读者批评指正。

编　者

2018 年 11 月

MU LU 目录

项目一　**财务管理总论**

学习目标

通过本章教学，学生可掌握财务关系及财务管理的基本内容，理解财务管理的基本概念及财务管理的目标，了解财务管理的原则和环境，了解相关利益群体的利益冲突及协调方法。

导入案例

小李是相思湖有限责任公司的资金主管，主要负责公司资金预算的编制和实施、流动资金计划的制订、公司内外资金的调拨等资金管理工作，需要处理公司生产经营过程中的资金使用和管理事务，并对公司的融资、投资、并购等经营活动提出建议。

本年度公司计划投资购置一套新的生产设备，预计投资700万元，但公司目前资金比较紧张，需要开拓筹资渠道。公司决策层要求小李根据公司资金管理情况规划安排该套生产设备的筹资与投资计划，以确保公司筹集到足够的资金满足投资和日常生产经营的需要，同时保证生产设备投资的顺利实施，从而提高企业的生产能力。

作为公司的资金主管，小李主要面临的问题是什么？

任务一　财务管理概论

一、财务管理的产生与发展

财务管理，是在商品经济条件下企业最基本的经济管理活动，商品经济发展到高级阶段市场经济时，就越需要企业财务管理活动的参与。只有高度重视企业财务管理等基础管理活动，企业在市场经济活动中才能更强。

（一）财务管理的产生

财务管理产生于15~16世纪。那时，地中海沿岸城市的商业得到了迅速发展，意大利的一些城市已经发展为欧洲与中东之间的贸易中心。这些贸易中心大部分是以邀请公众入股的形式建立的，多数由官方设立并监督其业务，股份不能转让，但投资者可以收回。这虽然还不是现代意义上的股份公司，但已开始存在资金的筹集，而且也已经存在红利的分配和股本的收回。因此，这段时期被看成财务管理的萌芽阶段。但是，这时财务管理还没有被作为一项独立的职能从企业的管理职能中分离出来。

伴随着资本主义在欧洲大陆的发展，股份公司也在很多国家产生和发展起来，特别是19世纪50年代以后，欧美国家工业革命结束，新技术、新机器不断涌现，而随着企业的规模不断扩大，企业对资金的需求量不断加大，使得股份公司形式得到了极大的丰富。到了20世纪初，随着股份公司进一步发展，客观上要求企业研究筹资的成本、资金的使用，以及盈利的分配问题。此时，财务管理作为一项独立的职能从企业管理的职能中分离出来，专业化的财务管理就此产生了。

（二）财务管理的发展

财务管理的发展经历了三个阶段，它们是筹资财务管理、内部控制财务管理和投资财务管理三个阶段。

1. 筹资财务管理阶段

19世纪末20世纪初，工业革命的成功促进了企业规模的不断扩大、生产技术的重大改进和工商活动的进一步发展，股份公司迅速发展起来，并逐渐成为占主导地位的企业组织形式。股份公司的发展不仅引起了资本需求量的扩大，而且也使筹资的渠道和方式发生了重大变化，企业筹资活动得到进一步强化，如何筹集资本扩大经营，成为大多数企业关注的焦点。于是，许多公司纷纷建立了一个新的管理部门——财务管理部门，财务管理开始从企业管理中分离出来，成为一种独立的管理职能。当时公司财务管理的职能主要是预计资金需要量和筹措公司所需资金，融资是当时公司财务管理理论研究的根本任务。因此，这一时期称为融资财务管理时期或筹资财务管理时期。

2. 内部控制财务管理阶段

1929年爆发的世界性经济危机和20世纪30年代西方经济整体的不景气，造成众多企业的破产，投资者损失严重。为保护投资人的利益，西方各国政府加强了证券市场的法制管理。如美国1933年和1934年出台了《联邦证券法》和《证券交易法》，对公司证券融资作出严格的法律规定。此时财务管理面临的突出问题，是金融市场制度与相关法律规定等问题。财务管理首先研究和解释各种法律法规，指导企业按照法律规定的要求，组建和合并公司，发行证券以筹集资本。这一时期的研究重点，是法律法规和企业内部控制。

3. 投资财务管理阶段

20世纪50年代以后，面对激烈的市场竞争和买方市场出现的趋势，财务经理普遍认识到，单纯靠扩大融资规模、增加产品产量已无法适应新的发展需要，财务经理的主要任务应是解决资金利用的效率问题，公司内部的财务决策的上升最重要的问题，西方财务学家将这一时期称为“内部决策时期”。在此期间，资金的时间价值引起财务经理的普遍关注，以固定资产投资决策为研究对象的资本预算方法日益成熟，财务管理的重心由重视外部融资转向注重资金在公司内部的合理配置，使公司财务管理发生了质的飞跃。由于这一时期资产管理成为财务管理的重中之重，因此被称为资产财务管理时期。

（三）未来财务管理的发展趋势

现代的财务管理，将继续朝着国际化、精确化、电算化和网络化的方向发展。其中，网络化财务管理的变革遥遥领先。当今世界已经进入信息时代，是知识经济时代。知识经济拓宽了经济活动的空间，改变了经济活动的方式。这主要表现在两个方面：一是网络化，容量巨大、高速互动、知识共享的信息技术网络构成了知识经济的基础，企业之间激烈的竞争将在网络上进行；二是虚拟化，经济活动的数字化和网络化加强，开辟了新的媒体空间，如虚拟市场、虚拟银行，许多传统的商业运作方式也将随之消失，代之以电子支付、电子采购和电子订单，商业活动将在全球互联网上进行，使企业购销活动更便捷，费用更低廉，对存货的量化监控更精确。同时，网上收付，使国际资本的流动加快，而财务主体将面临的货币风险却大大增加。相应地，财务管理的理论和实践，将随着理财环境的变化而不断革新。网络财务管理的主体、客体、内容、方式都会发生很大的变化。

二、财务管理的概念

企业财务管理是指企业在再生产过程中客观存在的财务活动及其所体现的财务关系。财务管理是基于企业再生产过程中客观存在的财务活动和财务关系而产生的，是企业组织财务活动、处理企业与各方面财务关系的一项经济管理工作，是企业管理的重要组成部分。为此，要了解什么是财务管理，必须先分析企业的财务活动和财务关系。

三、企业财务活动

企业财务活动是以现金收支为主的企业资金收支活动的总称。企业财务活动可分为以下四个方面。

（一）筹资活动

企业要想从事生产经营活动，首先必须筹集一定数量的资金。筹资活动是财务管理的基本的环节。企业筹资决策所要解决的问题是如何取得企业经营发展所需要的资金，包括筹集规模、筹资时效、筹资渠道、筹资方式等问题。筹资决策的关键在于决定各种资金来源在总资金中所占的比重，即注重资本结构的合理安排，以使筹资风险、筹资成本与期望资金收益相匹配。

从整体上看，企业筹措的资金可分为两类：一是企业的股权资本，它是通过吸收直接投资、发行股票、企业内部留存收益等方式取得的；二是企业债务资金，它是企业通过向银行借款、发行债券、应付款项等方式取得的。必须注意的是，筹资中的“资金”并不单纯指货币资金（现金）。

（二）投资活动

投资是指企业根据项目资金需要投放资金的行为。投资活动是企业所有决策中最为关键、最为重要的活动，对企业未来经营成败具有根本性的影响。投资可以分为广义和狭义两种。广义的投资，是指企业将筹集的资金投入使用的过程，包括企业内部使用资金的过程（如购置流动资产、固定资产、无形资产等）以及对外投放资金的过程（如投资购买其他企业的股票、债券或与其他企业合资经营）。狭义的投资，仅指企业的对外投资。企业投资必须考虑投资规模，还必须通过投资方向和投资方式的选择，确定合理的投资结构，以提高投资效益并同时降低投资风险。

（三）资金营运活动

企业在经营过程中，会发生一系列的现金收付。首先，企业要采购材料或商品，以便从事生产和销售活动，同时还要支付工资和其他营业费用；其次，当企业把产品或商品售出后，便可取得收入，收回资金；最后，如果企业资金不能满足企业经营的需要，还要采取短期借款方式来筹集所需资金。上述各方面都会产生企业资金的收付。这就是由企业日常经营而引起的财务活动，也称为资金营运活动。

（四）分配活动

企业在经营过程中会产生利润，也可能会因对外投资而分得利润，这表明企业有了资金的增值或取得了投资报酬。企业的利润要按规定的程序进行分配。利润分配决策的关键是确定利润（股利）的支付率。影响企业利润（股利）决策的因素很多，企业必须根据自身的具体情况确定企业最佳的利润（股利）决策，这是企业财务决策的一项重要内容。

上述四个方面的财务活动是相互联系、相互依存的。正是上述互相联系又有一定区别的四个方面，构成了完整的企业财务活动，这四个方面也正是财务管理的基本内容：企业筹资管理、企业投资管理、营运资金管理、利润及其分配管理。

四、企业财务关系

企业财务关系是指企业在组织活动过程中与各有关方面发生的经济关系，企业的筹资活动、投资活动、经营活动、利润及其分配活动与企业各方面有着广泛的联系。企业的财务关系表现为以下几个方面：

（一）企业与所有者之间的财务关系

这是各种财务关系中最根本的财务关系，是企业所有者对企业投资、参与企业收益分配以及直接计入所有者权益的利得和损失等所形成的投资与分配关系。这种关系体现了所有权的性质，反映了经营权与所有权的关系。

（二）企业与债权人之间的财务关系

这是指企业向债权人借入资金，并按借款合同的规定按时支付利息和偿还本金而形成的债务清偿关系。企业的债权人主要有债券持有者、提供贷款的金融机构、商业信用提供者、其他出借资金给企业的单位或个人以及国家税务机关。这种关系体现的是债务与债权关系。

（三）企业与其被投资单位之间的财务关系

企业将闲置资金以购买股票或直接投资的形式向其他单位投资，按约定履行出资义务后，有权参与被投资单位的利润分配。这种关系体现的是所有者性质的投资与受资的关系。

（四）企业与债务人之间的财务关系

这是指企业将其资金以购买债券、提供借款或商业信用等形式出借给其他单位后，有权要求债务人按约定的条件支付利息和偿还本金而形成的债权清偿关系。这种关系体现的是债权与债务关系。

（五）企业内部各单位之间的财务关系

这是企业内部各单位之间在生产经营各环节中相互提供产品或劳务所形成的经济关系。企业在实行内部经济核算制的条件下，供、产、销各部门以及各生产单位之间，相互提供产品或劳务并要进行计价结算。这种内部结算关系体现了内部各单位之间的经济利益关系。

（六）企业与职工之间的财务关系

这是企业向职工支付工资、津贴、奖金、补贴、福利费、住房公积金、工会经费、教育经费以及各种社会保险费等方面的薪酬而形成的经济关系，它体现了企业为获得职工提供的服务而给予各种形式的报酬以及其他相关支出所形成的分配与债务关系。

以上各种财务关系都是通过企业日常财务活动来表现和处理的。随着市场经济的不断发展，企业与各方面的联系日益广泛，企业的财务活动和财务关系日趋复杂，如何处理好企业与各方面的财务关系，将成为决定企业生存和发展的关键问题。

五、财务管理的特点

企业生产经营活动的复杂性，决定了企业管理必须包括多方面的内容，如生产管理、技术管理、劳动人事管理、设备管理、销售管理和财务管理等。各项工作是互相联系、紧密配合的，同时又有科学的分工，具有各自的特点。财务管理的特点有如下几个方面：

（一）财务管理是一项综合性管理工作

企业管理在实行分工、分权的过程中形成了一系列专业管理。有的侧重于使用价值的管理，有的侧重于价值的管理，有的侧重于劳动要素的管理，有的侧重于信息的管理。社会经济的发展，要求财务管理主要运用价值的形式对经营活动实施管理。通过价值形式，把企业的一切物质条件、经营过程和经营结果都合理地加以规划和控制，达到企业效益不断提高、财富不断增加的目的。因此，财务管理既是企业管理的一个独立方面，又是一项综合性的管理工作。

（二）财务管理与企业各方面具有广泛联系

在企业中，一切涉及资金的收支活动，都与财务管理有关。事实上，企业内各部门与资金不发生联系的现象是很少见的。因此，财务管理的触角，常常伸向企业经营的各个角落。每一个部门都会通过资金的使用与财务部门发生联系。每一个部门也都要在合理使用资金、节约资金支出等方面接受财务部门的指导，受到财务制度的约束，以此来保证企业经济效益的提高。

（三）财务管理能迅速反映企业生产经营状况

在企业管理中，决策是否得当、经营是否合理、技术是否先进与产销是否顺畅，都可迅速地在企业财务指标中得到反映。例如，如果企业生产的产品适销对路，质量优良可靠，则可带动生产发展，实现产销两旺，资金周转加快，盈利能力增强，这一切都可以通过各种财务指标迅速地反映出来。这也说明，财务管理工作既有其独立性，又受整个企业管理工作的制约。财务部门应通过自己的工作，向企业领导及时通报有关财务指标的变化情况，以便把各部门的工作都推入提高经济效益的轨道，努力实现财务管理的目标。

任务二 财务管理的内容和环节

财务管理是对企业财务活动及其所引起的财务关系进行管理的经济活动，因此，财务管理的内容包括对企业财务活动的管理和财务活动所引起的财务关系的管理。具体表现为筹资管理、投资管理、营运资金管理和分配管理等。

一、财务管理的内容

（一）筹资管理

筹资管理是对企业筹措资金活动所实施的管理。筹资管理一方面是确定筹资规模，以保证投资和营运所需的资金；另一方面是通过筹资渠道、筹资方式的选择，合理确定筹资结构，降低筹资成本和筹资风险。按照筹资活动目标的要求，筹资管理的基本内容包括筹资数量预测、筹资渠道与方式选择、筹资结构决策和筹资风险控制等。

（二）投资管理

筹资的目的是投资，而投资则以取得最大经济效益为目的。投资管理是将所筹集的资金投入使用以获取收入和利润的过程。投资可分为对内投资和对外投资，对内投资主要包括购置流动资产、固定资产和无形资产等企业内部使用资金的投资活动；对外投资主要包括购买其他企业股票、债券等外部使用资金的投资活动。投资管理的基本内容主要有投资规模预测、投资方式选择、投资决策和投资风险控制等。

（三）营运资金管理

营运资金管理是对企业日常经营所需资金的管理，它是指企业在再生产过程中占用在流动资产上的资金，又称营运资本。营运资金管理涉及流动资产和流动负债的管理，加速营运资金的周转是营运活动的基本要求，具体而言主要包括以下三方面的内容：①营运资金管理政策，包括营运资金持有政策和筹集政策；②短期资产管理，包括现金管理、应收账款管理和存货管理等；③短期负债管理，包括银行短期借款和应付账款等。

（四）分配管理

分配管理是对企业经营收益分配活动的管理。企业对经营成果实施分配，需要依据一定的法律原则，合理确定分配规模与分配方式，按照一定的程序实现各投资主体的利益平衡。分配管理的基本内容包括收入确定、成本费用确定、利润确定及利润分配等。

二、财务管理的环节

要做好财务管理工作，实现财务管理的任务，必须掌握好财务管理的基本环节。财务管理的基本环节是指财务管理的各个阶段，它包括财务管理的各个业务手段。财务管理的基本环节有：进行财务预测和决策，编制财务计划，加强财务控制，开展财务分析等基本环节。这些管理环节相互配合，密切联系，形成周而复始的财务管理循环过程，构成完整的财务工作体系。

（一）财务预测

财务预测是根据财务活动的历史资料，考虑现实的要求和条件，对企业未来的财务活动和财务成果做出科学的预计和测算。财务预测环节的作用在于，测算各项生产经营方案的经济效益，为决策者提供可靠的依据；预计财务收支的发展变化情况，以确定经营目标，测定各项定额和标准，为编制计划、分解计划指标服务。财务预测环节包括以下四个步骤：

（1）明确预测对象和目的；

（2）搜集和整理资料；

（3）确定预测方法，利用预测模型进行测算；

（4）确定最优值，提出最佳方案。

（二）财务决策

财务决策是指财务人员按照财务目标的总体要求，利用专门方法对各种备选方案进行比较分析，并从中选出最佳方案的过程。它不是拍板决定的瞬间行为，而是提出问题、分析问题和解决问题的全过程。在市场经济条件下，财务管理的核心是财务决策，财务预测是为财务决策服务的，决策成功与否直接关系到企业的兴衰成败。财务决策环节包括以下三个步骤：

（1）确定决策目标；

（2）提出备选方案；

（3）选择最优方案。

（三）财务预算

财务预算是指企业运用科学的技术手段和数量方法，对未来财务活动的内容及指标进行综合平衡与协调的具体规划。财务预算是以财务决策确立的方案和财务预测提供的信息为基础编制的，是财务预测和财务决策的具体化，是财务控制和财务分析的依据，贯穿企业财务活动的全过程。财务预算环节包括以下三个步骤：

（1）分析财务环境，确定预算指标；

（2）协调财务能力，组织综合平衡；

（3）选择预算方法，编制财务预算。

（四）财务控制

财务控制是在财务管理过程中，利用有关信息和特定手段，对企业财务活动所施加的影响进行调节。实行财务控制是落实财务预算、保证预算实现的有效措施，也是责任绩效考评与奖惩的重要依据。财务控制环节包括以下三个步骤：

（1）制定控制标准，分解落实责任；

（2）实施追踪控制，及时调整差异；

（3）分析执行情况，搞好考核奖惩。

（五）财务分析

财务分析是根据企业核算资料，运用特定方法，对企业在财务活动过程及其结果进行分析和评价的一项工作。财务分析既是本期财务活动的总结，也是下期财务预测的前提，具有承上启下的作用。通过财务分析，可以掌握企业财务预算的完成情况，评价财务状况，研究和掌握企业财务活动的规律，改善财务预测、财务决策、财务预算和财务控制，提高企业的财务管理水平。财务分析环节包括以下四个步骤：

（1）查找资料，掌握信息；

（2）指标对比，揭露矛盾；

（3）分析原因，明确责任；

（4）提出措施，改进工作。

任务三　财务管理目标

一、企业管理目标

财务管理是企业管理的一部分，财务管理的目标取决于企业的总目标，并且受财务管理自身特点的制约。企业是营利性组织，其出发点和归宿是获利。企业一旦成立，就会面临竞争，并始终处于生存与倒闭、发展与萎缩的矛盾之中。企业必须生存下去才有可能获利，只有不断发展才能求得生存。因此，企业管理的目标可以概括为生存、发展和获利。

（一）生存

力求保持以收抵支和偿还到期债务的能力，减少破产的风险，使企业能够长期、稳定地生存下去，是生存目标对财务管理的第一个要求。

（二）发展

筹集企业发展所需要的资金，是发展目标对财务管理的第二个要求。

（三）获利

通过合理、有效地使用资金使企业获利，是获利目标对财务管理的第三个要求。

二、财务管理目标

财务管理的总目标，是企业全部财务活动需要实现的最终目标。根据现代企业财务管理的理论和实践，目前，对财务管理目标的认识尚未统一，主要有三种观点：利润最大化、资本利润率最大化（或每股利润最大化）和企业价值最大化（或股东财富最大化）。

（一）利润最大化

利润最大化目标就是企业财务管理以实现利润最大化为目标。利润最大化观点认为，利润代表了企业新创造的财富，利润越多则说明企业的财富增加得越多，越接近企业的目标。这种观点的理由有三：一是人类生产经济活动的目的是为了创造更多的剩余价值；二是在自由竞争的资本市场中，资本的使用权属于获利最多的企业；三是只有每个企业都最大限度地创造利润，整个社会的财富才能实现最大化，从而带来社会的进步和发展。但由于利润指标自身的局限性，以利润最大化作为财务管理目标存在以下缺点：

（1）没有考虑资金的时间价值；

（2）没有考虑所获利润和投入资本额的关系；

（3）没有考虑获取利润所承担风险的大小；

（4）片面追求利润最大化可能导致企业的短期行为。

（二）资本利润率最大化或每股利润最大化

这种观点认为：应该把企业利润与投入的资本相联系，用资本利润率（每股利润）概括企业财务管理的目标。其观点本身概念明确，将企业实现的利润与投入的资本或股本进行对比，可以在不同资本规模的企业或期间进行对比，揭示其盈利水平的差异。但是这种观点仍然存在两个问题：一是没有考虑资金的时间价值，二是没有考虑风险的问题，三是不能避免企业的短期行为。

（三）企业价值最大化或股东财富最大化

投资者建立企业的重要目的在于创造尽可能多的财富。这种财富首先表现为企业的价值。企业价值的大小，取决于企业全部财产的市场价值和企业潜在或预期的获利能力。这种观点认为：企业价值最大化可以通过企业的合理经营，采用最优的财务决策，充分考虑资金的时间价值和风险与报酬的关系，在保证企业长期稳定发展的基础上，使企业总价值达到最大。这是现代西方财务管理理论普遍公认的财务目标，他们认为这是衡量企业财务行为和财务决策的合理标准。

对于股份制企业，企业价值最大化可表述为股东财富最大化。对于上市的股份公司，股东财富最大化可用股票市价最大化来代替。股票市价是企业经营状况及业绩水平的动态描述，代表了投资者对公司价值的客观评价。股票价格是由公司未来的收益和风险决定的，其股价的高低，不仅反映了资本和获利之间的关系，而且体现了预期每股收益的大小、取得的时间、所冒的风险，以及企业股利政策等诸多因素的影响。企业追求其市场价值最大化，有利于避免企业在追求利润上的短期行为，因为不仅目前的利润会影响企业的价值，预期未来的利润对企业价值的影响所起的作用更大。

企业是一个通过一系列合同或契约关系将各种利益主体联系在一起的组织形式。企业应将长期稳定发展摆在首位，强调在企业价值增长中满足与企业相关各利益主体的利益，企业只有通过维护与企业相关者的利益，承担起应有的社会责任（如保护消费者利益、保护环境、支持社会公众活动等），才能更好地实现企业价值最大化这一财务管理目标。

当然，由于企业价值最大化是一个抽象的目标，在运用时也存在一些缺陷，如：

（1）非上市企业的价值确定难度较大。虽然通过专门评价（如资产评估）可以确定其价值，但评估过程受评估标准和评估方式的影响，使估价不易客观和标准，从而影响企业价值的准确性与客观性。

（2）股票价格的变动除受企业经营因素影响之外，还要受到其他企业无法控制的因素影响。

三、财务管理的具体目标

财务管理具体目标是指在财务管理整体目标的制约下，进行某一部分财务活动所要达到的目标，是为实现整体目标而起到保证作用的目标。分部目标取决于财务管理的具体内容。财务管理的基本内容可以划分为企业筹资管理、企业投资管理、营运资金管理、利润及其分配管理等方面，财务管理的分部目标相应包括如下几个方面：

（一）筹资管理目标

任何企业，为了保证生产的正常运行和扩大再生产的需要，都必须拥有一定数量的资金。企业所需资金可以通过多种渠道、采用多种方式筹集，不同来源的资金，其可供使用时间的长短、附加条款的限制和资金成本的高低各不相同。这就要求企业在筹资时不仅要从数量上满足生产经营的需要，而且要考虑到各种筹资方案和最佳资本结构，努力提高自有资本的收益率，降低资金成本和财务风险，实现财务管理的整体目标。

（二）投资管理目标

企业筹集的资金应当尽快用于生产经营，以便尽早实现预期效益。但任何投资决策都会带来一定的风险。因此，在投资时必须认真分析影响投资决策的各种因素，认真做好可行性研究工作。对于新增的投资项目，一方面要考虑项目建成后给企业带来的投资报酬，另一方面也要考虑投资项目给企业带来的风险，以便在风险与报酬之间进行均衡，不断提高企业价值，实现企业财务管理的整体目标。

（三）营运资金管理目标

企业的营运资金，是为满足企业日常营业活动的需要而垫支的资金，营运资金周转速度，与生产经营周期具有一致性。在一定时期内资金周转越快，相同数量的资金，就越能够生产出更多的产品，取得更多的收入，获得更多的报酬。因此，加速资金周转，可以提高资产利用率，降低产品成本，节约成本费用开支，减少资金占用，提高资产盈利率，为提高自有资本的收益率奠定坚实的基础。

（四）利润分配管理目标

企业进行生产经营活动，必然要产生一定的生产消耗。企业财务管理必须努力发掘企业潜力，促使企业合理使用人力、物力和财力，以尽可能少的耗费、取得尽可能多的经营成果，增加企业盈利，提高企业价值。利润分配关系着国家、企业、投资者和职工的经济利益，企业要制定科学的利润分配政策，合理分配所实现的利润。在利润分配时一定要从全局出发，正确处理各方面的利益关系，以便既有利于投资者获得当前的投资报酬，又有利于企业的自我积累，增强外部筹资能力，促进企业的可持续发展。

四、财务管理目标的协调

企业财务管理的目标是企业价值最大化。根据这一目标，企业财务活动所涉及的不同利益主体如何进行协调将是财务管理必须解决的问题。企业财务活动涉及不同的利益主体，其中最主要的是股东、经营者和债权人，这三者构成了企业最重要的财务关系，企业是所有者即股东的企业，也是经营者和债权人等利益相关者的企业；财务管理目标是股东的目标，也应当兼顾经营者和债权人的目标，但经营者、债权人与股东的目标并不完全一致，企业只有协调好这三个方面的矛盾，才能实现“股东财富最大化”的目标。

（一）所有者和经营者的冲突与协调

企业价值最大化直接反映了企业所有者的利益，而与企业经营者没有直接的利益关系。对所有者来讲，其所放弃的利益也就是经营者所得到的利益。在西方，这种被放弃的利益也称之为所有者支付给经营者的享受成本，可问题是享受成本的增加，是否同时提高了企业的价值。因而，经营者和所有者的主要矛盾就是经营者希望在提高企业价值和股东财富的同时，能够更多地增加享受成本，而所有者则希望以较小的享受成本支出带来更大的企业价值或股东财富。为了解决这一矛盾，应采取让经营者的报酬与绩效相联系的方法，并辅之以一定的监督措施。

协调所有者与经营者矛盾的主要方法有：

1. 解聘

解聘，这是一种通过所有者约束经营者的方法。所有者对经营者予以监督，如果经营者未能使企业价值达到最大，就解聘经营者，经营者害怕被解聘而被迫努力实现财务管理目标。

2. 接收或吞并

接收，这是一种通过市场约束经营者的方法。如果经营者经营决策失误、经营不力、未能采取一切有效措施使企业价值提高，其经营的公司就可能被其他公司强行接收或吞并，相应经营者也会被解聘。为此，经营者为了避免这种接收，必须采取一切措施提高股东财富和企业价值。

3. 激励

激励，是将经营者的报酬与其绩效挂钩，以使经营者自觉采取能提高股东财富和企业价值的措施。激励在股份制企业中，通常有两种基本方式：①“股票期权”方式，也叫股票选择权方式。它是允许经营者以固定的价格购买一定数量的公司股票，当股票的市场价格高于固定价格时，经营者所得的报酬就越多。经营者为了获取更大的股票涨价益处，就必然主动采取能够提高股价的行动。②“绩效股”方式，它是公司运用每股收益（利润）、资产收益率（报酬率）等指标来评价经营者的业绩，视其业绩大小给予经营者数量不等的股票作为报酬。如果公司的经营业绩未能达到规定目标，经营者也将部分丧失原先持有的“绩效股”。这种方式使经营者不仅为了多得“绩效股”而不断采取措施提高公司的经营业绩，而且为了使每股市价最大化，也采取各种措施使股票市价稳定上升，从而增加股东财富和企业价值。

（二）所有者和债权人的冲突与协调

债权人把资金交给企业，其目标是到期收回本金，并获得约定的利息收入。企业借款的目的是用它扩大经营规模，投入有风险的经营项目。资金一旦到了企业手里，债权人就失去了资金的控制权，股东可以通过经营者为自身利益而伤害债权人的利益。因此，所有者的财务管理目标与债权人期望实现的财务管理目标可能发生如下矛盾：

（1）所有者可能未经债权人同意，要求经营者改变举债资金的原定用途，投资于比债权人约定的风险更高的项目，这会增大偿债的风险。如果高风险的项目一旦成功，额外的利润就会被所有者独享；如果高风险的项目一旦失败，债权人却要与所有者共同负担由此而造成的损失，这对债权人来说风险与收益是不对称的。

（2）所有者可能未征得现有债权人同意，而要求经营者发行新债券或举借新债，致使原来的债务偿债风险相应增加。

为协调所有者与债权人的上述矛盾，通常可采用以下方法：

（1）限制性借款，即指债权人在借款合同中加入某些限制性条款，如规定借款的用途、借款的担保条款和借款的信用条件等。

(2) 收回借款或停止借款，即指当债权人发现公司所有者有侵蚀其债权价值的意图时，采取提前收回借款（即收回债权）和不再提供新的借款（即不给予公司所有者增加放款)，从而保护债权人自身的权益。

（三）财务管理目标与社会责任

企业财务管理目标与社会目标在许多方面是一致的，企业在追求自己的目标时，必然为社会提供服务，自然会使社会受益。如企业为了生存，必须生产出符合社会需要的产品，满足消费者的需求；企业为了发展，要扩大规模，自然会增加职工的人数，解决社会就业问题；企业为了获利，必须提高劳动生产率，改进产品质量，改善服务，从而提高社会生产效率和公众的生活质量。但企业的财务管理目标与社会目标也有不一致的地方。如企业为了获利，可能生产伪劣产品，可能不顾工人的健康和利益，可能造成环境污染以及可能损害其他企业的利益等。国家要保护所有公民的正当权益，股东只是社会中的一部分人，他们在谋求自己利益的时候，不能损害他人利益。为此，国家颁布一系列保护公众利益的法律法规，如反暴利法、环境保护法、消费者权益保护法和产品质量法等。通过这些法律法规来强制企业承担社会责任，调节股东和社会公众的利益。

任务四　财务管理环境

财务管理环境又称理财环境，是指对企业财务活动和财务管理产生影响作用的企业内外各种条件的统称。通过财务管理的环境分析，提高企业理财行为对财务管理环境的适应能力、应变能力和利用能力，从而更好地实现企业财务管理目标。

财务管理环境可以分为外部环境和内部环境两方面。

财务管理的外部环境，指企业的外部条件、因素和状况。财务管理的外部环境主要包括：经济环境、法律环境和金融环境。财务管理的内部环境，指企业的内部条件、因素和状况。财务管理的内部环境主要包括：企业组织形式和企业管理机制。

一、外部环境

（一）经济环境

经济环境是指对企业财务活动有重要影响的各种经济因素，主要包括政府的经济政策、经济发展状况、通货膨胀、竞争等。经济环境的好坏对企业的筹资、投资和利润分配等财务决策都会产生重大的影响。作为一种微观管理活动，财务管理与其所处的经济管理体制、经济结构、经济发展状况、宏观经济调控政策等经济环境密切相关。

1. 经济管理体制

经济管理体制，是指在一定的社会制度下，生产关系的具体形式以及组织、管理和调节国民经济的体系、制度、方式和方法的总称。经济管理体制可分为宏观经济管理体制和微观经济管理体制两类。宏观经济管理体制是指整个国家宏观经济的基本经济制度，而微观经济管理体制是指一国的企业体制及企业与政府、企业与所有者的关系。宏观经济体制对企业财务行为的影响主要体现在，企业必须服从和服务于宏观经济管理体制，在财务管理的目标、财务主体、财务管理的手段与方法等方面与宏观经济管理体制的要求相一致。微观经济管理体制对企业财务行为的影响与宏观经济体制相联系，主要体现在如何处理企业与政府、企业与所有者之间的财务关系。

2. 经济结构

一般指从各个角度考察社会生产和再生产的构成，包括产业结构、地区结构、分配结构和技术结构等。经济结构对企业财务行为的影响主要体现在产业结构上。一方面，产业结构会在一定程度上影响甚至决定财务管理的性质，不同产业所要求的资金规模或投资规模不同，不同产业所要求的资本结构也不一样。另一方面，产业结构的调整和变动要求财务管理做出相应的调整和变动，否则企业的日常财务运作艰难，财务目标难以实现。

3. 经济发展状况

任何国家的经济发展都不可能呈长期的快速增长之势，而总是表现为“波浪式前进，螺旋式上升”的状态。当经济发展处于繁荣时期，经济发展速度较快，市场需求旺盛，销售额大幅度上升。企业为了扩大生产，需要增加投资，与此相适应则需筹集大量的资金以满足投资扩张的需要。当经济发展处于衰退时期，经济发展速度缓慢，甚至出现负增长，企业的产量和销售量下降，投资锐减，资金时而紧缺，时而闲置，财务运作出现较大困难。另外，经济发展中的通货膨胀也会给企业财务管理带来较大的不利影响，主要表现在：资金占用额迅速增加；利率上升，企业筹资成本加大；证券价格下跌，筹资难度增加；利润虚增，资金流失。

4. 宏观经济调控政策

政府具有对宏观经济发展进行调控的职能。在一定时期，政府为了协调经济发展，往往通过计划、财税、金融等手段对国民经济总运行机制及子系统提出一些具体的政策措施。这些宏观经济调控政策对企业财务管理的影响是直接的，企业必须按国家政策办事，否则将寸步难行。例如，当国家采取收缩的调控政策时，会导致企业的现金流入减少、现金流出增加、资金紧张、投资压缩；当国家采取扩张的调控政策时，企业财务管理则会出现与之相反的情形。

（二）金融环境

金融环境是指影响企业进行财务管理活动金融因素。金融环境是影响财务管理的诸多因素中最为主要的一个因素。金融环境包括金融市场、金融机构和金融工具等。

1. 金融市场

金融市场是指资金供需双方通过信用工具进行交易而融通资金的市场。企业通过金融市场实现货币借贷和资金筹措，也可以通过金融市场办理各种票据和进行有价证券的交易活动。金融市场是企业向社会筹资资金的必不可少的条件，财务管理人员必须熟悉金融市场的各种类型和管理规则，有效地利用金融市场来组织资金的筹措和进行资本投资等活动。

金融市场体系包括货币市场、资本市场、外汇市场和黄金市场，而一般根据金融市场上交易工具的期限，把金融市场分为货币市场和资本市场两大类。货币市场是融通短期资金的市场，包括同业拆借市场、回购协议市场、银行承兑汇票市场和短期政府债券市场等。资本市场是融通长期资金的市场，包括中长期银行信贷市场和证券市场。中长期信贷市场是金融机构与工商企业之间的贷款市场；证券市场是通过证券的发行与交易进行融资的市场，包括债券市场、股票市场和融资租赁市场等。

2. 金融机构

金融机构是指专门从事货币信用活动的中介组织。金融机构一般包括银行和非银行金融机构。我国的金融机构按地位和功能可分为中央银行、银行、非银行金融机构，以及外资、侨资、合资金融机构四大类，形成了以中央银行为领导，国有商业银行为主体，政策性银行、保险、信托等非银行金融机构，外资金融机构并存和分工协作的金融机构体系。

我国的中央银行是中国人民银行，它是金融管理体系的核心。在我国，银行包括政策性银行和商业银行。政策性银行是以贯彻国家产业政策为目的，办理政策性贷款的金融机构，包括国家开发银行、中国农业发展银行和中国进出口银行；商业银行是以盈利为目的，经营存贷款业务和办理结算业务为主的金融机构，商业银行是我国金融机构的主体，包括国有商业银行、股份制商业银行和合作制商业银行。

3. 金融工具

金融工具又称交易工具，是证明债权债务关系并据以进行货币资金交易的合法凭证，是货币资金或金融资产借以转让的工具。金融工具主要包括反映不同权利义务的所有权凭证和债权凭证。股票是金融工具中最基本的所有权凭证，股票投资者拥有被投资公司的所有权，享有股东的权利和义务。债权凭证也成称信用工具，表明债权人的权利和债权人的义务。债权凭证主要包括债券、商业汇票、银行汇票、银行支票等。

4. 金融市场上的利率

利率也称利息率，是利息占本金的百分比指标。从资金的借贷关系看，利率是一定时期内运用资金资源的交易价格。利率的影响因素：利率是由供给和需求决定的，同时受到经济周期、通货膨胀、国家货币政策和财政政策、国际经济政治关系、国家利率管制程度等影响。

资金的利率由三部分构成：纯利率、通货膨胀补偿率和风险报酬率。利率的一般计算公式可表示如下：

$$利率=纯利率+通货膨胀补偿率+风险报酬率$$

（三）法律环境

财务管理的法律环境，是指企业和外部发生经济关系时所应遵守的各种法律、法规和规章。市场经济是一种法治经济，企业的一切经济活动都是在一定法律规范范围内进行的。一方面，法律提出了企业从事一切经济业务所必须遵守的规范，从而对企业的经济行为进行约束；另一方面，法律也为企业合法从事各项经济活动提供了保护。企业财务管理中应遵循的法律法规主要包括以下几种：

1. 企业组织法

企业是市场经济的主体，不同组织形式的企业所适用的法律是不同的。按照国际惯例，企业划分为独资企业、合伙企业和公司制企业，各国均有相应的法律来规范这三类企业的行为。因此，不同组织形式的企业在进行财务管理时，必须熟悉其企业组织形式对财务管理的影响，从而作出相应的财务决策。

2. 税收法规

税法是税收法律制度的总称，是调整税收征纳关系的法规规范。与企业相关的税种主要有以下五种：

(1) 所得税类：企业所得税、个人所得税等。

(2) 流转税类：增值税、消费税、关税等。

(3) 资源税类：资源税、土地使用税、土地增值税。

(4) 财产税类：契税、房产税等。

(5) 行为税类：印花税、屠宰税等。

3. 财务法规

企业财务法规制度是规范企业财务活动，协调企业财务关系的法令文件。我国目前企业财务管理法规制度有：企业财务通则、行业财务制度和企业内部财务制度。

4. 其他法规

其他法规有《证券交易法》《票据法》《银行法》等。

从整体上说，法律环境对企业财务管理的影响和制约主要表现在以下方面：

在筹资活动中，国家通过法律规定了筹资的最低规模和结构，如《公司法》规定股份有限公司的注册资本的最低限额为人民币 1 000 万元，规定了筹资的前提条件和基本程序，如《公司法》就对公司发行债券和股票的条件做出了严格的规定。

在投资活动中，国家通过法律规定了投资的方式和条件，如《公司法》规定股份公司的发起人可以用货币资金出资，也可以用实物、工业产权、非专利技术、土地使用权作价出资，规定了投资的基本程序、投资方向和投资者的出资期限及违约责任。如企业进行证券投资必须按照《证券法》所规定的程序来进行，企业投资必须符合国家的产业政策，符合公平竞争的原则。

在分配活动中，国家通过法律，如《税法》《公司法》《企业财务通则》及《企业财务制度》规定了企业成本开支的范围和标准，企业应缴纳的税种及计算方法，利润分配的前提条件、去向、一般程序及重大比例。在生产经营活动中，国家规定的各项法律也会引起财务安排的变动或者说在财务活动中必须予以考虑。

二、内部环境

(一) 企业组织形式

企业组织简单地说就是企业的所有权归属和所有权关系。企业组织形式通常有三种类型：独资企业、合伙企业和公司制企业，不同的企业组织形式对企业理财有重要影响。

独资企业是只有一个出资人或所有者的企业。独资企业理财比较简单，主要利用自己的资金，信用能力较低，筹资、投资和收益分配都很简单。

合伙企业是由两个以上的业主共同出资、共同拥有、共同经营的企业。合伙企业相对于独资企业理财要复杂得多，无论筹资、投资还是收益分配内容和形式都更丰富。

公司制企业是依照公司法规定设立的企业，包括有限责任公司和股份有限公司。公司制企业财务管理在公司经营管理中既重要又复杂，无论其理财目标、资金来源、资金运用、盈余分配等都是独资或合伙企业无法对比的。

（二）企业管理机制

企业管理机制就是企业管理机构设置和管理模式。企业规模越大，企业管理机构设置越健全，管理模式越复杂，对财务管理的要求也就越高。企业管理机构设置通常受企业组织形式、企业规模、企业类型和管理要求约束，而企业管理模式除受这些因素约束外，更受到企业管理层思想的影响。企业管理模式从大的方面可以划分为“集权式扁平化管理”和“分权式分层次管理”两种类型。这两种不同类型下财务管理目标、方法、步骤、内容和作用显然大相径庭。

综合实训

一、单项选择题

1. 在没有通货膨胀的条件下，纯利率是指（　　）。

A. 社会实际平均收益率　　B. 银行贷款基准利率

C. 没有风险的社会平均资金利润率　　D. 投资期望收益率

2. 下列各项中，不能协调所有者与债权人之间矛盾的方式是（　　）。

A. 债权人收回借款　　B. 债权人停止借款

C. 市场对公司强行接收或吞并　　D. 债权人通过合同实施限制性借款

3. 下列因素中，影响利息率高低最基本的因素是（　　）。

A. 货币政策与财政政策　　B. 资金的需求和供给

C. 国家利率管制程度　　D. 经济周期与通货膨胀

4. 企业筹措和集中资金的财务活动是指（　　）。

A. 分配活动　　B. 投资活动

C. 决策活动　　D. 筹资活动

5. 以企业价值最大化作为财务管理目标存在的问题有（　　）。

A. 没有考虑资金的时间价值　　B. 没有考虑投资的风险价值

C. 企业的价值难以评定　　D. 容易引起企业的短期行为

6. 财务决策的具体化，及财务控制和财务分析的依据是（　　）。

A. 财务预测　　B. 财务决策

C. 财务控制　　D. 财务预算

7. 企业财务关系中最为重要的关系是（　　）。

A. 股东与经营者之间的关系

B. 股东与债权人之间的关系

C. 股东、经营者与债权人之间的关系

D. 企业与作为社会管理者的政府有关部门、社会公众之间的关系

8. 财务管理和企业其他管理相比，侧重于（　　）。

A. 使用价值管理　　B. 价值管理

C. 劳动管理　　D. 物资管理

9. 现代企业财务管理的最优目标是（　　）。

A. 总产值最大化　　B. 利润最大化

C. 每股收益最大化　　D. 企业价值最大化

10. 财务管理的核心是（　　）。

A. 财务预测　　B. 财务决策

C. 财务预算　　D. 财务分析

二、多项选择题

1. 下列经济行为中，属于企业财务活动的有（　　）。

A. 投资活动　　B. 筹集资金活动

C. 资金营运活动　　D. 利润分配活动

2. 企业的财务关系包括（　　）。

A. 企业与投资者之间的财务关系　　B. 企业与政府之间的财务关系

C. 企业与债务人之间的财务关系　　D. 企业内部各单位之间的财务关系

3. 下列各项中，可用来协调公司债权人与所有者矛盾的方法有（　　）。

A. 收回借款或不再借款　　B. 要求提供的借款担保

C. 规定借款的信用条件　　D. 规定借款用途

4. 利润最大化目标的缺点包括（　　）。

A. 没有考虑资金时间价值

B. 没有考虑风险因素

C. 没有反映创造的利润与投入的资本之间的关系

D. 可能导致企业的短期行为

5. 下列经济行为中，不属于企业广义的投资活动的有（　　）。

A. 支付利息　　B. 企业购买股票

C. 企业购置无形资产　　D. 企业提取盈余公积金

6. 构成金融市场利率的有（　　）。

A. 每股利润最大化　　B. 纯利率

C. 通货膨胀附加率　　D. 风险附加率

7. 企业财务管理的方法包括（　　）。

A. 财务规划和预测　　B. 财务决策

C. 财务预算和财务控制　　D. 财务分析和业绩评价

8. 影响企业财务管理的外部环境因素主要有（　　）。

A. 法律环境　　B. 经济环境

C. 金融环境　　D. 企业组织形式

9. 金融市场的构成要素包括（　　）。

A. 金融市场主体　　B. 金融市场工具

C. 交易价格　　D. 金融机构

10. 我国的银行金融机构主要包括（　　）。

A. 中国人民银行　　B. 政策性银行

C. 股份制银行　　D. 商业银行

三、判断题

1. 以每股收益最大化作为企业财务管理的目标，仍然没有考虑资金时间价值和风险因素，也不能避免企业的短期行为。（　　）

2. 财务管理是企业组织财务活动，处理与各方面财务关系的一项社会管理活动。（　　）

3. 以企业价值最大化作为财务管理目标，有利于社会资源的合理配置。（　　）

4. 企业财务关系是指企业与外部各单位的财务关系。（　　）

5. 企业资金运动的实质反映的是经济利益关系。（　　）

6. 企业与政府之间的财务关系体现为投资和受资的关系。（　　）

7. 企业的目标就是财务管理的目标。（　　）

8. 在没有通货膨胀时，国库券的利率可以视为纯利率。（　　）

四、简答题

1. 财务管理的内容有哪些？

2. 具有代表性的财务管理的总体目标有哪几种模式？

3. 协调所有者和经营者矛盾的主要方法有哪些？

4. 协调所有者与债权人的矛盾通常可采用哪些方式？

项目二 财务管理基本观念

学习目标

通过本章教学，学生可了解财务管理的基础观念，掌握资金时间价值的概念、计算方法及应用，掌握风险价值的含义及计算，能够用时间价值和风险价值对有关财务管理现象进行分析。

导入案例

拿破仑1797年3月在卢森堡第一国立小学演讲时说了这样一番话："为了答谢贵校对我，尤其是对我夫人约瑟芬的盛情款待，我不仅今天呈上一束玫瑰花，并且在未来的日子里，只要我们法兰西存在一天，每年的今天我将亲自派人送给贵校一束价值相等的玫瑰花，作为法兰西与卢森堡友谊的象征。"时过境迁，拿破仑穷于应付接连不断的战争和此起彼伏的政治事件，最终惨败而被流放到圣赫勒拿岛，把卢森堡的诺言忘得一干二净。

可卢森堡这个小国对这位"欧洲巨人与卢森堡孩子亲切、和谐相处的一刻"念念不忘，并载入他们的史册。1984年年底，卢森堡旧事重提，向法国提出违背"赠送玫瑰花"诺言的索赔；要么从1797年起，用3路易作为一束玫瑰花的本金，以5厘复利（即利滚利）计息全部清偿这笔"玫瑰花"债；要么法国政府在法国政府各大报刊上公开承认拿破仑是个言而无信的小人。

起初，法国政府准备不惜重金赎回拿破仑的声誉，但却又被电脑算出的数字惊呆了：原本3路易的许诺，本息竟高达1 375 596法郎。

经苦思冥想，法国政府斟词酌句的答复是："以后，无论在精神上还是在物质上，法国将始终不渝地对卢森堡大公国的中小学教育事业予以支持与赞助，来兑现我们的拿破仑将军那一诺千金的玫瑰花信誉。"这一措辞最终得到了卢森堡人民的谅解。

思考：为何每年赠送价值3路易的玫瑰花，在187年后却相当于要一次性支付1 375 596法郎？

任务一　资金时间价值

资金时间价值和投资风险价值是财务活动中客观存在的经济现象，也是现代财务管理的两个价值观念。资金时间价值和投资风险价值对于筹资管理、投资管理乃至成本管理、收益管理都有重要的影响。因此，在学习各项业务管理以前，需要理解资金时间价值和投资风险价值的基本概念和有关计算方法。

资金时间价值，是指货币资金经历一定时间的投资和再投资所增加的价值，也叫货币时间价值。它是指同一资金量在投入经济运行中，随着时间的推移而形成的价值差额。它是财务管理中基本的理财观念之一，在筹资、投资活动中被广泛运用。

在市场经济条件下，即使不存在通货膨胀，等量资金在不同时点上的价值也不相等，今天的 1 元钱与将来的 1 元钱不等值，前者要比后者的价值大。比如，若银行存款年利率为 10%，将今天的 1 元钱存入银行，一年以后就会是 1. 1 元，可见，经过一年时间，这 1 元钱发生了 0. 1 元的增值，今天的 1 元钱和一年后的 1. 1 元等值。人们将资金在使用过程中随时间的推移而发生增值的现象，称为资金具有时间价值的属性。

资金时间价值的表现形式通常是利息（绝对值）与利率（相对值，如贷款利率、股利率、债券利率、报酬率等）。但是，资金时间价值与利率是有区别的。利率是资金供求双方相互作用的结果，故利率不仅包含资金时间价值，同时还包含着风险价值和通货膨胀补偿率。利率等于纯利率、通货膨胀补偿率与风险报酬率之和。资金时间价值只是纯利率。只有在购买国库券等政府债券时，如果通货膨胀率很低（低至可以忽略不计），则可以用政府债券利率来表现资金的时间价值。否则，不能用政府债券利率来表示资金时间价值。

不同时点的资金价值不相等。引入资金时间价值概念后，必须树立投资评价的思想和观念，不同时点的货币不再具有可比性。要进行比较，必须换算到同一时点，利息的计算方式有单利与复利之分，价值也有终值与现值之分。

一、资金时间价值的计算

资金时间价值的计算涉及两个重要的概念，即终值和现值。终值又称将来值，是现在一定量现金在未来某一时点上的价值，俗称本利和。现值又称本金，是指未来某一时点上的一定量现金折合为现在的价值。

终值和现值的计算涉及利息的计算方式的选择。目前有两种利息计算方式，即单利和复利。单利方式下，每期都按初始本金计算利息，当期利息即使不取出也不计入下期本金，计算基础不变。复利方式下，以当期末本利和为基础计算下期利息，即利上加利，俗称“利滚利”。现代财务管理中一般用复利方式计算终值与现值。

（一）单利的终值和现值

单利是指只对本金计算利息，而利息部分不再计息的一种计息方式。

1. 单利的终值

单利终值是指现在一笔资金按单利计算的未来价值，即本金与利息之和。

单利终值的计算公式为：

$$F=P\times(1+i\times n)$$

式中，F 为终值或本利和；P 为现值；i 为利率（折现率）；n 为计算利息的期数。

【例 2-1】 企业年初将 1 000 元存入银行，存款期为 3 年，计息期为 1 年，年利息率为 5%。要求按单利计算到期本利和。

$F=P\times(1+i\times n)=1\ 000\times(1+3\times5\%)=1\ 150$（元）

2. 单利的现值

单利现值是指未来某一时点上的一定量的现金相当于现在的价值。单利计息方式下，现值的计算与终值的计算是互逆的，由终值计算现值的过程称为折现。

单利现值的计算公式为：

$$P=F/(1+i\times n)$$

【例 2-2】 某人希望在第 5 年末取得本利和 1 000 元，用以支付一笔款项，利率为 5%，按单利方式计算条件下，此人现在需要存入银行的金额为多少？

$P=F/(1+i\times n)=1\ 000/(1+5\times5\%)=800$（元）

（二）复利的终值和现值

复利是指不仅本金要计算利息，利息也要计算利息，即通常所说的“利滚利”。计息期是指相邻两次计息的时间间隔，如年、月、日等，除非特别指明，计息期一般以年为单位。

1. 复利终值

复利终值，是指一定量的本金按复利计算若干期后的本利和。

复利终值的计算公式为：

$$F=P\times(1+i)^n$$

式中，$(1+i)^n$ 称为复利终值系数，用符号 $(F/P, i, n)$ 表示。复利终值系数可以通过查阅“1 元复利终值系数表”获取。则复利终值的计算还可以表达为：

$$F=P\times(F/P, i, n)$$

【例 2-3】 某人将 10 000 元投资于一项事业，年报酬率为 6%，按复利计算，经过 3 年后的本利和是多少？

$F=P\times(1+i)^n$

$=10\ 000\times(F/P, 6\%, 3)$

$=10\ 000\times1.191$

$=11\ 910$（元）

2. 复利现值

复利现值是复利终值的对称概念，指未来一定时间的特定资金按复利计算的现在价值，或者说为取得将来一定本利和，现在所需要的本金。复利现值的计算是复利终值的逆运算，计算公式为：

$$P=F/(1+i)^n$$

式中，$1/(1+i)^n$ 称为复利现值系数，用符号（$P/F, i, n$）表示。复利现值系数可以通过查阅“1 元复利现值系数表”获取。则复利现值的计算还可以表达为：

$$P=F\times(P/F, i, n)$$

【例 2-4】某人要想在 3 年后得到 1 000 元，银行存款利率为 8%，问现在应存入多少钱？

$P=F/(1+i)^n$

$=1\ 000\times(P/F, 8\%, 3)$

$=1\ 000\times0.794$

$=794$（元）

（三）名义利率与实际利率

名义利率是指当利息在一年内要复利几次时给出的年利率，而将相当于一年复利一次的利率叫做实际利率，即投资者实际获得的报酬率。如一年复利多次时，实际利率比名义利率大。名义利率与实际利率的换算关系如下：

$$i=(1+r/m)^m-1$$

式中，i 为实际利率；r 为名义利率；m 为每年复利计息次数。

【例 2-5】年利率为 12%，按季度复利计息，则实际利率为多少？

$i=(1+r/m)^m-1=(1+12\%/4)^4-1=12.55\%$

【例 2-6】某企业于年初存入 10 万元，年利率为 10%，若每半年复利一次，到第 10 年年末，该企业能得本利和为多少？

$F=10\times(F/P, 5\%, 20)=10\times2.653=26.53$（万元）

（四）年金

年金，是指一定时期内等额、定期的系列收付款项。年金，是经济生活中的一种特殊情况，如每月计提折旧、每月支付租金、分期付款赊购、分期偿还贷款、分期支付工程款等通常都采取年金的形式，其特点是一定时期内（如一年内）多次收付，而每次收付时间隔相同、款项数额相等。年金按照每次收付款项次数和发生的时点不同，可以分为普通年金、即付年金、递延年金、永续年金等类型。

1. 普通年金终值和现值

普通年金，又称后付年金，是指从第一期起一定时期内每期期末收付的年金。

（1）普通年金终值

普通年金终值，是指一定时期内每期期末收付的等额款项的复利终值之和。如图 2-1 所示。

由图 2-1 可知，若每年的支付金额为 A，利率为 i，期数为 n，则按复利计算的普通年金终值 F 为：

$$F=A+A\cdot(1+i)+A\cdot(1+i)^2+\cdots+A\cdot(1+i)^{n-1}$$

整理上式，可得到：

$$F=A\times\frac{(1+i)^n-1}{i}$$

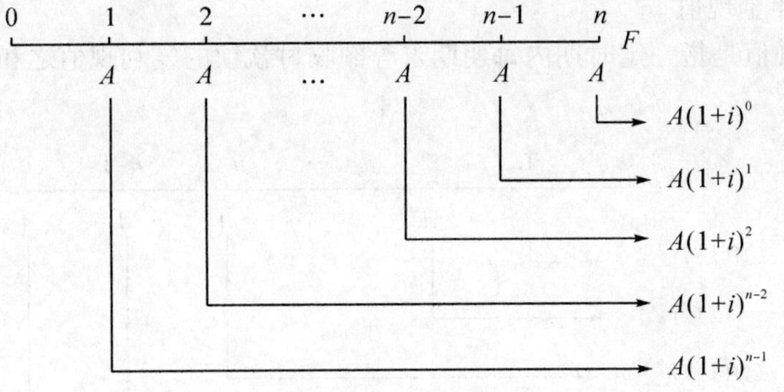

图 2-1 普通年金终值

上式中的$\frac{(1+i)^n-1}{i}$称作“年金终值系数”，记为（F/A，i，n），可通过直接查阅“年金终值系数表”求得有关数值。因此，上式也可写作：

$$F=A\times(F/A,\ i,\ n)$$

普通年金终值=年金×年金终值系数

【例 2-7】 某人从 30 岁起每年末存入 8 000 元，连续十年，银行利率为 8%，问 10 年后能取多少本利和？

$F=A\times(F/A,\ i,\ n)$
$=8\ 000\times(F/A,\ 8\%,\ 10)$
$=8\ 000\times14.487$
$=115\ 896$（元）

（2）偿债基金

偿债基金是指为了在约定的未来某一时点清偿某笔债务或积聚一定数额的资金而必须分次等额提取的存款准备金。实际工作中，往往要根据终值推算年金，即已知年金终值，求年金，此时求出的年金称作偿债基金，偿债基金的计算实际上就是年金终值的逆运算，即把年金终值折算成年金。则偿债基金的计算公式为：

偿债基金=年金终值÷年金终值系数

$$=F\div(F/A,\ i,\ n)$$

偿债基金计算公式的含义是，在利率为 i 的情况下，如果第 n 期期末需要清偿的债务为 F，那么每期期末需要提存的准备金为 A。

【例 2-8】 某家长打算在孩子 20 岁时出国留学，费用是人民币 120 万元，从出生满周岁开始分期等额地存钱，期限是 20 年，银行利率是 6%，问 20 年中该家长每年年末应存多少钱？

$A=F\div(F/A,\ i,\ n)$
$=120\div(F/A,\ 6\%,\ 20)$
$=120\div36.786$
$\approx3.262\ 1$（万元）

（3）普通年金现值

普通年金现值是指一定时期内每期期末等额收付款项的复利现值之和。具体如图 2-2 所示。

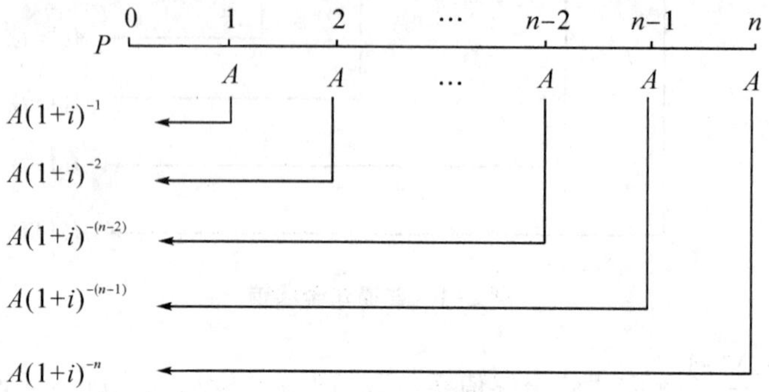

图 2-2 普通年金现值

由图 2-2 可知，若每年的支付金额为 A，利率为 i，期数为 n，则按复利计算的普通年金现值 P 为：

$$P=A\cdot(1+i)^{-1}+A\cdot(1+i)^{-2}+\cdots+A\cdot(1+i)^{-n}$$

整理上式，可得到：

$$P=A\times\frac{1-(1+i)^{-n}}{i}$$

上式中的 $\frac{1-(1+i)^{-n}}{i}$ 称作“年金现值系数”，记为 $(P/A, i, n)$，可通过直接查阅“年金现值系数表”求得有关数值。因此，上式也可写作：

$$P=A\times(P/A, i, n)$$

普通年金现值=年金×年金现值系数

【例 2-9】某公司租入一台设备，每年年末需支付租金 500 元，银行利率为 10%，问 5 年内应支付的租金总额的现值是多少？

$P=A\times(P/A, i, n)$

$=500\times(P/A, 10\%, 5)$

$=500\times3.791$

$=1\,895.5$（元）

（4）资本回收额

如果已知年金现值求年金额，就是年资本回收额的计算。计算资本回收额实际上就是将年金现值折算成年金，是年金现值的逆运算。即把年金现值折算成年金。则资本回收额的计算公式为：

资本回收额=年金现值÷年金现值系数

$=P\div(P/A, i, n)$

资本回收额计算公式的含义是，如果当前投入资本为 P，在每期利率为 i 的情况下，经过 n 期将 P 收回的话，每期期末应收回的资金额为 A。

【例 2-10】某投资项目贷款 200 万元，银行利率为 10%，银行要求 4 年内收回全部贷款，那么项目每年的净收益不应少于多少万元？

$A = P\times(A/P, 10\%, 4)$

$= 200\times0.3155$

$= 63.1$（万元）

2. 预付年金终值和现值

预付年金也称先付年金或即付年金，是指从第一期起，在一定时期内每期期初等额收付的系列款项。

（1）预付年金终值

预付年金终值，是指一定时期内每期期初收付的等额款项的复利终值之和，如图 2-3 所示。

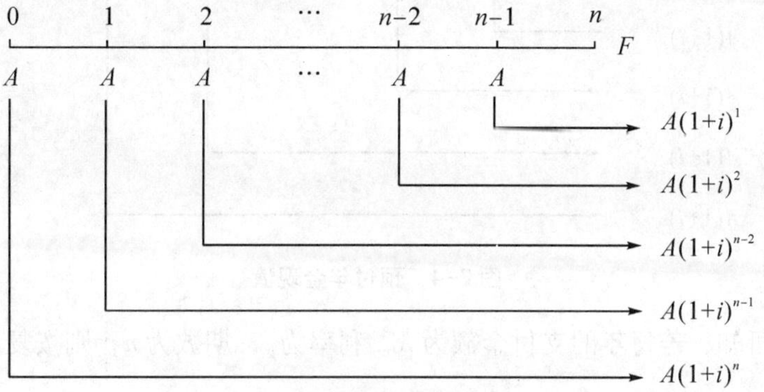

图 2-3　预付年金终值

由图 2-3 可知，若每年年初的支付金额为 A，利率为 i，期数为 n，则按复利计算的预付年金终值 F 为：

$$F=A\cdot(1+i)+A\cdot(1+i)^2+\cdots+A\cdot(1+i)^{n-1}+A\cdot(1+i)^n$$

整理上式，可得到：

$$F=A\times\frac{1-(1+i)^n-1}{i}\times(1+i)$$

$$=A\times\left[\frac{(1+i)^{(n+1)}-1}{i}-1\right]$$

上式中的 $\left[\frac{(1+i)^{(n+1)}-1}{i}-1\right]$ 称作“预付年金终值系数”，它和普通年金终值系数相比，期数加 1，而系数减 1，记为 $[(F/A, i, n+1)-1]$，可通过直接查阅“年金终值系数表”查得 $(n+1)$ 期的值，减去 1 后得出 1 元预付年金终值。因此，上式也可写作：

$$F=A\times(F/A, i, n)\times(1+i)$$

$$=A\times[(F/A, i, n+1)-1]$$

预付年金终值 = 年金×年金终值系数×（1+i）

= 年金×预付年金终值系数

【例 2-11】某人每年年初存入银行 2 000 元，银行利率为 9%，问第 10 年年末的本利和为多少？

$F=A\times[(F/A,\ i,\ n+1)-1]$

$=2\ 000\times[(F/A,\ 9\%,\ 10+1)-1]$

$=2\ 000\times(17.56-1)$

$=33\ 120$（元）

（2）预付年金现值

预付年金现值是指一定时期内每期期初等额收付款项的复利现值之和，如图 2-4 所示。

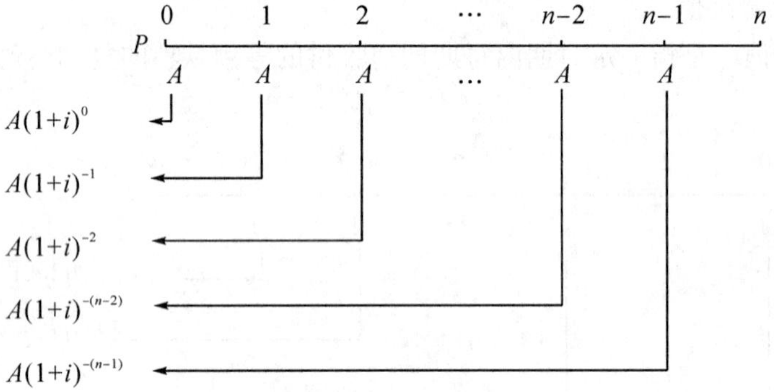

图 2-4　预付年金现值

由图 2-4 可知，若每年的支付金额为 A，利率为 i，期数为 n，则按复利计算的预付年金现值 P 为：

$$P=A+A\cdot(1+i)^{-1}+A\cdot(1+i)^{-2}+\cdots+A\cdot(1+i)^{-(n-1)}$$

整理上式，可得到：

$$P=A\times\frac{1-(1+i)^{-n}}{i}\times(1+i)$$

$$=A\times\left[\frac{1-(1+i)^{-(n+1)}}{i}+1\right]$$

上式中的$\left[\frac{1-(1+i)^{-(n+1)}}{i}+1\right]$称作“预付年金现值系数”，它和普通年金现值系数相比，期数要减 1，而系数要加 1，记为 $[(P/A,\ i,\ n-1)+1]$，可通过直接查阅“年金现值系数表”查得（$n-1$）期的值，加 1 后得出 1 元预付年金现值。因此，上式也可写作：

$$P=A\times(P/A,\ i,\ n)\times(1+i)$$

$$=A\times\left[\frac{1-(1+i)^{-(n-1)}}{i}+1\right]$$

预付年金现值＝年金×年金现值系数×（1+i）

＝年金×预付年金现值系数

【例 2-12】李先生采用分期付款方式购商品房一套，每年年初付款 15 000 元，分 10 年付清。若银行利率为 6%，该项分期付款相当于一次现金支付的购价是多少？

$P=A\times[(P/A,\ i,\ n-1)+1]$

$=15\ 000\times[(P/A, 6\%, 10-1)+1]$

$=15\ 000\times(6.802+1)$

$=117\ 030$（元）

3. 递延年金

递延年金是指第一次收付发生在若干期（假设为 s 期，$s\geqslant1$）以后，即从 $s+1$ 期开始每期末收付的等额款项。递延年金是普通年金的特殊形式，将期初至第一次发生年金的这段时期称为递延期，用 s（$s\geqslant1$）表示，如图 2-5 所示。

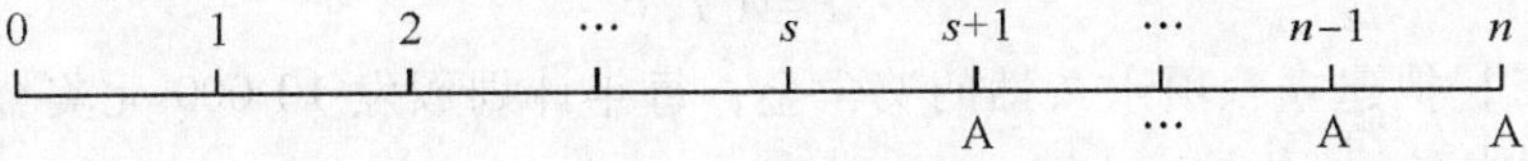

图 2-5　递延年金

（1）递延年金终值

递延年金终值的计算方法和普通年金相同，但期数只能按实际发生收付的期数计算，即 $n-s$ 期。则递延年金终值为：

$$F=A\times(F/A, i, n-s)$$

【例 2-13】某公司从 8 年存期的第 3 年开始，每年年末将 100 万元现金存入银行，如果银行存款利率为 6%，问 8 年后一次性取出现金的本利和是多少？

$F=A\times(F/A, i, n-s)$

$=100\times(F/A, 6\%, 8-2)$

$=100\times6.975\ 3$

$=697.53$（万元）

（2）递延年金现值

递延年金现值的计算有两种方法：

第一种方法，先计算出 n 期的普通年金现值，然后减去前 s 期的普通年金现值，即递延年金现值。

$$P=A\times[(P/A, i, n)-(P/A, i, s)]$$

第二种方法，先将递延年金视为（$n-s$）期普通年金，求出在第 s 期的现值，然后再折算为第 0 期的现值。

$$P=A\times(P/A, i, n-s)\times(P/F, i, s)$$

【例 2-14】某人在年初存入一笔款项，存满 3 年后每年年末取出 1 000 元，至第 5 年年末取完，银行存款利率为 6%，问此人应在银行最初一次性存入多少钱？

$P=A\times[(P/A, i, n)-(P/A, i, s)]$

$=1\ 000\times[(P/A, 6\%, 5)-(P/A, 6\%, 3)]$

$=1\ 000\times(4.212-2.673)$

$=1\ 539$（元）

或 $P=A\times(P/A, i, n-s)\times(P/F, i, s)$

$=1\ 000\times(P/A, 6\%, 5-3)\times(P/F, 6\%, 3)$

$=1\ 000\times1.833\times0.84$

=1 539.72（元）

4. 永续年金

永续年金是指无限期定额收付的年金。永续年金没有终止的时间，也就没有终值。永续年金现值的计算公式也是通过普通年金现值的计算推导的。则永续年金的现值为：

$$P=A\times\frac{1-(1+i)^{-n}}{i}$$

当 $n\to\infty$ 时，$(1+i)^{-n}$ 的极限为零，故上式可写成：

$$P=A/i$$

【例 2-15】 拟建立一项永久性的奖学金，每年计划颁发 10 000 元奖金，如利率为 10%，问现在应存入多少钱？

$P=A/i$

$=10\ 000/10\%$

$=100\ 000$（元）

（五）利率与期数的推算

1. 利率的推算

以上资金时间价值的计算中，都假定利率（折现率）、计息期数是已知的，求解终值、现值或年金。但在某些情况下，也可以根据计息期数、终值、现值或年金求解利率（折现率）。

首先，根据已知的条件计算出终值或现值的系数，即复利现值或终值系数、年金终值或现值系数。其次，求出系数后，可从有关系数表中的 n 期各系数中找到最接近的系数，这个最接近的系数对应的 i，就是要求的利率或折现率的近似值。最后，为准确计算利率或折现率，可采用插值法进行计算。插值法的推算公式为：

$$\left(i=i_1+\frac{B_1-a}{B_1-B_2}(i_2-i_1)\right)$$

式中，所求折现率为 i，i 对应的现值（或者终值）系数为 B，B_1、B_2 为现值（或终值）系数表中与 B 相邻的系数，i_1、i_2 为 B_1、B_2 对应的折现率。

【例 2-16】 某公司于第一年年初借款 20 000 元，每年年末还本付息额均为 4 000 元，连续 9 年还清，问借款利率是多少？

$P=A\times(P/A,\ i,\ 9)=4\ 000\times(P/A,\ i,\ 9)$

则 $(P/A,\ i,\ 9)=5$

查年金现值系数表，在 $n=9$ 的一行上无法找到相应的利率，于是在该行上寻找大于和小于它的临界系数值，分别为 $B_1=5.328\ 2$，$B_2=4.916\ 4$。同时，临界利率为 $i=12\%$，$i=14\%$。

则 $i=12\%+(5-5.328\ 2)/(4.916\ 4-5.328\ 2)\times(14\%-12\%)\approx13.59\%$

2. 期间的推算

期间的推算原理和步骤与折现率的推算相同。假定系数值为 B，求 n。当期数为 n_1 时，系数 $B_1>B$，则说明 n_1 太小，应该进一步调大期数到 n_2，再利用 n_2 测试，得系数 $B_2<B$，则：

$$n=n_1+(B-B_1)/(B_2-B_1)\times(n_2-n_1)$$

【例 2-17】某企业拟购买一台柴油机，更新目前使用的汽油机，柴油机的价格比汽油机贵 2 000 元，但每年可节约燃料费 500 元，若利率为 10%，求柴油机至少使用多少年？

依题意，已知 $P=2\ 000$，$A=500$，$i=10\%$，则

$$(p/A,\ 10\%,\ n)=2\ 000/500=4$$

查 $i=10\%$的年金现值系数表，在 $i=10\%$的一列上无法找到相应的期数，于是在该列上寻找大于和小于它的临界系数值，分别为 $B_1=4.355\ 3$，$B_2=3.790\ 8$。同时，$n_1=6$，$n_2=5$。则：

$n=n_1+(B-B_1)/(B_2-B_1)\times(n_2-n_1)$

$=6+(4-4.355\ 3)/(3.790\ 8-4.355\ 3)\times(5-6)$

$=5.4$（年）

任务二　风险价值观念

资金的时间价值是在没有风险和通货膨胀下的投资收益率。上节所述没有涉及风险问题，但是在财务活动中风险是客观存在着的。所以，还必须考虑当企业冒着风险投资时能否获得额外收益的问题。

一、风险

（一）风险的概念

风险一般是指某一行动的结果具有多样性。与风险相联系的另一概念是不确定性，不确定性是指事前不知道所有的结果，或知道可能的结果，但不知道它们出现的概率。而风险是指事前知道所有可能的结果，以及每种结果出现的概率，但不知道会出现哪种结果。

（二）风险的种类

由于企业及其特征非常复杂，风险承受主体由不尽相同，按照一定的标准对风险进行分类，有利于风险主体正确地认识风险，掌握风险的运动规律，有针对性地采用不同的风险对策，实现其基本目标。风险可以从不同角度对其进行分类。

1. 按风险能否被分散，可分为系统风险和非系统风险

系统风险是指那些影响所有公司的因素引发的风险。例如战争、经济衰退、通货膨胀、高利息率、财政税收政策调整等，发生意外的、非预期的变动，对所有企业都会产生影响。虽然各个企业可能影响的程度有大有小，但影响的结果具有趋同性。如利息上升，会使所有负债的企业财务费用加大。由于系统风险是影响整个市场的风险，故也称“市场风险”。由于没有有效的方法去分散或消除，所以也称“不可分散风险”。

非系统风险，是指发生于个别公司的特有事件造成的风险。如一家公司新产品开发失败、重要的诉讼失败、管理不善导致的成本上升，或者发现一个新矿藏、取得一项大宗的重要合同等。这类事件只影响一个或少数企业，不会对整个市场或整个行业产生太大影

响。这种风险是个别公司或个别资产所特有的，因此也称“个别风险”“特殊风险”。由于这种风险可以通过投资多元化等进行分散，也称“可分散风险”。

2. 按产生风险的因素划分，可分为经营风险和财务风险

经营风险是指企业在生产经营过程中由于内外部客观因素引起的经营条件变化而导致的风险。如外部的国家产业政策调整、顾客购买力的转移、市场竞争的变化等；内部的企业决策失误、管理不善、成本上升、产品质量下降等，都会导致企业销售量下降、费用上升、经营利润下滑。

财务风险又称筹资风险，是指由于企业负债筹资而引起的到期不能偿还的可能性。举债经营不当可能导致公司收益降低和破产的危险，这种财务风险取决于企业的负债比率，负债比率越高，财务风险越大。因为企业不论盈亏，都必须按预先的规定向债权人定期支付固定的利息和偿还本金，如果企业收入降低，则可能不足以偿还债务，造成财务危机或破产。只有借入资金利息率低于企业息税前资金利润率，借入资金获得的利润扣除借款利息还有剩余，才能提高自有资金利润率。如果息税的资金利润率低于借入资金利息率，使借入资金获得的利润还不够支付利息，还需要动用一部分利润支付利息，从价降低了自有资金利润率。所以，合理的负债经营可以增加企业的利润，提高资金利润率。这种利用负债筹资增加资本收益的原理称为财务杠杆原理。

二、风险的衡量

风险客观存在，广泛影响着企业的财务和经营活动。因此，正视风险并将风险程序予以量化，进行较为准确的衡量，便成为企业财务管理中的一项重要工作。风险与概率直接相关，并由此与期望值、离散程度等相联系，因此对风险进行衡量时应着重考虑这几方面的因素：

（一）概率

在现实生活中，某一事件在完全相同的条件下可能发生也可能不发生，既可能出现这种结果又可能出现那种结果，我们称这类事件为随机事件。概率就是用百分数或小数来表示随机事件发生的可能性及出现某种结果可能性大小的数值，用 X 表示随机事件，X_i 表示随机事件的第 i 种结果，P_i 为出现该种结果的相应概率。若 X_i 出现，则 $P_i=1$；若不出现，则 $P_i=0$。同时，所有可能结果出现的概率之和必定为 1。因此，概率必须符合下列两个要求：

（1）$0 \leqslant P_i \leqslant 1$；

（2）$\sum_{i=1}^{n} P_i = 1$

将随机事件的各种可能按一定的规则进行排列，同时列出各结果出现的相应概率，这种完整的叙述称为概率分布。

（二）期望值

期望值是一个概率分布中的所有可能结果，以各自相应的概率为权数计算的加权平均值，是加权平均的中心值，通常用符号 $\bar{E}$ 表示，其计算公式如下：

$$\bar{E} = \sum_{i=1}^{n} X_i P_i$$

期望收益率反映预计收益的平均化，在各种不确定性因素（本例中假定只有市场情况因素影响产品收益）影响下，它代表着投资者的合理预期。

【例 2-18】某企业有 A、B 两个投资项目，两个投资项目的收益率及其概率分布情况如表所示，试计算两个项目的期望收益率。

表 2-1　　　　A 项目和 B 项目投资收益率的概率分布

项目实施情况	出现概率		投资收益率	
	项目 A	项目 B	项目 A	项目 B
好	0. 2	0. 3	15%	20%
一般	0. 6	0. 4	10%	15%
差	0. 2	0. 3	0	-10%

根据公式分别计算项目 A 和项目 B 的期望投资收益率分别为：

A 项目的期望投资收益率=0. 2×15%+0. 6×10%+0. 2×0=9%；

B 项目的期望投资收益率=0. 3×20%+0. 4×15%+0. 3×（-10%）=9%

从计算结果可以看出，两个项目的期望投资收益率都是 9%。但是否可以就此认为两个项目是等同的呢？我们还需要了解概率分布的离散情况，即计算标准离差和标准离差率。

（三）离散程度

离散程度是用以衡量风险大小的统计指标。一般说来，离散程度越大，风险越大；离散程度越小，风险越小。反映随机变量离散程度的指标包括方差、标准离差、标准离差率和全距等。本书主要介绍方差、标准离差和标准离差率三项指标。

1. 方差

方差是用来表示随机变量与期望值之间的离散程度的一个数值。计算公式为：

$$\sigma^2 = \sum_{i=1}^{n} (X_i - \bar{E})^2 \cdot P_i$$

2. 标准离差

标准离差也叫均方差，是方差的平方根。其计算公式为：

$$\sigma = \sqrt{\sum_{i=1}^{n} (X_i - \bar{E})^2 \cdot P_i}$$

标准离差以绝对数衡量决策方案的风险，在期望值相同的情况下，标准离差越大，风险越大；标准离差越小，则风险越小。

【例 2-19】以例 2-18 中的数据为例，分别计算该例中 A、B 两个项目投资收益率的方差和标准离差。

项目 A 的方差：

$$\sigma^2 = \sum_{i=1}^{n} (X_i - \bar{E})^2 \cdot P_i$$

$$=0.2\times(0.15-0.09)^2+0.6\times(0.10-0.09)^2+0.2\times(0-0.09)^2$$

=0.002 4

项目 A 标准离差：

$$\sigma = \sqrt{\sum_{i=1}^{n}(X_i - \bar{E})^2 \cdot P_i}$$

= 0.049

项目 B 的方差：

$$\sigma^2 = \sum_{i=1}^{n}(X_i - \bar{E})^2 \cdot P_i$$

$$= 0.3 \times (0.20 - 0.09)^2 + 0.4 \times (0.15 - 0.09)^2 + 0.3 \times (-0.1 - 0.09)^2$$

=0.015 9

项目 B 标准离差：

$$\sigma = \sqrt{\sum_{i=1}^{n}(X_i - \bar{E})^2 \cdot P_i}$$

= 0.126

以上计算结果表明项目 B 的风险要高于项目 A 的风险。

3. 标准离差率

标准离差率是标准离差同期望值之比，通常用符号 V 表示，其计算式为：

$$V = \frac{\sigma}{\bar{E}} \times 100\%$$

标准离差率是一个相对指标，它以相对数反映决策方案的风险程度。方差和标准离差作为绝对数，只适用于期望值相同的决策方案风险程度的比较。对于期望值不同的决策方案，评价和比较其各自的风险程度只能借助于标准离差率这一相对数值。在期望值不同的情况下，标准离差率越大，风险越大；标准离差率越小，风险越小。

【例 2-20】现仍以例 2-18 中的有关数据为依据，分别计算项目 A 和项目 B 的标准离差率为：

项目 A 的标准离差率：

$V_A = 0.049/0.09 \times 100\% = 54.44\%$

项目 B 的标准离差率：

$V_B = 0.126/0.09 \times 100\% = 140\%$

当然，在此例中项目 A 和项目 B 的期望投资收益率是相等的，可以直接根据标准离差来比较两个项目的风险水平。但如比较项目的期望收益率不同，则一定要计算标准离差率才能进行比较。

通过上述方法将决策方案的风险加以量化后，决策者使可据此做出决策。对于单个方案，决策者可根据其标准离差（率）的大小，并将其同设定的可接受的此项指标最高限值对比，看前者是否低于后者，然后做出取舍。对于多方案择优，决策者的行动准则应是选择低风险高收益的方案，即选择标准离差最低、期望收益率最高的方案。然而高收益往往伴有高风险，低收益方案其风险程度往往也较低，究竟选择何种方案，就要权衡期望收益与风险，而且还要视决策者对风险的态度而定。对风险比较反感的人可能会选择期望收益较低同时风险也较低的方案，喜爱冒风险的人则可能会选择风险虽高但同时收益也高的方案。

三、风险价值的计算

（一）风险报酬率的计算

投资的风险价值与资金的时间价值一样，也有两种表现形式：一种是绝对数，即风险报酬额，是指由于投资者冒风险进行投资而取得的额外报酬；另一种是相对数，即风险报酬率，是指额外报酬占原投资额的百分比。

通常，把国家发行的公债或国库券的利率称为没有风险的报酬率。至于其他各种投资，由于或多或少都要冒一定程度的风险，因而它们的投资报酬率是无风险报酬率与风险报酬率之和。根据概率分析法可计算出标准离差率，同时再借助一个风险价值系数可求出风险报酬率。

$$R_R = Vb$$

式中，R_R——风险报酬率；

V——标准离差率；

b——风险价值系数。

则投资总报酬率可表示为：

$$K = R_F + R_R$$

式中，R_R——风险报酬率；

R_F——无风险报酬率；

K——投资总报酬率。

风险价值系数是将标准离差率转化为风险报酬率的一个系数。可见，事先不确定风险价值系数，就无法将标准离差率转化为风险报酬率。

确定风险价值系数的方法有以下 3 种：

第一种方法：根据以往同类投资项目的历史资料确定。

第二种方法：由企业领导组织专家确定。

第三种方法：由国家有关部门组织专家确定。如：财政部、国家银行等专家根据各行业的条件和其他因素，确定各行业的风险价值系数，由国家定期公布，供投资者参考。

【例 2-21】根据例 2-18 资料，并假设无风险收益率为 10%，风险价值系数为 10%，请计算两个项目的风险收益率和投资收益率。

项目 A 的风险收益率 = 10%×54. 44% ≈5. 44%

项目 A 的投资收益率 = 10%+10%×54. 44% ≈15. 44%

项目 B 的风险收益率 = 10%×140% = 14%

项目 B 的投资收益率 = 10%+10%×140% = 24%

从计算结果可以看出，项目 B 的投资收益率（24%）要高于项目 A 的投资收益率（15. 44%），似乎项目 B 是一个更好的选择。而从我们前面的分析来看，两个项目的期望收益率是相等的，但项目 B 的风险要高于项目 A，故项目 A 是应选择的项目。

（二）风险报酬额的计算

根据风险报酬率计算风险报酬额，一般有两种方法。

1. 根据投资额与风险报酬率直接计算

风险报酬额=投资额×风险报酬率

2. 根据投资报酬与有关投资报酬率的关系比例计算

风险报酬额=投资总报酬×风险报酬率/（无风险报酬率+风险报酬率）

综合实训

一、单项选择题

1. 某企业5年后可获得一笔资金500万元，如果按年8%的复利计息，相当于现在获得的资金是（　　）万元。

A. 340. 3　　B. 343

C. 581. 26　　D. 892. 36

2. 假设以10%的年利率借得30 000元，投资于某个寿命为10年的项目，为使该项目成为有利可图的项目，每年至少应收回的现金数额为（　　）元。

A. 6 000　　B. 5 374

C. 3 000　　D. 4 882

3. 甲方案在三年中每年年初付款100元，乙方案在三年中每年年末付款100元，若年利率为10%，则二者在第三年年末时的终值相差（　　）。

A. 33. 1　　B. 31. 3

C. 133. 1　　D. 13. 31

4. 计算先付年金现值时，应采用下列公式中（　　）。

A. $P=A\cdot(P/A, i, n)$

B. $P=A\cdot[(P/A, i, n-1)+1]$

C. $P=A\cdot[(P/A, i, n+1)-1]$

D. $P=A\cdot(P/A, i, n-1)$

5. 普通年金是在每期期末发生，又叫（　　）。

A. 递延年金　　B. 后付年金

C. 永续年金　　D. 先付年金

6. 某企业希望在五年后拥有40 000元用于购买生产设备，目前银行存款利率为10%，则企业现在应存入（　　）元。

A. 20 000　　B. 24 840

C. 28 440　　D. 24 480

7. 已知（F/P，5%，10）为1. 628 9时，则（P/F，5%，10）为（　　）。

A. 0. 613 9　　B. 0. 620 9

C. 7.721 7　　D. 12.578

8. 一定时期内每期期初等额收付款项是（　　）。

A. 普通年金　　B. 即付年金

C. 永续年金　　D. 递延年金

9. 下列各项中（　　）会引起企业财务风险。

A. 举债经营　　B. 生产组织不合理

C. 销售决策失误　　D. 新材料出现

10. 甲方案的标准离差是1.42，乙方案的标准离差是1.06，如果两方案的期望值不等，则它们的风险关系为（　　）。

A. 甲大于乙　　B. 甲小于乙

C. 甲等于乙　　D. 无法判断

二、多项选择题

1. 年金按其每次收付发生的时点不同，可分为（　　）。

A. 普通年金　　B. 即付年金

C. 递延年金　　D. 永续年金

2. 永续年金具有下列特点（　　）。

A. 没有终值　　B. 没有期限

C. 每期等额支付　　D. 每期不等额支付

3. 递延年金具有下列特点（　　）。

A. 第一期没有收付额

B. 其终值大小与递延期长短有关

C. 计算终值的方法与普通年金相同

D. 计算现值的方法与普通年金相同

4. 下列各项中，属于普通年金形式的项目有（　　）。

A. 零存整取储蓄存款的整取额　　B. 定期定额支付的养老金

C. 年资本回收额　　D. 偿债基金

5. 下列说法中，正确的是（　　）。

A. 标准离差越大，风险越大　　B. 标准离差越大，风险越小

C. 标准离差率越小，风险越小　　D. 标准离差率越大，风险越大

6. 下列表述中正确的是（　　）。

A. 年金现值系数与年金终值系数互为倒数

B. 偿债基金系数是年金终值系数的倒数

C. 偿债基金系数是年金现值系数的倒数

D. 资本回收系数是年金现值系数的倒数

E. 资本回收系数是年金终值系数的倒数

7. 企业降低经营风险的途径有（　　）。

A. 增加销售量　　B. 提高产品售价

C. 加大固定成本　　D. 提高变动成本

8. 企业的财务风险主要来自（　　）。

A. 市场销售带来的风险　　B. 生产成本因素产生的风险

C. 筹资决策带来的风险　　D. 借款筹资带来的风险

9. 企业特有风险产生的原因有（　　）。

A. 罢工　　B. 通货膨胀

C. 新产品开发失败　　D. 高利率

10. 在财务管理中，可以用来衡量风险大小的指标有（　　）。

A. 期望值　　B. 期望报酬率

C. 标准离差　　D. 标准离差率

三、判断题

1. 在利率和计息期数相同的条件下，复利现值系数与复利终值系数互为倒数。（　　）

2. 在现值和利率一定的情况下，计息期越多，则复利终值越小。（　　）

3. 递延年金没有第一期的收付额。（　　）

4. 风险和报酬的基本关系是风险越大，要求的报酬越高。（　　）

5. 计算偿债基金系数，可根据年金现值系数求倒数确定。（　　）

6. 计算递延年金终值的方法，与计算普通年金终值的方法一样。（　　）

7. 标准离差越大，表明风险越大；反之，风险越小。（　　）

8. 永续年金可视作期限无限的普通年金，终值与现值的计算可在普通年金的基础上求得。（　　）

9. 预付年金的终值与现值，可在普通年金终值与现值的基础上乘（$1+i$）得到。（　　）

10. 资金在不同时点上具有不同的价值，因此不同时点上的资金不能直接比较，必须换算到相同的时点上，才能比较。（　　）

四、计算分析题

1. 某企业贷款100万元，要在今后5年之内每年年末等额收回，按年利率8%计算。

要求：计算每年年末等额收回的资金额是多少？

2. 某公司有一项付款业务，有甲乙两种付款方式可供选择。甲方案：现在支付10万元，一次性结清。乙方案：分三年付款，从现在起各年初的付款额分别为3万元、4万元、4万元，假定年利率为10%。

要求：计算两方案现值，从两方案中选择最优方案。

3. 某人欲购买商品房，如若现在一次性支付现金，需支付50万元；如分期付款支付，年利率为5%，每年末支付5万元，连续支付20年。此人最好采取哪种付款方式？

4. 有两个投资额相等的项目可供选择，投资获利的有效期均为10年。第一个项目10年内每年年末可回收投资20 000元，第二个项目前5年每年年末回收25 000元，后5年每年年末回收 15 000 元，若银行利率为 10%，哪一个项目获利较大?

五、综合题

资料：某公司有 A、B 两个投资项目，投资额均为 10 000 元，其收益及概率分布如表 2-1 所示。若无风险收益率为 8%，风险价值系数为 6%。

表 2-1　　A、B 两个项目的收益及概率分布　　单位：元

概率	A 项目收益额	B 项目收益额
0.2	2 000	3 500
0.5	1 000	1 000
0.3	500	-500

要求：(1) 计算 A、B 两个项目的期望收益；

(2) 计算 A、B 两个项目的标准离差；

(3) 计算 A、B 两个项目的标准离差率；

(4) 计算 A、B 两个项目的必要收益率；

(5) 判断两个项目方案是否可行。

项目三　筹资管理

学习目标

通过本章教学，学生可了解筹资的原则，熟悉资金需求的预测，掌握股权筹资和负债筹资。

导入案例

跃进汽车制造公司筹资案例

跃进汽车制造公司是一个多种经济成分并存，具有法人资格的大型企业集团。公司现有58个生产厂家，还有物资、销售、进出口、汽车配件等4个专业公司，一个轻型汽车研究所和一所汽车工学院。公司现在急需1亿元的资金用于轿车技术改造项目。为此，总经理赵广斌于2004年5月10日召开由生产副总经理张望、财务副总经理王朝、销售副总经理林立、某信托投资公司金融专家周民、某经济研究中心经济学家武教授、某大学财务学者郑教授组成的专家研讨会，讨论该公司筹资问题。下面摘要他们的发言和有关资料如下：

总经理赵广斌首先发言："公司轿车技术改造项目经专家、学者的反复论证已被国家于2003年正式批准立项。这个项目的投资额预计为4亿元，生产能力为4万辆。项目改造完成后，公司的两个系列产品的各项性能可达到国际同类产品的先进水平。现在项目正在积极实施中，但目前资金不足，准备在2004年7月前筹措1亿元资金，请大家发表自己的意见，谈谈如何筹措这笔资金。"

生产副总经理张望说："目前筹集的1亿元资金，主要是用于投资少、效益高的技术改进项目。这些项目在两年内均能完成建设并正式投产，到时将大大提高公司的生产能力和产品质量，估计这笔投资在改造投产后三年内可完全收回。所以应发行五年期的债券筹集资金。"

财务副总经理王朝提出了不同意见，他说："目前公司全部资金总额为10亿元，其中自有资金4亿元，借入资金6亿元，自有资金比率为40%。负债比率为60%，这种负债比率在我国处于中等水平，与世界发达国家如美国、英国等相比，负债比率已经比较高了，如果再利用债券筹集1亿元资金，负债比率将达到64%，显然公司负债比率过高，财务风险太大。所以，不能利用债券筹资，只能靠发行普通股或优先股筹集资金。”

但金融专家周民却认为：“目前我国资金市场还不够完善，证券一级市场和二级市场尚处于发展初期，许多方面还很不规范，投资者对股票投资还没有充分的认识，再加之今年度股市的‘扩容’速度过快，因此，在目前条件下要发行1亿元普通股是很困难的。发行优先股还可以考虑，但根据目前的利率水平和生产情况，发行时年股息不能低于16.5%，否则也无法发行。如果发行债券，因要定期付息还本，投资者的风险较小，估计以12%的利率便可顺利发行债券。”

来自某经济研究中心的武教授认为：“目前我国经济建设正处于改革开放的大好时期，我国已经加入世界贸易组织，汽车行业可能会受到冲击，销售量会受到影响。在进行筹资和投资时应考虑这一因素，不然盲目上马，后果将是不够理想的。”

公司的销售副总经理林立认为：“将来一段时期内销售量不成问题。这是因为公司生产的中档轿车和微型车，这几年来的销售情况一直很好，畅销全国29个省、市、自治区，2002年受进口汽车的影响，全国汽车滞销，但公司的销售状况仍创历史最好水平，居全国领先地位。在近几年全国汽车行业质量评比中，连续获奖。至于我国入关后，关税将大幅度下降，确实会对我国汽车行业带来冲击，但这种冲击已通过国家近期来的逐步降低关税得以逐步的消化，外加在入关初期，国家对轿车行业还准备采取一定的保护措施。所以，入关不会对销售产生大的影响。”

财务副总经理王朝说：“公司属于股份制试点企业，目前所得税税率为33%，税后资金利润率为16%，若这项技术改造项目上马，由于采用了先进设备，投产后预计税后资金利润率将达到18%。”所以，他认为这一技术改造项目应付诸实施。

来自某大学的财务学者郑教授听了大家的发言后指出：“以16.5%的股息率发行优先股不可行，因为发行优先股所花费的筹资费用较多，把筹资费用加上以后，预计利用优先股筹集资金的资金成本将达到19%，这已高于公司税后资金利润率1%，所以不可行。但若发行债券，由于利息可以在税前支付，实际成本大约在9%左右。”他还认为，目前我国正处于通货膨胀时期，利息率比较高，这时不宜发行较长时期的负担较高的利息或股息。所以，郑教授认为，应首先向银行筹措1亿元的技术改造贷款，期限为一年，一年以后，再以较低的股息率发行优先股股票来替换技术改造贷款。

财务副总经理王朝听了郑教授的分析后，也认为按16.5%发行优先股，的确会给公司带来沉重的财务负担。但他不同意郑教授后面的建议，他认为，在目前条件下向银行筹措1亿元技术改造贷款几乎不可能；另外，通货膨胀在近一年内不会消除，要想消除通货膨胀，利息率有所下降，至少需要两年时间。金融学家周民也同意王朝的看法，他认为一年后利息率可能还要上升，两年后利息率才会保持稳定或有所下降。

思考：

1. 归纳一下这次筹资研讨会上提出了哪几种筹资方案。
2. 对会上的几种筹资方案进行评价。
3. 你若在场的话，听了与会同志的发言后，应该如何做出决策？

任务一　企业筹资的概述

一、企业筹资的意义和分类

企业融资是指企业根据其生产经营、对外投资、调整资金结构和其他需要，通过合理的渠道，采用适当的方式，获取所需资金的一种行为。融资管理是企业财务管理的一项基本内容，融资管理解决为什么要融资、从何种渠道以什么方式融资、要融通多少资金、如何合理安排融资结构等问题。

（一）企业融资的意义

（1）满足正常生产经营活动的需要；

（2）满足经营规模扩大的需要；

（3）满足到期偿债的需要。

（二）企业融资的分类

1. 按所筹集资金的权益性质，分为股权资本和负债资金

股权资本是企业开办时或在经营过程中，企业的投资者投入或经营利润形成的可由企业长期拥有、自主支配使用的资金，主要包括资本金（股本）、资本公积、盈余公积、未分配利润等内容，后两项又称为留存收益。对企业来说，筹集的股权资本是一项高成本、低风险的资金。高成本是指筹资成本较高，也就是要支付给投资者所期望的较高的投资报酬；低风险是指可以长期使用，无须还本付息，没有偿还压力。

负债资金是企业在经营过程中通过资金市场以还本付息为条件筹集的资金。负债资金可以在一定时期内有偿使用。由于企业筹集的负债资金到期必须还本付息，因此对企业而言就形成了到期还本付息的压力，但由于借款利率的固定性，这也使其筹资成本相对股权资本而言较低。基于负债资金的性质与特点，企业可以根据自身经营的实际情况，合理地运用负债资金提高股权资本的收益和企业价值。

2. 按所筹集资金的使用期限，分为长期资金和短期资金

长期资金是指使用期限在一年以上的资金。拥有一定数量的长期资金是企业长期、持续、稳定地进行生产经营的前提和保证。长期资金通常多表现为各种固定资产、长期投资等资产形式。企业的长期资金主要通过吸收股东直接投资、发行股票、发行长期债券、向银行等金融机构贷长期借款、融资租赁等形式筹集。短期资金是指使用期限在一年以内的资金。企业在生产经营中运用的一定数量的短期资金多是由于短期性的资金周转需要而形

成的，通常表现为各种存货、应收账款等资产形式。企业的短期资金主要通过向银行贷短期借款、在交易过程中获得商业信用等方式筹集。

3. 按筹资活动是否通过金融机构，分为直接筹资和间接筹资

直接筹资是指企业不通过银行或其他金融机构，直接从资金供应者方筹集所需资金的筹资方式。直接筹资的方式有：向社会公众发行股票、债券，取得商业信用等。间接筹资是指企业通过银行或其他金融机构进行资金筹集的活动。间接筹资目前仍是企业资金筹集的主要方式，具体表现为向银行或其他非银行金融机构借款、融资租赁等。

4. 按资金的取得方式，分为内部筹资和外部筹资

内部筹资是指企业的筹资活动在其内部进行。企业在经营过程中发生的非现金费用和获取的经营成果为企业在其内部筹集资金提供了可能。内部筹资主要表现为将一些与非现金费用对应的现金和与一些税后积累对应的现金用于企业的生产经营。外部筹资是指企业从外部资本市场或金融市场取得的资金，其主要表现为企业发行股票、债券，向银行或非银行金融机构借取款项等。

二、筹资原则

筹资成本、筹资风险、投资项目及其收益能力、资本结构及其弹性。非经济性因素有：筹资的顺利程度、资金使用的约束程度、筹资的社会效应、筹资对企业控制权的影响。企业筹资时应把握的原则包括：规模适度原则、结构合理原则、成本节约原则、时机得当原则、依法筹措原则。

三、筹资渠道和筹资方式

（一）筹资渠道

筹资渠道指客观存在的筹措资金的来源和通道。我国企业目前的筹资渠道主要有以下几种：

（1）国家财政资金。国家财政拨款资金、国家直接投资、国家税前还贷。

（2）银行信贷资金。企业负债资金的主要来源。

（3）非银行金融机构资金。比如租赁公司、保险公司、证券公司、财务公司。

（4）其他企业资金。企业之间相互投资以及企业之间的商业信用。

（5）居民个人资金。吸收社会闲散资金。

（6）企业自留资金。通过企业经营获利留存。

（二）筹资方式

筹资方式是指企业筹集资金所采用的具体方式，包括：吸收直接投资、发行股票、利用留存收益、向银行借款、利用商业信用、发行公司债券、融资租赁等。

（三）筹资渠道与筹资方式的对应关系

表 3-1　　筹资渠道与筹资方式的对应关系表

	吸收直接投资	发行股票	银行借款	发行债券	商业信用	融资租赁
国家财政资金	√	√				

表3-1(续)

	吸收直接投资	发行股票	银行借款	发行债券	商业信用	融资租赁
银行信贷资金			√			
非银行金融机构资金	√	√	√	√		√
其他企业资金	√	√		√	√	√
居民个人资金	√	√		√		
企业自留资金	√			√		
外商资金	√	√		√		√

任务二　资金需求量预测

适当的筹资规模是筹集资金的基本原则，要正确确定筹资的规模，必须要采用科学的方法。常用的资金需要量的预测方法主要有：定性预测法和定量预测法。合理预测资金需求量，可使企业避免资金浪费或资金不足。定量预测一般常用销售百分比法和回归分析法。

一、销售百分比法

销售百分比法是根据销售额与资产负债表中有关项目间的比例关系，预测各项目短期资金需用量的方法。该方法有两个基本假定：其一，假定某项目与销售额的比例已知并不变；其二，假定未来的销售额已知。销售百分比法一般通过编制预测资产负债表来确定企业的资金需用量。

预测资产负债表是利用销售百分比法原理预测外部筹资需要量的报表，其基本格式与实际资产负债表大致相同。企业通过编制预测资产负债表，可以预测资产、负债及留存收益等有关项目的数额，从而确定企业需要从外部筹资的数额。

下面是利用销售百分比法确定企业的资金需要量的步骤，共分四步：

（1）确定资产、负债中与销售额有固定比率关系的项目。这种项目称之为敏感项目。敏感项目有敏感资产项目，如现金、应收账款、存货等；还有敏感负债项目，如应付账款、预提费用等。与敏感项目相对应的是非敏感项目，它是指在短期内不随着销售收入的变动而变动的项目，如对外投资、长期负债、实收资本等。在生产能力范围之内，增加销售量一般不需增加固定资产，如果在生产能力已经饱和的情况下继续增加产销量，可能需增加固定资产投资额，因此固定资产项目既可能是非敏感性资产，也可能是敏感性资产。

【例3-1】西域公司2017年度资产负债表见表3-2。

表 3-2　　2017 年 12 月 31 日　　单位：元

资产		负债与所有者权益	
		应付费用	5 000
现金	5 000	应付账款	15 000
应收账款	20 000	短期借款	25 000
存货	30 000	应付债券	13 000
固定资产净值	35 000	实收资本	20 000
		保留盈余	12 000
资产合计	90 000	负债及所有者权益合计	90 000

企业 2017 年的销售收入为 100 000 元，假定销售利润率为 5%，则企业在生产能力上有剩余。

（2）计算基期敏感项目与销售收入的百分比，确定需要增加的资金见表 3-3。由表 3-3 可以看出，销售收入每增加 100 元，必须增加 55 元的资金需要，但同时增加 20 元的资金来源。因此，每增加 100 元的销售收入，企业必须再取得 35 元的资金来源。

表 3-3　　**企业销售百分比表**

资产	销售百分比（%）	负债与所有者权益	销售百分比（%）
		应付费用	
现金	5	应付账款	5
应收账款	20	短期借款	15
存货	30	应付债券	
固定资产净值	不变动	实收资本	
		保留盈余	
合计	55	合计	20

（3）确定计划年度需要增加的资金数额。如果 2018 年销售收入提高到 110 000 元，则需要增加的资金数额为：

（110 000−100 000）×（55%−20%）= 3 500（元）

（4）确定对外筹集资金的规模。假设公司净利润的 60%将分配给投资者，则：

2018 年留存利润 = 110 000×5%×（1−60%）= 2 200（元）

对外筹集资金的数额 = 3 500−2 200 = 1 300（元）

上述预测过程可用下列公式表示：

$$对外筹集资金的数额=\frac{A}{S_1}\times\Delta S-\frac{B}{S_2}\times\Delta S-P\times E\times S_2$$

式中：A——随销售变化的资产；

B——随销售变化的负债；

S_1——基期销售额；

S_2——预测期销售额；

ΔS——销售变动额；

P——销售净利率；

E——保留盈余比率；

A/S_1——变动资产占基期销售额的百分比；

B/S_1——变动负债占基期销售额的百分比。

根据西域公司的资料可求得对外筹集资金的数额为：

55%×（110 000-100 000）-20%×（110 000-100 000）-5%×（1-60%）×110 000=1 300（元）

二、回归分析法

回归分析法是根据有关的历史资料，运用最小二乘法原理，用回归方程求得资金需要量的方法。其回归方程为：

$$Y=a+bx$$

根据最小二乘法原理运算整理可得：

$$a=\frac{\sum x^2\sum y-\sum x\sum xy}{n\sum x^2-(\sum x)^2}$$

$$b=\frac{n\sum xy-\sum x\sum y}{n\sum x^2-(\sum x)^2}$$

【例 3-2】西域公司 2010—2014 年度销售量与资金需要量资料见表 3-4。

表 3-4 **销售量与资金需要量统计表**

年度	销售量 x（万件）	资金需要量 y（万元）
2000	500	350
2001	600	400
2002	550	380
2003	750	500
2004	700	470

（1）根据上表资料计算出有关数据，见表 3-5。

表 3-5 **资金需要量回归分析计算表**

年度	销售量 x（万件）	资金需要量 y（万元）	xy	x^2
2000	500	350	175 000	250 000
2001	600	400	240 000	360 000

表3-5(续)

年度	销售量 x（万件）	资金需要量 y（万元）	xy	x^2
2002	550	380	209 000	302 500
2003	750	500	375 000	562 500
2004	700	470	329 000	490 000
$n=5$	$\sum x = 3\,100$	$\sum y = 2\,110$	$\sum xy = 1\,328\,000$	$\sum x^2 = 1\,965\,000$

（2）将表 3-5 的数据代入公式得：

$a=50$，$b=0.6$

（3）将 $a=50$，$b=0.6$ 代入回归直线方程，求得：

$y=50+0.6x$

（4）如 2005 年度预计销售量为 800 万件，则资金需要量为：

$y=50+0.6\times800=530$（万元）

任务三　企业自有资本的筹集

一、吸收直接投资

吸收直接投资，是指企业以协议等形式吸收国家、法人、个人和外商等直接投入资金，形成企业资本金的一种筹资方式。吸收直接投资不以股票为媒介，它是非股份制企业筹措权益资本的一种基本方式。

（一）吸收直接投资的形式

1. 吸收现金投资

吸收现金投资是企业吸收直接投资所乐于采用的方式。企业有了现金，可用于购置资产、支付费用，比较灵活方便。因此，企业一般争取让投资者以现金方式出资。

2. 吸收实物资产投资

吸收实物资产投资，即投资者以房屋、建筑物、设备等固定资产和材料、燃料、产品等流动资产作价投资。企业吸收的实物投资一般应符合以下条件：确为企业科研、生产、经营所需，技术性能比较好，作价公平合理。

3. 吸收无形资产投资

吸收无形资产投资，即投资者以专利权、商标权、商誉、非专利技术、土地使用权等无形资产作价投资。企业吸收的无形资产投资应符合法定比例。

（二）吸收直接投资的程序

企业采用吸收直接投资方式，应遵循以下程序：

（1）确定吸收直接投资的资金数量。

（2）选择吸收直接投资的具体方式。企业应根据其生产经营等活动的需要以及协议等规定，选择吸收投资方向和具体形式。

（3）签署合同或协议等文件。企业吸收直接投资，不论是为了新建还是为了增资，都应当由有关方面签署决定或协议等文件。

（4）取得资金来源。

（三）吸收直接投资的优缺点

吸收直接投资的优点主要有以下几点：

（1）吸收直接投资所筹集的资金属于企业的权益资金，与负债资本比较，它能提高企业的资信和借款能力。

（2）吸收直接投资不仅可以筹集现金，而且能够直接获得所需的先进设备和技术，与仅筹取现金的筹资方式相比较，它能尽快地形成生产经营能力。

（3）降低财务风险。吸收直接投资可以按照企业的经营状况支付报酬，经营状况好就多支付，经营状况不好就少支付，或不支付，支付方式比较灵活。

吸收直接投资的缺点主要有以下几点：

（1）吸收直接投资通常资金成本较高。

（2）吸收直接投资由于没有证券为媒介，产权关系有时不够明晰，也不便于产权的交易。

二、发行普通股

股票是股份有限公司为筹集权益资金而发行的有价证券，是持股人拥有公司股份的凭证。普通股筹资是指通过发行普通股的方式来筹集资金。其中普通股是股份公司发行的无特别权利的股份，也是最基本、最标准的股份。发行普通股筹集到的资金叫股本或股本总额。

（一）股票的分类

（1）按股票有无记名，可将普通股分成记名股票和不记名股票两种。

（2）按股票是否标明面值，可将普通股分成有面值股票和无面值股票两种。

（3）按投资主体的不同，可将普通股分成国家股、法人股、外资股和个人股。

（4）按发行对象和上市地区的不同，可将普通股分成 A 股、B 股、H 股和 N 股四种。A 股是以人民币标明票面金额，并以人民币认购和交易的股票。B 股是以人民币标明票面金额，以外币认购和交易的股票。H 股是在香港上市的股票。N 股是在纽约上市的股票。

（5）按股东所享受的权利和承担的义务的不同，可将股票分为普通股和优先股。

（二）股票发行的目的

1. 设立新的公司。

2. 扩大经营规模。

3. 其他目的。

（三）股票发行的条件

发行股票是股份有限公司筹集资金的重要渠道，但不是任何企业都可以发行股票筹资。发行股票必须符合一定的条件。

（1）新设立的股份有限公司申请公开发行股票，应符合下列条件：

① 生产经营符合国家产业政策。

② 发行普通股限于一种，并要做到同股同权、同股同利。

③ 在募集方式下，发起人认购的股份不少于公司拟发行股份总数的35%。

④ 发起人在近三年内没有重大违法行为。

⑤ 证监会规定的其他条件。

（2）国有企业改组设立的股份有限公司申请公开发行股票，除应当符合上述情况下的各种条件外，还还应当符合下列条件：

① 发行前一年年末，净资产在总资产中所占比例不低于30%，无形资产在净资产中所占比例不高于20%，但证监会另有规定的除外。

② 近三年连续盈利。

③ 国有企业改组设立的股份有限公司发行股票的，国家拥有的股份在公司拟发行股本总额中所占的比例由国务院或国务院授权的部门规定。

（3）公司增发新股，必须具备下列条件：

① 前一次发行的股份已募足，并间隔一年以上。

② 公司在最近3年内连续盈利，并可向股东支付股利，但以当年利润分派新股的不受此限。

③ 公司在最近3年内财务会计文件无虚假记载。

④ 公司预期利润率可达同期银行存款利率。

（4）在我国，股份有限公司申请其股票上市必须符合下列条件：

① 股票经国务院证券管理部门批准已向社会公开发行。

② 公司股本总额不少于人民币5 000万元。

③ 开业时间在3年以上，最近3年连续盈利；原国有企业依法改建而设立的，或者在《公司法》实施后新组建成立，其主要发起人为国有大中型企业的，可连续计算。

④ 持有股票面值达人民币1 000元以上的股东人数不少于1 000人，向社会公开发行的股份达公司股份总数的25%以上；公司股本总额超过人民币4亿元，向社会公开发行股份的比例为15%以上。

⑤ 公司在最近3年内无重大违法行为，财务会计报告无虚假记载。

⑥ 国务院规定的其他条件。

股份有限公司申请其股票上市交易，在符合上述条件的情况下，要报经国家或国务院授权证券管理部门批准。股票上市交易申请被批准后，上市公司必须公告其股票上市报告，并将其申请文件存放在指定的地点供公众查阅。经批准的上市公司的股票，依照有关法律、行政法规上市交易。上市公司必须按照法律、行政法规的规定，定期公开其财务状况和经营情况，在每个会计年度内半年公布一次财务会计报告。

（四）股票发行的程序

（1）申请。

（2）审批。

（3）复审。

（4）上市发行。

(五)发行的要求

股份有限公司应将资本划分为每一股金额相等的股份,然后将公司的股份采取股票的形式发行。股份的发行实行公开、公平、公正的原则,必须同股同权,同股同利。同次发行的股票,每股的发行条件和价格应当相同。任何单位或者个人所认购的股份,每股应当支付相同价款。股票发行价格可以按票面金额,也可以超过票面金额,但不得低于票面金额。以超过票面金额为股票发行价格的,须经国务院证券管理部门批准。超过票面金额发行股票所得溢价款列入公司资本公积金。

(六)股票的发行价格

(1)面值发行。股票的票面价格是指股票票面上所标明的金额,也叫做股票面值。股票面值通常为1元。

(2)市价发行。市价发行,也称时价发行,即以股票市场上原股票现行市价为基准来确定股票发行价格,一般说时价发行属于溢价。溢价所得款项列入公司资本公积金,归股东所有。

(3)中间价发行。中间价发行,是按介于面值和市价之间的价格发行,一般用于股东配股。

(七)股票上市对公司的影响

经批准在交易所上市交易的股票成为上市股票。我国《公司法》规定,股东转让其股份,即股票流通必须在依法设立的证券交易所进行。

股票上市对公司的有利影响主要体现以下几个方面:

(1)改善财务状况,增强融资能力。

(2)评估公司价值。

(3)提高企业知名度,扩大企业市场占有份额。

(4)防止股份过于集中,同时还可以利用股票收购其他公司。

(5)利用股票股权和期权可有效激励员工,尤其是企业关键人员。

股票上市对公司的不利影响主要体现在以下几个方面:

(1)容易泄露商业机密,使公司失去隐私。

(2)公司上市需要很高的费用。

(八)普通股筹资与优先股筹资的比较

1. 普通股筹资与优先股筹资的共同点

优点:股份公司可长期占有并拥有充分的自主使用权;降低财务负担和分散经济损失;能避免破产偿债的风险。缺点:资金成本过高。

2. 普通股筹资的优缺点

普通股筹资的优点有如下几点:

(1)无固定股利负担。通过发行普通股来进行筹资,公司对普通股股东发放股利的原则是"多盈多分、少盈少分、不盈不分"。可见普通股股利并不构成公司固定的股利负担,是否发放股利、什么时候发放股利以及发放多少股利,主要取决于公司的获利能力和股利政策。

(2)无固定到期日,无须还本。通过发行普通股来进行筹资,公司筹集的资金是永久性资金，也叫权益资本或自有资金，公司无需向投资人归还投资。这对于保证公司对资本的最低需要，保证公司资本结构的稳定，维持公司长期稳定发展具有重要意义。

（3）普通股筹资的风险小。由于普通股筹资没有固定的股利负担，没有固定的到期日，无须还本，筹集的资金是永久性资金，投资人无权要求公司破产。

（4）普通股筹资能增强公司的偿债和举债能力。发行普通股筹集的资金是公司的权益资本或自有资金，而权益资本或自有资金是公司偿债的真正保障，是公司其他方式筹资的基础，它反映了公司的实力。所以利用普通股筹资可增强公司的偿债能力，增强公司的信誉，进而增强公司的举债能力。

（5）普通股可在一定程度上抵消通货膨胀的影响，因而易吸收资金。从长期来看，普通股股利有增长的趋势，而且在通货膨胀期间不动产升值时，普通股也随之升值。

普通股筹资的缺点有如下几点：

（1）普通股筹资的资本成本较高。

（2）普通股的追加发行，会分散公司的控制权。

（3）普通股的追加发行，有可能引发股价下跌。

由于普通股具有同股、同权、同利的特点，所以新加入的股东会分享公司未发行新股前积累的盈余，这样公司的每股收益就会下降，从而可能导致普通股市价下跌。

3. 优先股筹资的优缺点

优先股筹资的优点有如下几点：

（1）优先股一般没有固定的到期日，不用偿付本金。发行优先股筹集资金，实际上近乎得到一笔无限期的长期贷款，公司不承担还本义务，也无须再做筹资计划。对可赎回优先股，公司可在需要时按一定价格收回，这就使得这部分资金的利用更有弹性。当财务状况较差时发行优先股，而财务状况转强时收回，这有利于结合资金需求加以调剂，同时也便于掌握公司的资本结构。

（2）股利的支付既固定又有一定的灵活性。一般而言，优先股都采用固定股利，但对固定股利的支付并不构成公司的法定义务。如果公司的财务状况不佳，可以暂时不支付优先股股利，即使如此，优先股股东也不能像公司债权人那样迫使公司破产。

（3）保持普通股股东对公司的控制权。当公司既想向外界筹措自有资金，又想保持原有股东的控制权时，利用优先股筹资尤为恰当。

（4）从法律上讲，优先股股本属于自有资金，发行优先股能加强公司的自有资本基础，可适当增强公司的信誉，提高公司的借款举债能力。

优先股筹资的缺点有如下几点：

（1）优先股的成本虽低于普通股，但一般高于债券。

（2）对优先股的筹资制约因素较多。例如，为了保证优先股的固定股利，当企业赢利不多时普通股就可能分不到股利。

（3）可能形成较重的财务负担。优先股要求支付固定股利，但又不能在税前扣除，当赢利下降时，优先股的股利可能会成为一项较重的财务负担，有时不得不延期支付，会影响公司的形象。

任务四　借入资金的筹集

一、银行借款

银行借款是企业根据借款合同从银行以及其他金融机构借入的、需要还本付息的款项。

（一）银行借款的种类

（1）按期限，分为短期借款、中期借款和长期借款。

（2）按有无担保，分为信用借款（无担保借款）、抵押借款（担保借款）和票据贴现。

（3）按偿还方式，分为一次偿还借款和分期偿还借款。

（4）按借款的用途，分为基本建设借款、专项借款、流动资金借款。

（5）按提供贷款的机构，分为政策性银行贷款和商业银行贷款。

（二）银行借款的信用条件

根据国际惯例，银行发放贷款时，一般会带有一些信用条款，主要有以下几条：

（1）信贷额度。信贷额度即贷款限额，是借贷双方在协议中规定的允许借款人借款的最高限额。

（2）周转信贷协定。该协定是指银行具有法律义务承担提供不超过某一最高限额的贷款协定。在协定的有效期内，只要企业借款总额未超过最高限额，银行必须满足企业任何时候提出的借款要求。

（3）补偿性余额。补偿性余额是银行要求借款人在银行中保持按贷款限额或实际借用额的一定百分比（通常为10%~20%）计算的最低存款余额。

（4）借款抵押。银行向财务风险大、信誉度低的企业贷款时，往往需要抵押品担保。抵押品可以是股票、债券、房地产、存货及应收账款。银行收到抵押品后一般按抵押品价值的30%~50%发放贷款。抵押贷款因风险较大，其利率往往高于非抵押贷款。

（5）偿还条件。借款都有还款期限，贷款到期后仍无能力偿还的视为过期贷款，银行要照章加收逾期罚息。贷款的偿还有到期一次偿还和在贷款期内定期等额偿还两种方式。

（6）以实际交易为贷款条件。当企业发生经营性临时资金需求需要贷款时，银行则以企业将要进行的实际交易为贷款基础，单独立项，单独审批，并确定贷款的相应条件和信用保证。

（三）银行利息支付方法

通常，借款人可采用三种方法支付银行贷款利息：一次支付法、贴现法和加息分摊法。在一次支付法下，利息在借款到期时向银行支付，其借款实际利率等于名义利率。

在贴现法下，银行先从贷款中扣除利息，借款人实际得到的金额是借款面值扣除利息后的余额，而到期还款时必须按借款的面值偿还。借款人由此而承担的实际利率大于银行的名义利率。如某公司向银行借入 10 000 元，年利率为 12%，一年后到期的贴现利率贷款，扣除利息 1 200 元后，公司可得 8 800 元的资本，则公司负担的借款实际利率为 13.64%。

在分期偿还借款中，银行和其他贷款人通常按加息分摊法计算利息。即银行将根据名义利率计算的利息加到贷款本金上，计算出贷款的本息和，要求借款人在贷款期内分期偿还本息之和的金额。如某人按 12%的利率向银行借款 10 000 元，采用分期（12 个月）偿还贷款，每月偿还额为 933.33 元。即每月分期支付这一数额，直到借款全部付清。

（四）银行借款的程序

企业向银行借款的程序大致分为以下几个步骤：

1. 企业提出借款申请

企业要向银行借款，首先应提出申请，填写包括借款金额、借款用途、偿还能力、偿还方式等内容的借款申请书，并提供借款人的基本情况、上年度的财务报告等资料。

2. 银行审查借款申请

银行接到借款申请后，应对企业的申请进行审查，审查的内容有如下几方面：

（1）对借款人的信誉等级进行评估。评估可由银行独立进行，通过内部掌握，也可委托独立的信誉评定机构进行评估。

（2）对贷款人进行调查。银行应对贷款人的信用、借款的合法性、安全性及营利性进行调查，还要核实抵押物、保证人情况，测定贷款风险。

（3）贷款审批。银行一般都建立了审贷分离、分级审批的贷款管理制度。审查人员应对调查人员提供的资料认真进行审查，决定是否提供贷款。

3. 签订借款合同

为了维护借贷双方的合法权益，企业与银行应签订借款合同。合同的内容主要有如下几方面：

（1）基本条件。基本条件主要是规定双方的权利和义务，具体包括数额、方式、发放时间、还款期限、利率及利息的支付方式等。

（2）保证条款。保证条款包括借款按规定的用途使用、有关的物资保证、抵押财产、担保人及其责任等。

（3）违约条款。该条款主要载明对企业逾期不还或挪用贷款如何处理，以及对银行不按期发放贷款如何处理。

（4）其他附属条款。其他附属条款包括双方经办人、合同生效日期等。

4. 企业取得借款

双方签订合同后，银行应按合同规定的日期向企业发放贷款。

5. 借款的归还

企业取得借款后，应按合同规定按时、足额归还借款本息。

（五）银行借款的优缺点

银行借款的优点有如下几点：

（1）借款筹资速度快。企业利用银行借款筹资一般所需时间较短，程序较为简单，可以快速获得现金。

（2）借款成本较低。利用银行借款筹资，其利息可在所得税前列支，故可减少企业实际负担的成本，因此比股票筹资的成本要低得多；与债券相比，借款利率一般低于债券利率，筹资费用也较低。

（3）借款弹性较大。在借款时，企业与银行直接商定贷款的时间、数额和利率；在用款期间，企业如因财务状况发生某些变化，亦可与银行再行协商，变更借款数量及还款期限等。因此，长期借款筹集资金对于企业具有较大的灵活性。

（4）企业利用借款筹资，与债券一样可以发挥财务杠杆的作用。

银行借款的缺点有如下几点：

（1）筹资风险较高。借款通常有固定的利息负担和固定的偿付期限，故借款企业的筹资风险较高。

（2）限制条件较多。这可能会影响到企业以后的筹资和投资活动，如要求担保等。

（3）筹资数量有限。一般不如股票、债券那样可以一次筹集到大批资金。

二、发行债券

债券是社会各类经济主体为筹集负债资金而向投资人出具的。社会各类经济主体向投资人承诺按一定利率定期支付利息，到期偿还本金，这种债权债务的凭证就是债券。

（一）债券的分类

债券有国家债券、企业债券和金融债券，这里主要介绍企业债券。企业债券按不同标准，可以分为不同类型。

（1）按有无抵押担保，分为信用债券、抵押债券和担保债券。

（2）按发行方式，分为记名债券和不记名债券。

（3）按偿还方式，分为定期偿还债券和不定期偿还债券。

（4）按有无利息，分为有息债券和无息债券。

（5）按计息标准，分为固定利率债券和浮动利率债券。

固定利率债券是债券的利息率在债券的期限内保持固定的债券。浮动利率债券则是利息率随基本利率变动而变动（如保值贴补率）的债券。

（6）按可否转换，分为可转换债券和不可转换债券。

（二）债券的发行

股份有限公司、国有独资公司、有限责任公司在具备发行债券的前提条件下，可以发行债券。企业发行债券必须根据企业财力和偿还能力制定发行方案，按照规定程序上报审定。发行方案中包括发行面值、期限、利率、偿还方式、发行价格以及发行方式等几个方面的内容。

（1）债券的面值。债券的面值是债券持有人借以生息的本金和债券到期时偿还债务的金额。目前一般大都趋向小面值。

（2）债券的期限。债券从发行日开始至到期日止，这一段时间为债券的期限。在债券的期限内，企业必须定期支付利息，到期必须偿还本金。

（3）债券的利率。债券上一般都注明年利率，利率有固定的，也有浮动的。面值与利率相乘则为年利息。

（4）偿还方式。债券的偿还方式一般有到期还本付息和分期还息，以及以新换旧等方式。到期还本付息是在债券期限到期时一次还本付息。以旧换新是以新的债券来换取一次或多次发行的旧公司债券。

（5）发行价格。一般来说，债券的面值即是债券的价格，但由于资金市场上的供求关系及利率的变化，有时债券的价格会与面值相背离，高于或低于面值，但差额通常不会很大。因此债券发行的价格有三种：一是按债券面值等价发行，二是按低于债券的面值折价发行，三是按高于债券的面值溢价发行。

（6）发行方式。企业债券发行方式有委托发行和自行发行。委托发行即委托银行、投资公司或其他金融机构承销全部债券，然后再分售个人、单位、代理发售企业债券的机构。被委托机构按债券发行总面额收取一定比例的手续费，但不承担企业经营财务状况的责任。企业自行发行是指不经过金融机构，由债券发行的公司直接配售给投资个人和单位，这种发行没有承销人，可节约发行费用。

（三）债券筹资的优缺点

债券筹资的优点有如下几点：

（1）债券成本较低。与股票的股利相比较而言，债券的利息允许在所得税前支付，发行公司可享受税收利益，故公司实际负担的债券成本一般低于股票成本。

（2）可利用财务杠杆。无论发行公司的盈利是多少，债券持有人一般只收取固定的利息，而更多的收益可用于分配给股东或留用公司经营，从而增加股东和公司的财富。

（3）保障股东控制权。债券持有人无权参与发行公司的管理决策，因此，公司发行债券不会像增发新股票那样可能会分散股东对公司的控制权。

债券筹资的缺点有如下几点：

（1）财务风险较高。债券有固定的到期日，并需定期支付利息，发行公司必须承担按期还本付息的义务。在公司经营不景气时，亦需向债券持有人还本付息，这会给公司带来更大的财务困难，有时甚至导致破产。

（2）灵活性差。发行债券的限制条件一般要比长期借款、租赁筹资的限制条件都多且严格，从而限制了公司债券筹资方式的使用，甚至影响公司以后的筹资能力。

（3）筹资数量有限。公司利用债券筹资一般受一定额度的限制。我国《公司法》规定，发行公司流通在外的债券累计总额不得超过公司净资产的40%。

三、商业信用

商业信用是指商品交易中以延期付款或预收货款进行购销活动而形成的借贷关系，它是企业之间的一种直接信用行为。商业信用是商品交易中钱与货在时间上和空间上的分离，它的表现形式主要是先取货、后付款和先付款、后取货两种，是自然性融资。在一些发达国家里，90%的商品销售方式是商业信用。在我国，随着商品经济的发展，商业信用也正逐步推广，成为企业筹集短期资金的一种方式。

（一）商业信用的形式

1. 应付账款

应付账款是企业赊购商品和材料时产生的应付但未付的货款。采用这种形式交易时，卖方先给买方商品，并允许在此后一定时期内付款，即在这段时间内，买方向卖方提供货款，这样既解决买方暂时性的资金短缺困难，又可便于卖方推销商品。这种商业信用形式必须在卖方对买方信用和财务状况充分了解的基础上进行。使用时，由卖方提供信用条件。

2. 应付票据

应付票据是买方根据购销合同，向卖方开出或承兑的商业票据。应付票据主要是商业汇票，它包括银行承兑汇票和商业承兑汇票。商业承兑汇票必须经过承兑才有效，承兑期一般为1~6个月，最长一般不超过9个月，在特殊情况下经买卖双方商定，还可适当延长。应付票据可分为带息票据和不带息票据。带息票据需要加计利息；不带息票据则不收取利息，属于免费信用。我国目前的应付票据一般为不带息票据。

3. 预收货款

预收货款是指卖方按合同或协议规定，在商品未发出以前向买方预收的全部或部分货款所发生的信用形式。预收货款对于买方来说可以取得期货，对卖方来说，可以预先收入一笔款项。采用这种商业信用方式，对于生产周期长、成本售价高的货物，如房地产、电梯等，供货方往往向订货方预收货款，取得一定的短期资金来源。

（二）放弃现金折扣的机会成本

在采用商业信用形式销售产品时，为鼓励购买单位尽早付款，销货单位往往都规定一些信用条件，主要包括现金折扣和付款期间两部分内容。

如果销货单位提供现金折扣，购买单位应尽量争取获得此项折扣，因为放弃现金折扣的机会成本很高。但放弃现金折扣可获得在信用期内资金的使用权。

放弃现金折扣的机会成本可按下面公式计算：

$$\text{放弃现金折扣的机会成本}=\frac{\text{现金折扣率}}{1-\text{现金折扣率}}\times\frac{360}{\text{信用期限}-\text{折扣期限}}\times100\%$$

【例3-4】某企业拟以“2/10，N/30”的信用条件购进一批原材料。这一信用条件意味着企业如果在10天内付款，可享受2%的现金折扣；若不享受现金折扣，货款应在30天内付清。则放弃现金折扣的机会成本为：

$$\text{放弃现金折扣的机会成本}=\frac{2\%}{1-2\%}\times\frac{360}{30-10}\times100\%\approx36.73\%$$

（三）商业信用筹资的优缺点

商业信用筹资的优点有如下几点：

（1）筹资方便。商业信用随商品交易自然产生，属于自然性筹资，事先不必正式规划，方便灵活。

（2）限制条件少。商业信用相对银行借款一类的筹资方式，没有复杂的手续和各种附加条件，也不需抵押担保。

（3）筹资成本低，甚至不发生筹资成本。如果没有现金折扣，或者公司不放弃现金折扣，则利用商业信用筹资不会发生筹资成本。

商业信用筹资的缺点有如下几点：

（1）商业信用的时间一般较短，尤其是应付账款，则时间更短。

（2）有一定的风险。付款方如果到期不支付货款，长时间拖欠货款，势必影响公司的信誉；收款方如果较长时间不能收回货款，必然影响公司的资金周转，造成公司生产经营困难。

四、融资租赁

租赁是指出租人在承租人给予一定报酬的条件下，在契约合同规定的期限内，授予承租人占有和使用财产权利的一种经济行为。第二次世界大战后，租赁迅速发展。租赁于20世纪50年代初在美国兴起，60年代传到西欧、日本，此后在各国迅速发展，成为一种国际化的筹资手段。我国在20世纪80年代，成立了一批租赁公司，开展租赁业务。现代租赁已成为我国企业筹措国内外资金的一种有效的方法。

（一）融资租赁的概念及特点

1. 融资租赁的含义

融资租赁，又称财务租赁，是由租赁公司按照承租企业的要求融资购买设备，并在契约或合同规定的较长期限内提供给承租企业使用的信用性业务，它是现代租赁的主要类型。承租企业采用融资租赁的主要目的是融通资金。一般融资的对象是资金，而融资租赁集融资与融物于一身，具有借贷性质，是承租企业筹集长期负债资金的一种特殊方式。

2. 融资租赁的特点

（1）一般由承租企业向租赁公司提出正式申请，由租赁公司融资购进设备租给承租企业使用。

（2）租赁期限较长，大多为设备耐用年限的一半以上。

（3）租赁合同比较稳定，在规定的租期内非经双方同意，任何一方不得中途解约，这有利于维护双方的利益。

（4）由承租企业负责设备的维修保养和保险，但无权自行拆卸改装。

（5）租赁期满时，按事先约定的办法处置设备，一般有退还、续租和留购三种选择，通常由承租企业留购。

（二）融资租赁的具体形式

（1）直接租赁。直接租赁是融资租赁的典型形式，通常所说的融资租赁就是指直接租赁形式。

（2）售后租回。在这种形式下，制造企业按照协议先将其资产卖给租赁公司，再作为承租企业将所售资产租回使用，并按期向租赁公司支付租金。采用这种融资形式，承租企业因出售资产而获得了一笔现金，同时因将其租回而保留了资产的使用权。这与抵押贷款有些相似。

（3）杠杆租赁。杠杆租赁是由资金出借人为出租人提供部分购买资产的资金，再由出租人将资产租给承租人的方式。因此，杠杆租赁就涉及出租人、承租人和资金出借人三方。这种方式和其他租赁方式一样对承租人没有影响，但对出租人来说，它只支付购买资产的部分资金，另一部分是向资金出借人借来的，因此，它既是出租人，又是借资人，同时又拥有资产所有权。如果不能按期偿还借款，则资产所有权要归资金出借人所有。

（4）转租赁。这种租赁形式的特点是，承租人所租设备是租赁公司从国内外的其他租赁公司或设备制造厂商租来的。

（三）融资租赁的优缺点

融资租赁筹资的优点有如下几点：

（1）迅速获得所需资产。融资租赁集“融资”与“融物”于一身，一般要比先筹措现金再购置设备来得更快，可使企业尽快形成生产经营能力。

（2）租赁筹资限制较少。企业运用股票、债券、长期借款等筹资方式，都受到相当多的资格条件的限制，相比之下，租赁筹资的限制条件很少。

（3）免遭设备陈旧过时的风险。随着科学技术的不断进步，设备陈旧过时的风险很高，而多数租赁协议规定这种风险由出租人承担，承租企业可免遭这种风险。

（4）全部租金通常在整个租期内分期支付，可适当减低不能偿付的危险。

（5）租金费用可在所得税前扣除，承租企业能享受税收利益。

租赁筹资的缺点有如下几点：

（1）成本较高，租金总额通常要高于设备价值的30%。

（2）承租企业在财务困难时期，支付固定的租金也将构成一项沉重的负担。

（3）不利于改进资产。在租赁期内，未经出租人同意，承租人一般不得随意改进所租入的资产。

综合实训

一、单项选择题

1. 企业从银行借入短期借款，不会导致实际利率高于名义利率的利息支付方式是（　）。

A. 收款法　　B. 贴现法

C. 加息法　　D. 分期等额偿还本利和的方法

2. 在长期借款合同的保护性条款中，属于一般性条款的是（　）。

A. 限制资本支出规模　　B. 限制租赁固定资产的规模

C. 贷款专款专用　　D. 限制资产抵押

3. 某周转信贷额为1 000万元，年承诺费率为0.5%，借款企业年度内使用了600万元（使用期为半年），借款年利率为6%，则该企业当年应向银行支付利息和承诺费共计（　）万元。

A. 20　　B. 21.5

C. 38　　D. 39.5

4. 从筹资的角度，下列筹资方式中筹资风险较小的是（　）。

A. 债券　　B. 长期借款

C. 融资租赁　　D. 普通股

5. 下列中不属于自发性融资的是（　）。

A. 应付债券　　B. 应付票据
C. 应付账款　　D. 预收账款

6. 在下列支付银行贷款利息的各种方法中，名义利率与实际利率相同的是（　　）。
A. 收款法　　B. 贴现法
C. 加息法　　D. 余额补偿法

7. 企业向银行借入长期借款，若预测市场利率将上升，企业应与银行签订（　　）。
A. 浮动利率合同　　B. 固定利率合同
C. 有补偿余额合同　　D. 周转信贷协定

8. 某企业按年利率10%向银行借款20万元，银行要求维持贷款限额20%的补偿性余额，该项借款的实际利率为（　　）。
A. 10%　　B. 12%
C. 12.5%　　D. 20%

9. 从发行公司的角度看，股票包销的优点有（　　）。
A. 可获部分溢价收入　　B. 降低发行费用
C. 可获一定佣金　　D. 不承担发行风险

10. 某企业需借入资金600 000元。由于贷款银行要求将贷款数额的20%作为补偿性余额，故企业需向银行申请的贷款数额为（　　）。
A. 600 000元　　B. 720 000元
C. 750 000元　　D. 672 000元

二、多项选择题

1. 下列表述正确的是（　　）。
A. 同次发行的股票，每股的发行条件和价格应当相同
B. 股票发行价格可以按票面金额，也可以超过票面金额，但不得低于票面金额
C. 向发起人、国家授权投资的机构、法人发行的股票应当为记名股票，向社会公众发行的股票为无记名股票
D. 发行无记名股票的，公司应当记载其股票数量、编号及发行日期

2. 股东大会做出发行新股的决议包括（　　）。
A. 新股种类及数额　　B. 新股发行的价格
C. 新股发行的起止日期　　D. 向原有股东发行新股的种类及数额

3. 股份公司申请股票上市，一般出于（　　）。
A. 使资本集中　　B. 便于确定公司价值
C. 便于筹措新资金　　D. 提高公司知名度、吸引更多顾客

4. 关于债券的特征，下列说法中正确的是（　　）。
A. 债券具有分配上的优先权　　B. 债券代表着一种债权债务关系
C. 债券不能折价发行　　D. 债券持有人无权参与企业决策

5. 短期负债筹资带有如下一些特点（　　）。
A. 筹资速度快，容易取得　　B. 筹资富有弹性

C. 筹资成本较低　　D. 筹资风险低

6. 长期借款筹资的特点表现在（　　）。

A. 筹资风险较高　　B. 借款成本较高

C. 限制条件较多　　D. 筹资数量有限

7. 与公司债券相比较，政府发行的国库券的特点是（　　）。

A. 风险小　　B. 到期还本付息的要求严格

C. 抵押代用率高　　D. 可享受免税优惠

8. 补偿性余额的约束使借款企业所受的影响有（　　）。

A. 减少了可用资金　　B. 提高了筹资成本

C. 减少了应付利息　　D. 增加了应付利息

9. 商业信用筹资的优点主要表现在（　　）。

A. 筹资风险小　　B. 筹资成本低

C. 限制条件少　　D. 筹资方便

10. 根据我国《公司法》规定，股票的发行价格包括（　　）。

A. 折价　　B. 溢价

C. 等价　　D. 低于票面金额

三、判断题

1. 周转信贷协定是银行具有法律义务地承诺提供不超过某一最高限额的贷款协定。（　　）

2. 作为抵押贷款担保的抵押品可以是股票、债券等有价证券。（　　）

3. 我国《公司法》规定，有资格发行公司债券的公司，其累计债券总额不超过公司净资产额的50%。（　　）

4. 股份有限公司申请其股票上市的必备件之一是：公司股本总额不少于人民币 5 000 万元。（　　）

5. 在市场利率大于票面利率的情况下，债券的发行价格大于其面值。（　　）

6. 某企业按（2/10，N/30）的条件购入货物 100 万元，倘若放弃现金折扣，在 10 天后付款，则相当于以 36.7%的利息借入 100 万元，使用期限为 20 天。（　　）

7. 直接筹资是指直接从银行等金融机构借入资金的活动。（　　）

8. 金融市场上的利率越高，补偿性存款余额的机会成本就越高。（　　）

9. 股东持有的股份不可以自由转让。（　　）

10. 售后租回是一种涉及三方面关系人的租赁形式。（　　）

11. 典型的融资租赁是指长期的、完全补偿的、可撤销的净租赁。（　　）

四、计算分析题

1. 某公司将一张不带息的票据向银行办理贴现，票面金额为 1 000 元，银行贴现息为 6%，贴现天数为 155 天。计算企业实得借款和实际负担的月利率是多少。

2. 某公司按附加利率 8%取得一年期借款 54 000 元，在一年内分月等额偿还，计算企业此笔贷款实际负担的利率是多少？

五、案例分析

短期筹资决策——“意外”公司筹资术

“意外”公司是一个季节性强，信用为AA级的中型企业，每年一到经营旺季，资金就周转困难，急得厂长和财务主管团团转，面对企业资金严重不足，产品供不应求的现状，两个人真可谓“挖空心思，绞尽了脑汁”。后经多方共同努力，最终使生产急需的资金100万元有了着落。

1. 企业财务数据

（1）“意外”公司2013年年末资产负债表（见表3-5）。

表3-5 “意外”公司2013年年末资产负债表

财务指标	账面价值（万元）
总资产	500
其中：应收款项	12.5
货币资金	80
一年内到期的长期负债	18.8
商业票据和其他应付票据	81.2
短期负债统计	100
长期负债	260
所有者权益	200
负债及所有者权益	560

（2）“意外”公司的产品销售利润率为12%。

2. 备选融资方案

（1）银行短期借款。工商银行提供期限为3个月的短期借款20万元，年利率为12%。需扣存款20%作为保证金；

（2）商业信用贷款。A公司愿意为其提供商业信用贷款，即按“2/10，N/30”的条件每天为其提供5 000元的材料；商业信用期限为一个月；

（3）安排专人将应收款项催回。

分析提示：

1. 根据案情资料，分别用不同融资方式计算“意外”公司的可融资数额；

2. 试比较哪种融资方式更适合“意外”公司的生产经营急需。

技能实训：

1. 在市场经济的条件下，短期融资方式中哪种将成为企业短期融资的主要来源，为什么？

2. 企业进行短期融资的内、外部环境应如何？

项目四 资金成本与资本结构

学习目标

通过本章教学，学生可理解资金成本的概念及作用，并掌握个别资金成本、综合资金成本和边际资金成本的计算；了解杠杆原理，掌握经营杠杆、财务杠杆和复合杠杆的运作原理及基本计算；熟悉资本结构的概念及作用、资本结构的影响因素，掌握最优资本结构的决策方法。

导入案例

美国雷诺兹—纳贝斯克（RJR Nabisco）公司收购案

这笔被称为“世纪大收购”的交易以250亿美元的收购价震惊世界，成为历史上规模最大的一笔杠杆收购。

这场收购战役主要在RJR纳贝斯克公司的高级管理人员和著名的收购公司KKR（Kohlberg Kravis Roberts&Co.）公司之间展开，但由于它的规模巨大，其中不乏像摩根士丹利、第一波士顿等这样的投资银行和金融机构的直接或间接参与。“战役”的发起方是以罗斯·约翰逊为首的RJR纳贝斯克公司高层管理者，他们认为公司当时的股价被严重低估。1988年10月，管理层向董事局提出管理层收购公司股权的建议，收购价为每股75美元，总计170亿美元。虽然约翰逊的出价高于当时公司股票53美元/股的市值，但公司股东对此却并不满意。不久，华尔街的“收购之王”KKR公司加入这次争夺，经过6个星期的激战，最后KKR胜出，收购价是每股109美元，总金额250亿美元。KKR本身动用的资金仅1 500万美元，而其余99.94%的资金都是由垃圾债券大王迈克尔·米尔肯（Michael Milken）发行垃圾债券筹得。

一、相关背景

作为美国最大的食品和烟草生产商，雷诺兹—纳贝斯克公司是由美国老牌食品生产商Standard Brands公司、Nabisco公司与美国两大烟草商之一的RJR公司（Winston、Salem、骆驼牌香烟的生产厂家）合并而成。在当时它是美国排名第十九的工业公司，雇员14万人，拥有诸多名牌产品，包括奥利奥、乐芝饼干、温斯顿和塞勒姆香烟、Life Savers糖果，产品遍及美国每一个零售商店。虽然RJR纳贝斯克公司的食品业务在两次合并后得到迅猛的扩张，但烟草业务的丰厚利润仍占主营业务的58%左右。

在约翰逊任期两年的时间里，RJR纳贝斯克公司利润增长了50%，销售业绩良好。但是随着1987年10月19日股票市场的崩盘，公司股票价格从顶点70美元直线下跌，尽管第二年春天公司曾大量买进自己的股票，但是股价不但没有上涨，反而跌到了40美元。12月，公司的利润虽然增长了25%，食品类的股票也都在上涨，但是RJR纳贝斯克公司的股票受烟草股的影响还是无人问津，60%的销售额还是来自纳贝斯克公司和德尔·蒙特食品公司。公司试图把烟草和食品生意放在一起，但丝毫没用，分散化经营也失去了效用。

关于RJR纳贝斯克公司管理层。以罗斯·约翰逊为首的RJR纳贝斯克公司高层管理者是这次收购事件的发起者，这个团体包括雷诺兹烟草公司的头儿——埃德·霍里希根，纳贝斯克公司董事会主席吉姆·维尔奇、法律总顾问哈罗德·亨德森、独立董事及顾问安德鲁·G. C. 塞奇二世等。

罗斯·约翰逊，此人在经营管理上没有太大能耐，40岁的时候在美国企业界还默默无闻。在一家猎头公司的帮助下，他成了标牌公司的总裁，1984年罗斯·约翰逊出任纳贝斯克公司CEO，1985年完成雷诺兹—纳贝斯克公司的合并，下一年，他成为RJR纳贝斯克公司的CEO。约翰逊敢于创新，在他的领导下，雷诺兹烟草公司在一年内就产生了10亿美元产值的产品。但是，在控制了RJR纳贝斯克的董事会后，约翰逊彻底改变了这家企业，尤其是雷诺兹烟草公司。这家公司虽然现金充足，但是文化上相对保守、封闭，企业管理者早已没有了创始人的创造性和进取心，决策上也是谨小慎微，鲜有突破。约翰逊的到来并没有给其经营管理带来多少创新，他最大的爱好是花大把的钱。

如果仅仅停留在奢华无度的消费上，约翰逊也不会被人注意。他有更宏伟的计划，那就是通过管理层参与收购，将RJR纳贝斯克公司变成一家私人企业。KKR成立于1976年，作为第一家杠杆收购公司，KKR公司有着突出的业绩表现，它擅长MBO，也就是通常说的“管理层收购”。但是随着其他人对杠杆收购的进一步认识，杠杆收购公司逐渐增多，到1987年出现了行业拥挤现象。克拉维斯和罗伯茨做出果断的决定：把业务目标锁定在50亿~100亿美元之间的大宗收购业务上。因为这样大的生意很少有人染指，而KKR公司早就有了像62亿美元收购Beatrice，44亿美元收购Safeway，以及21亿美元收购欧文斯—伊利诺伊（Owens-Illinois）这样的大宗交易。

从1987年6月，KKR开始运用一切公开的方法募集资金，为了刺激更多的投资者加盟，公司提出了所有在1990年之前完成的交易的管理费都可以减免，到募集结束时，募集到的资金已经有56亿美元。在世界约200亿美元的杠杆收购交易中，KKR就占了四分之一。

二、收购过程

1988年10月，以RJR纳贝斯克公司CEO罗斯·约翰逊为代表的管理层向董事局提出管理层收购公司股权的建议。管理层的MBO建议方案包括，在收购完成后计划出售RJR纳贝斯克公司的食品业务，而只保留其烟草经营。其战略考虑是基于市场对烟草业巨大现金流的低估，以及食品业务因与烟草混合经营而其价值不被完全认同。重组将消除被市场低估的不利因素，进而获取巨额收益。

罗斯·约翰逊与希尔森公司的杠杆收购计划一拍即合，双方都认为，收购RJR纳贝斯克公司股票的价格应该在每股75美元左右，高于股市71美元左右的市场交易价格，总计交易价达到176亿美元。由于希尔森公司想独立完成这笔交易，所以他们没有引入垃圾债券的力量，150亿美元左右的资金全部需要借助于商业银行的贷款。信孚银行抓住了为蓝筹公司杠杆收购提供融资的机会，在全世界范围内募集到160亿美元，但据希尔森的核算只有155亿美元。

华尔街上投资银行家们仍然做出了本能的反应：这一出价太便宜！约翰逊是在抢劫公司！正当约翰逊与希尔森公司打着如意算盘的时候，KKR的投标参与令管理层收购方案者们如梦初醒。与CEO罗斯·约翰逊所计划的分拆形成尖锐对照的是，KKR希望保留所有的烟草生意及大部分食品业务，而且KKR喊出了每股90美元的报价。希尔森和KKR的较量拉开了序幕。

希尔森选择了与所罗门公司合作来筹措资金，但是无论在智谋上，还是融资上，希尔森都无法与KKR对峙。KKR有德雷克塞尔和美林做顾问，并引入了投标购买PIK优先股，价格达到每股11美元，接近25亿美元，世界市场对PIK股票的需求使它很快转换成垃圾债券，这意味着筹集了25亿美元的资金。

然而约翰逊管理协议和“金降落伞计划”的曝光，激怒了RJR纳贝斯克公司的股东和员工。价值近5 000万美元的52.56万份限制性股票计划，慷慨的咨询合同，每人所得的1 500份限制性股票，使约翰逊在这次收购中不管成败如何都毫发无损。约翰逊这种贪婪的做法，使管理层收购失去了民众的支持。最后，KKR以每股109美元，总金额250亿美元，获得了这场争夺战的胜利。

在最后一轮竞标中希尔森的报价和KKR仅相差1美元，为每股108美元。但是使RJR纳贝斯克公司股东做出最后决定的不是收购价格的差异。KKR保证给股东25%的股份，希尔森只给股东15%的股份；KKR承诺只卖出纳贝斯克一小部分的业务，而希尔森却要卖掉所有业务。除此之外，股东们还列出了其他十几个不同点。另外，希尔森没能通过重组证实它的证券的可靠性，在员工福利的保障方面做得不到位。正因为这些原因，公司股东最终选择了KKR公司。收购价格是250亿美元，除了银行贷款的145

亿美元外，德崇和美林还提供50亿美元的过渡性贷款，等待发行债券来偿还。KKR本身提供了20亿美元（其中15亿美元还是股本），另外提供41亿美元作优先股、18亿美元作可转债券以及接收RJR所欠的48亿美元外债。

这次收购的签约日是1989年2月9日，超过200名律师和银行家与会，汉诺威信托投资公司从世界各地的银行筹集了119亿美元。KKR总共提供了189亿美元，满足了收购时承诺的现金支付部分。

事实上，整笔交易的费用达320亿美元，其中以垃圾债券支付杠杆收购出了名的德崇公司收费2亿多美元，美林公司1亿多美元，银团的融资费3亿多美元，而KKR本身的各项收费达10亿美元。

三、收购之后

继罗斯·约翰逊之后，路易斯·格斯特纳成为RJR纳贝斯克公司收购后新一任的首席执行官，他对原来的公司进行了大刀阔斧的改革，大量出售公司豪华设施。公司报告显示，1989年公司在偿付了33.4亿美元的债务之后净损失11.5亿美元，在1990年的上半年有3.3亿美元的亏损。但是，从公司的现金流来看，一切还算正常。

纳贝斯克的营业利润在1989年的现金流量达到了以前的3.5倍，但是雷诺兹烟草公司仍处于备战状态。1989年3月RJR停止了总理牌香烟的生产，随后，公司进行了裁员，雇工人数减少到2 300人。在新管理人的领导下，公司改进了设备，提高了生产效率，同时又大幅度削减了成本，使得公司烟草利润在1990年的上半年增加了46%。但是当用烟草带来的现金清偿垃圾债券时，雷诺兹的竞争对手菲利普·莫里斯却增强销售实力，降低了烟草价格。据分析，RJR的烟草市场在1989年萎缩了7%~8%。

而KKR遗留下来的问题不仅仅是少得可怜的资金回报，还有引进的其他行业领导人的失败。无论是运通公司请来路·杰斯特勒（Lou Gerstner），还是ConAgra的查尔斯（Charles Harper），他们既没有半点烟草从业经验，而且对这一行也没有热情。在业绩持续下滑后，1995年年初，KKR不得不又剥离了雷诺兹·纳贝斯克的剩余股权，雷诺兹烟草控股公司再次成为一家独立公司，而纳贝斯克也成为一家独立的食品生产企业，雷诺公司和纳贝斯克公司又回到了各自的起点。在2003年上半年，雷诺兹的销售额比前一年下降了18%，仅为26亿美元，而营业利润下降了59%，为2.75亿美元。

任务一　资金成本

一、资金成本的概念和作用

资金成本是衡量企业筹资、投资经济效益的重要指标。企业筹得的资金在投入使用后，只有当投资项目的投资报酬率高于资金成本率时，所筹集和使用的资金才能取得较好的经济效益。因此，资金成本是企业理财需要考虑的一个重要指标，是许多财务决策必须考虑的关键因素之一。

（一）资金成本的含义及构成

资金成本是指企业为筹集资金和使用资金而付出的代价，包括筹资费用和用资费用两部分。企业筹集和使用任何资金，都要付出代价，短期资金一般不影响企业长期的资本结构。因此，从这个意义上讲，资金成本主要指长期资金的成本，也称资本成本。

筹资费用指企业在资金筹措过程中支付的各种费用，如股票、债券的发行费，银行借款的手续费等。它通常属于一次性费用，在以后的使用过程中不再发生，因此，在计算资金成本时，可作为所筹资金额的一项直接扣除。用资费用指企业在使用资金过程中支付的费用，如股票的股利、债券和借款的利息等，它构成了资金成本的主要内容。

（二）资金成本的基本等式

资金成本可以用绝对数表示，也可用相对数表示，但在财务管理中，通常用相对数表示，即用资费用与实际筹资净额（筹资总额-筹资费用）的比率，称为资金成本率。其基本计算公式为：

$$\text{资金成本率}=\frac{\text{用资费用}}{\text{筹资总额}-\text{筹资费用}}\times 100\%$$

（三）资金成本的作用

资金成本是企业财务管理的重要概念，它对于企业的筹资、投资决策，乃至整个财务管理和经营管理都具有重要的意义。

资金成本的作用有三个：

（1）资金成本是选择筹资方式的主要依据。资金成本的高低是决定筹资方式的主要影响因素，因为不同的资金来源和筹资方式下，资金成本水平是不一样的。个别资金成本是比较各种筹资方式的依据，综合资金成本是衡量资本结构合理性的依据，边际资金成本是选择追加筹资方案的依据。

（2）资金成本是评价投资项目可行性的主要经济标准。一般而言，一个投资项目是否可行，要看其投资报酬率是否大于资金成本率。如果该项目的投资报酬率大于其资金成本率，那么在经济上才是合理的、可行的，否则企业将无利可图。国际上通常将资金成本视为投资项目的“最低收益率”，或项目应否采纳的“取舍率”。在预测分析中，还常常以资金成本作为贴现率来计算各投资方案的净现值、现值指数等指标，以比较不同方案的优劣。因此，资金成本是评价投资项目可行性的主要经济标准。

(3) 资金成本是评价企业经营业绩的最低尺度。资金成本是企业使用资本应获得收益的最低界限。企业的经营业绩可以用投资利润率来衡量，如果投资利润率大于资金成本率，说明企业的经营业绩好；如果投资利润率小于资金成本率，说明经营业绩差，需要改善经营管理，否则会无法偿还到期的债务，甚至会导致企业的破产。

二、资金成本的计算

在实务中，不同的筹资决策，企业可选用不同种类的资金成本。资金成本按用途可分为个别资金成本、综合资金成本和边际资金成本。通常在比较各种筹资方式时，使用个别资金成本；在进行长期资本结构决策时，使用综合资金成本；在进行选择追加筹资时，使用边际资金成本。

那么，这三种资金成本该怎么计算呢?

(一) 个别资金成本的计算

个别资金成本是指企业使用各种长期资金的成本，包括长期借款资金成本、债券资金成本、普通股资金成本、优先股资金成本、留存收益资金成本等。

1. 长期借款资金成本

长期借款资金成本是指借款利息和筹资费用。由于借款利息计入税前成本费用，可以起到抵税的作用，所以，盈利企业实际负担的利息为：利息×（1-所得税税率）。长期借款资金成本的计算公式为：

$$K_l=\frac{I_l\cdot (1-T)}{L\cdot (1-f)}$$

式中 K_l——长期借款资金成本率；I_l——长期借款资金年利息；T——所得税税率；L——借款总额；f——银行借款筹资费用率。

借款手续费费用率很低时可以忽略不计，公式简化为：

$$K_l=i\cdot (1-T)$$

式中 i——借款利率。

【例 4-1】 某企业从银行取得 5 年期长期借款 200 万元，年利率为 6%，每年付息一次，到期一次还本。假定银行借款手续费用率为 1%，企业的所得税税率为 25%。则其借款成本率为：

$$K_l=\frac{200\times 6\%\times (1-25\%)}{200\times (1-1\%)}\times 100\%\approx 4.55\%$$

2. 债券资金成本

债券资金成本是指债券利息和筹资费用。债券利息也在所得税前支付，其处理与借款利息的处理相同。债券的发行价格有平价、溢价、折价三种。债券的利息是按照债券的面值和票面利率确定的，但债券的筹资额是按照债券的发行价格计算的，以便正确计算债券的成本。

债券成本的计算公式为：

$$K_b=\frac{I_b\cdot(1-T)}{B\cdot(1-f)}$$

式中 K_b 表示债券资金成本率；I_b 表示债券年利息；T 表示所得税税率；B 表示债券的发行价格；f 表示债券的筹资费用率。

【例 4-2】 某公司发行一种 5 年期的债券，面值为 500 元，票面年利率为 8%，每年付息一次，预计其发行价格为 510 元，发行费用率为 3%。假定企业的所得税税率为 25%，则其债券的资金成本为：

$$K_b=\frac{500\times 8\%\times(1-25\%)}{510\times(1-3\%)}\times 100\%\approx 6.06\%$$

3. 普通股资金成本

由于普通股每股每年支付股利的不确定性，导致普通股资金使用费用通常不固定，因此普通股的资金成本要准确计算实际上是不可能的。但从理论上讲，企业支付给普通股股东的股利对企业来讲就是资金成本，而对于投资者来讲就是投资收益，因此，投资者的投资收益率就是企业承担的普通股资金成本率。测算普通股资金成本常用的方法有以下两种。

（1）股利折现模型。股利折现法就是将普通股股东未来的期望股利收益折为现值，以确定普通股资金成本的一种方法。其基本测算公式为：

$$P_c=\sum_{t=1}^{\infty}\frac{D_t}{(1+K_c)^t}$$

式中 P_c——普通股融资净额（发行价格-发行费用）；

D_t——第 t 年的股利；

K_c——普通股投资收益率，即普通股资金成本率。运用上列的模型计算普通股资金成本率，通常因公司采用的股利政策而有所不同。下面从两种不同的股利政策来探讨普通股资金成本率的计算。

①固定股利政策。即每年公司支付给普通股股东的股利固定不变，则其测算公式为：

$$K_c=\frac{D}{P_c}=\frac{D}{P\cdot(1-f)}$$

式中 D——每年支付的固定现金股利；P——普通股金额；f——普通股筹资费用率。

【例 4-3】 某公司拟发行一批普通股，发行价格为 14 元，每股发行费用为 2 元，预定每年分派现金股利每股 1.2 元。则其资金成本率测算为：

$$K_c=\frac{1.2}{14-2}=10\%$$

②固定股利增长政策。即假定公司支付给普通股股东的股利每年以固定的年增长率递增，则其测算公式为：

$$K_c=\frac{D_1}{P_c}+G$$

式中，D_1——预期第一年股利额；G——股利固定增长率。

【例 4-4】 某公司准备增发普通股，每股发行价为 16 元，发行费用 2 元，预定第一年发放现金股利每股 1.5 元，以后每年股利固定增长率为 6%。其资金成本测算为：

$K_c=\frac{1.5}{16-2}+6\%\approx16.71\%$

（2）资本资产定价模型。

资本资产定价模型的含义可以简单地描述为：普通股投资的必要报酬率等于无风险报酬率加上风险报酬率。用公式表示如下：

$$K_c=R_f+\beta（R_m-R_f）$$

式中 R_f——无风险报酬率；β——股票的贝塔系数；R_m——市场报酬率。

【例 4-5】已知某公司普通股的 β 值为 1.6，国债利率为 5%，股票市场平均必要报酬率为 10%。则该公司普通股的资金成本率为：

$K_c=5\%+1.6\times（10\%-5\%）=13\%$

4. 优先股资金成本

优先股资金成本是指固定的股利和筹资费用。优先股与债券不同的是股利在税后支付，且没有固定到期日。企业破产时，优先股股东的求偿权位于债券持有人之后，因此优先股股东的风险大于债券持有人的风险，这就使得优先股的股利率大于债券的利息率。此外，优先股股利是从净利润中支付的，不具有抵税作用，所以优先股资金成本通常高于债券资金成本。其计算公式为：

$$K_P=\frac{D}{P_1（1-f）}$$

式中 K_P——优先股资金成本；

D——优先股每年的股利；

P_0——优先股发行总额；

f——优先股筹资费用率。

【例 4-6】某企业按面值发行 200 万元的优先股，筹资费用率为 4%，年股利率为 8%。则优先股的资金成本率为：

$K_p=\frac{200\times8\%}{200\times（1-4\%）}\approx8.3\%$

5. 留存收益成本

留存收益成本是企业历年积累的盈余公积和未分配利润的总额。从表面上看，企业留存收益不是从市场上筹集来的，不会产生筹资费用。实质上，它属于股东权益的一部分，企业把收益的一部分留存于企业，相当于股东对企业进行了追加投资，与前面的投资一样也期望能有所回报，因此留存收益也有成本。留存收益资金成本的计算与普通股资金成本的计算相同，只是不考虑筹资费用。

【例 4-7】沿用例 4-3 的资料，若企业留用利润筹资，则其资金成本为：

$K_r=\frac{1.2}{14}\times100\%\approx8.57\%$

【例 4-8】沿用例 4-4 的资料，若企业留用利润筹资，则其资金成本为：

$K_r=\frac{1.5}{16}+6\%\approx15.38\%$

两道例题的计算结果均小于同等条件下的普通股资金成本，说明留存收益的资金成本小于普通股资金成本。

综上所述，企业在选择融资方式时，要考虑不同筹资方式的资金成本。一般情况下，以上五种筹资方式的资金成本率按从高到低的顺序排列依次为：

普通股>留存收益>优先股>长期债券>长期借款

（二）综合资金成本的计算

综合资金成本是指企业全部长期资金的平均成本，通常是以各种资金占全部资金的比重为权数，对个别资金成本进行加权平均确定，故又称之为加权平均成本。由于企业的筹资渠道、筹资方式多种多样，而不同的资金来源其资金成本的高低不同，所以如何进行筹资和投资决策，确定最佳资金结构，就必须考虑综合资金成本因素。研究表明，当综合资金成本率最低时，企业的资本结构最佳。

综合资金成本是由个别资金成本和加权平均权数决定的。其计算公式为：

$$\bar{K} = \sum_{j=1}^{n} W_j K_j$$

式中K——综合资金成本（加权资金成本）；

W_j——第 j 种资金占总资金的比重；

K_j——第 j 种资金的成本；

n——企业资金的种类。

【例 4-9】某企业共有资金 100 万元，其中长期借款 10 万元，债券 25 万元，优先股 20 万元，留存收益 10 万元，普通股 35 万元，各种资金的个别资金成本分别为 5%、8%、10%、12%、14%。试计算该企业的综合资金成本。

根据综合资金成本的计算公式，可得：

$K=10\%\times5\%+25\%\times8\%+20\%\times10\%+10\%\times12\%+35\%\times14\%=10.6\%$

计算结果表明企业的综合资金成本为 10.6%。

对于个别资金占总资金的比重，通常是按账面价值确定的，其资料可以从资产负债表取得。但当资金的账面价值和市场价值差别较大时，如股票、债券的市场价格波动较大，计算结果会与资本市场现行筹资成本有较人的差距。为了克服这一缺陷，个别资金占全部资金比重可以按市场价值或目标价值来确定，分别称为市场价值权数、目标价值权数。市场价值权数是指债券、股票及留存收益均以现行的市场价格确定的权数。这样计算得到的综合资金成本有利于企业在目前情况下的筹资决策。由于证券市场价格变动频繁，也可选用平均价格。目标价值权数是指各种资金均以未来预计的目标市场价值确定的权数。按目标价值权数计算得到的综合资金成本更适合于企业未来筹措新资金的需要。然而，企业很难客观合理地确定证券的目标价值，又使这种方法不易被推广。

由此可见，在个别资金成本率一定的情况下，企业综合资金成本率的高低是由资本结构所决定的，这是资本结构决策的一个原理。

（三）边际资金成本的计算

边际资金成本是指企业追加筹资的资金成本率，即企业新增 1 元资本所需负担的成本。边际资金成本也是按加权平均法计算的，是追加筹资时使用的加权平均资金成本。

企业无法以某一固定的资金成本来筹措无限的资金，当其筹集的资金额超过一定限度时，原来的资金成本就会增加。此时，即使企业保持原有的资本结构，仍有可能导致加权平均成本率的上升。因此，边际资金成本率实质上是随筹资额增加而提高的加权平均资金成本率。

下面举例说明边际资金成本的计算和应用。

【例 4-10】 某公司目前拥有长期资金 1 000 000 元，其中，长期借款 300 000 元，资金成本为 4%；长期债券 100 000 元，资金成本为 10%；普通股 600 000 元，资金成本为 12%。由于扩大经营规模的需要，企业拟筹集新的资金。试测算企业建立追加筹资的边际资金成本率。

本题可分下面四步来解答：

第一步，确定目标资本结构，财务人员经分析测算后认为，该公司筹集新资金后仍应保持目前的资本结构。即长期借款 30%，长期债券 10%，普通股 60%。

第二步，测算各种资本的成本率。财务人员分析了资本市场状况和公司的筹资能力后，认为随着公司筹资规模的扩大，各种资本的成本率也会发生变化。测算结果如表 4-1 所示。

第三步，测算筹资突破点。筹资突破点，又称筹资总额分界点，是指可用某一筹资方式按特定资金成本筹集到总体筹资规模的最高额。在筹资突破点范围内筹资，原来的资金成本不会改变；一旦筹资额超过突破点，即使维持现有的资金结构，资金成本也会增加。企业筹资时，存在多种筹资方式，每种筹资方式又会有几个筹资突破点。筹资突破点的计算公式为：

$$\text{筹资突破点}=\frac{\text{可用某一特定成本筹集到的某种资金最大额}}{\text{该种资金在资金结构中所占的比重}}$$

表 4-1　　资金成本变化表

资金种类	目标资本结构（%）	追加筹资范围（元）	个别资金成本率（%）
长期借款	30	30 000 以内	4
		30 000~90 000	6
		90 000 以上	8
长期债券	10	20 000 以内	10
		20 000 以上	11
普通股	60	30 000 以内	12
		30 000~60 000	13
		60 000 以上	14

本例题的筹资突破点的计算结果如表 4-2 所示。

表 4-2　　　　　　　　　　　　筹资突破点计算表

资金种类	资金结构	资金成本	新筹资额（元）	筹资突破点	筹资总额范围（元）
长期借款	30%	4%	30 000 以内时	$\frac{30\ 000}{30\%}=100\ 000$	100 000 以下
		6%	30 000~90 000	$\frac{90\ 000}{30\%}=300\ 000$	100 000~300 000
		8%	90 000 以上		300 000 以上
长期债券	10%	10%	20 000 以内	$\frac{20\ 000}{10\%}=200\ 000$	200 000 以下
		11%	20 000 以上		200 000 以上
股通股	60%	12%	30 000 以内	$\frac{30\ 000}{60\%}=50\ 000$	50 000 以下
		13%	30 000~60 000	$\frac{60\ 000}{60\%}=100\ 000$	50 000~100 000
		14%	60 000 以上		100 000 以上

表 4-2 显示了特定种类资金成本率变动的分界点。例如，长期借款在 30 000 元以内，其资金成本率为 4%；筹资总额在 100 000 元以内时，按照长期借款在目标资金结构中的比例 30%计算，长期借款的筹资额在 30 000 元以内，此时长期借款的资金成本为 4%；筹资总额在 100 000~300 000 元时，按照长期借款在目标资金结构中的比例 30%计算，长期借款的筹资额在 30 000~90 000 元时，此时长期借款的资金成本由 4%上升为 6%；筹资总额在 300 000 元以上时，按照长期借款在目标资金结构中的比例 30%计算，长期借款的筹资额在 90 000 元以上，此时长期借款的资金成本由 6%上升为 8%。

第四步，测算边际资金成本率。根据上一步骤测算出的筹资突破点，可以得出下列五个新的筹资总额范围：①50 000 元以下；②50 000~100 000 元；③100 000~200 000 元；④200 000~300 000 元；⑤300 000 以上。对这五个筹资总额范围分别测算其加权平均资金成本率，即可得到各种筹资总额范围的边际资金成本率，如表 4-3 所示。

表 4-3　　　　　　　　　　　　边际资金成本率规划表

筹资总额范围（元）	资金种类	目标资金结构（%）	个别资金成本率（%）	边际资金成本率（%）
50 000 以下	长期借款	30	4	1.20
	长期债券	10	10	1.00
	普通股	60	12	7.20
				9.40
50 000~100 000	长期借款	30	4	1.20
	长期债券	10	10	1.00
	普通股	60	12	7.80
				10.00

表4-3(续)

筹资总额范围（元）	资金种类	目标资金结构（%）	个别资金成本率（%）	边际资金成本率（%）
100 000~200 000	长期借款	30	6	1.80
	长期债券	10	10	1.00
	普通股	60	14	8.40
				11.20
200 000~300 000	长期借款	30	6	1.80
	长期债券	10	11	1.10
	普通股	60	14	8.40
				11.30
300 000 以上	长期借款	30	8	2.40
	长期债券	10	11	1.10
	普通股	60	14	8.40
				11.90

任务二　杠杆原理

一、杠杆原理

杠杆效应是指人们通过杠杆，用较小的力量移动较重物体的现象。财务管理中的杠杆效应是指由于特定费用的存在（如固定成本或固定财务费用）而导致的，当某一财务变量以较小幅度变动时，另一相关财务变量会以较大幅度变动的现象。合理运用杠杆效应，有助于企业规避风险，提高资金营运效率，实现企业的理财目标。

财务管理中的杠杆效应有三种形式，即经营杠杆、财务杠杆和复合杠杆。在学习这三种杠杆原理之前，我们先掌握几个关键概念。

（一）成本习性

1. 成本习性及分类

成本习性是指成本总额与业务量之间在数量上的依存关系。成本按照习性可划分为固定成本、变动成本和混合成本。

（1）固定成本。固定成本是指其总额在一定时期和一定业务量范围内不随业务量的变动而变动的那部分成本，如广告费、培训费、保险费、管理人员工资、办公费和按直线法计提的折旧费等。其特点是固定成本总额不变，但其单位产品中的固定成本会随业务量的增加而降低。

（2）变动成本。变动成本是指其总额随着业务量成正比例变动的那部分成本。如直接材料费、直接人工费。其特点是变动成本总额随着业务量的增加而增加，但单位产品中的变动成本保持不变。

（3）混合成本。混合成本随业务量的变动而变动，但不成同比例变动。混合成本按其与业务量的关系又可分为半变动成本和半固定成本。

2. 总成本习性模型

因为成本按其习性可分为固定成本、变动成本和混合成本。而混合成本又可分为半固定成本和半变动成本。所以总成本习性模型可表达为：

$$y=a+bx$$

式中 y——总成本；a——固定成本；b——单位变动成本；x——业务量。

显然，若能求出公式中的 a 和 b 的值，就可以利用这个直线方程来进行成本预测、成本决策和其他短期决策，所以，总成本习性模型是一个非常重要的模型。

（二）边际贡献及计算

边际贡献是指销售收入减去变动成本后的差额。边际贡献反映了产品补偿自身变动成本后给企业所作的贡献，它首先用于收回企业的固定成本，如果还有剩余则成为利润，否则就会发生亏损。其计算公式为：

$$M=px-bx=(p-b)x=mx$$

式中 M——边际贡献；p——销售单价；b——单位变动成本；x——产销量；m——边际贡献单位。

（三）息税前利润及计算

息税前利润是指企业支付利息和缴纳所得税之前的利润。息税前利润有以下两种计算方法：

1. 直接计算法

直接计算法是直接从收入中减去成本的计算方法。计算公式为：

$$EBIT=px-(a+bx)=px-bx-a=(p-b)x-a=mx-a=M-a$$

其中，EBIT（Earning Before Interest and Taxes）表示息税前利润，其余字母的含义与上面的公式相同。显然，不论利息费用的习性如何，都不包含在上式的固定成本和变动成本中。

2. 间接计算法

间接计算法是以净利润或利润总额为基础，通过调整计算求得息税前利润的一种计算方法。其计算公式为：

息税前利润=净利润+利息费用+所得税=利润总额+利息费用

二、经营杠杆

（一）经营杠杆的含义

在其他条件不变的情况下，产销量的增加虽然不会改变固定成本的总额，但会降低单位固定成本，从而提高单位利润，使息税前利润的增长率大于产销量的增长率；反之，产销量的减少，会提高单位固定成本，降低单位利润，使息税前利润的下降率也大于产销量的下降率。如果不存在固定成本，所有成本都是变动成本，那么边际贡献就是息税前利润，这时息税前利润变动率就同产销量变动率完全一致。这种由于固定成本的存在而导致息税前利润变动率大于产销量变动率的杠杆效应，称为经营杠杆。

【例4-11】假定某企业目前产品销售量为1 000件，销售单价20元，单位变动成本10元，固定成本2 000元。试测算销售量增减变动10%的情况下，经营杠杆对其利润有什么影响？

经营杠杆对利润的影响见表4-4。

表4-4　　经营杠杆对利润的影响情况表

项目	销售情况		
	本期	增加10%	减少10%
销售数量	1 000	1 100	900
销售收入	20 000	22 000	18 000
变动成本	10 000	11 000	9 000
边际贡献	10 000	11 000	9 000
固定成本	2 000	2 000	2 000
息税前利润	8 000	9 000	7 000
息税前利润变动情况		12.50%	12.50%

由上表的计算结果可以看出，当销售量增加10%时，息税前利润增长12.50%；当销售量减少10%时，息税前利润减少12.50%。可见，息税前利润率的增减变动率大于销售量的增减变动率。这种现象产生的原因就是存在固定成本，即经营杠杆产生的效应。

（二）经营杠杆系数

只要企业存在固定成本，就存在经营杠杆效应的作用，但不同企业或同一企业在不同产销量基础上的经营杠杆效应的大小是不完全一致的。为了反映经营杠杆的作用程度，通常采用经营杠杆系数来表示。所谓经营杠杆系数（Degree of Operating Leverage），是指息税前利润变动率相当于产销量变动率的倍数。其计算公式为：

$$DOL=\frac{\Delta EBIT/EBIT}{\Delta X/X}$$

式中 DOL——经营杠杆系数；$\Delta EBIT$——息税前利润变动额；$EBIT$——基期息税前利润；ΔX——产销量的变动数；X——基期产销量。

【例4-12】根据例4-11的资料计算销量增加10%时的经营杠杆系数。根据计算公式得：

经营杠杆系数（DOL）= 12.5%/10% = 1.25

计算结果说明，销量每增加100%，企业的息税前利润就会增加125%。为了便于应用，经营杠杆系数计算公式可进行化简，计算方法如下：

$$DOL=\frac{\Delta EBIT/EBIT}{\Delta X/X}$$

$$=\frac{(p-b)\ \Delta x}{(p-b)\ x-a}\times\frac{x}{\Delta X}$$

$$=\frac{(p-b)\ x}{(p-b)\ x-a}$$

$$=\frac{M}{M-a}$$

$$=\frac{M}{EBIT}$$

$$经营杠杆系数=\frac{基期边际贡献}{基期边际贡献-基期固定成本}=\frac{基期边际贡献}{基期息税前利润}$$

【例4-13】 根据例4-11的资料，利用简化公式计算销量增加10%时的经营杠杆系数。根据经营杠杆系数公式，可得：

经营杠杆系数=10 000/（10 000-2 000）= 1. 25

由简化公式可知，影响经营杠杆系数的因素包括边际贡献和固定成本。而销售量、销售单价和单位变动成本又影响着边际贡献。因此，在其他条件一定的情况下，固定成本越高，经营杠杆系数越大。如果固定成本为0，则经营杠杆系数为1。

（三）经营杠杆与经营风险的关系

经营风险是指企业因经营上的原因而导致利润变动的风险。引起企业经营风险的主要原因是市场需求和成本等因素，经营杠杆本身不是利润不稳定的源泉。但是，当产销量增加时，息税前利润变动率将会以经营杠杆系数倍数的幅度增长；反之，当产销量减少时，息税前利润变动率又会以经营杠杆系数倍数的幅度减少。可见，经营杠杆系数扩大了市场和生产等不确定性因素对息税前利润变动的影响。经营杠杆系数越大，息税前利润的变动幅度就越大，企业的经营风险也就越大。因此，经营风险的大小和经营杠杆有着密切的联系。一般来说，在其他因素不变的情况下，固定成本越高，经营杠杆系数越高，企业的经营风险也就越大；固定成本越低，经营杠杆系数越小，企业的经营风险也就越小。

三、财务杠杆

（一）财务杠杆的含义

在企业资本规模和资本结构一定的条件下，不论企业息税前利润是多少，债务的利息和优先股的股利通常都是固定不变的。当息税前利润增加时，每一元息税前利润所负担的固定财务费用就会相对减少，这能给普通股股东带来更多的盈余；反之，当息税前利润减少时，每一元息税前利润所负担的固定财务费用就会相对增加，这会大幅度减少普通股盈余。这种由于固定财务费用的存在而导致普通股每股利润的变动率大于息税前利润变动率的效应，被称为财务杠杆。

【例4-14】 有甲、乙、丙三个公司，其生产经营业务相同，资本总额相等，均为1 000万元。但是，两个公司的资本构成不同，甲公司的全部资本都是普通股；乙公司的全部资本中普通股占40%，债券占60%；丙公司的全部资本中普通股占30%，债券占70%。假定三家公司的产销量相同，2009年的息税前利润均为200万元，2010年息税前利润增长率为 20%。试分析三家公司的财务杠杆效应。计算资料见表 4-5。

表 4-5　　甲、乙、丙公司的资本结构与普通股利润表

项目	2009 年			2010 年		
	甲公司	乙公司	丙公司	甲公司	乙公司	丙公司
普通股发行在外股数（万股）	100	40	30	100	40	30
普通股股本（万元），其中每股 10 元	1 000	400	300	1 000	400	300
债券（万元）	0	600	700	0	600	700
资本总额（万元）	1 000	1 000	1 000	1 000	1 000	1 000
息税前利润增长率				20%	20%	20%
息税前利润（万元）	200	200	200	240	240	240
债券利息（万元），其中年利率 8%	0	48	56	0	48	56
税前利润（万元）	200	152	144	240	192	184
所得税（万元），其中所得税税率为 25%	50	38	36	60	48	46
税后利润（万元）	150	114	108	180	144	138
每股利润（元/股）	1. 50	2. 85	3. 60	1. 80	3. 60	4. 60
每股利润增长率				20%	26. 32%	27. 78%

由表 4-5 的计算结果可看出，当甲、乙、丙公司的资本总额不变且息税前利润均为 200 万元时，由于乙公司有 60%的负债，丙公司有 70%的负债，所以乙公司的每股收益高于甲公司，丙公司的每股收益又高于乙公司。当甲、乙、丙公司的资本总额不变，但息税前利润均增长 20%的情况下，甲公司的每股收益增长 20%，而乙公司的每股收益却增长了 26. 32%，丙公司的每股收益增长了 27. 78%，这就是财务杠杆效应。当然，如果息税前利润下降，乙公司每股利润的下降幅度要大于甲公司每股利润的下降幅度，小于丙公司每股利润的下降幅度。

由此可见，在企业资本总额一定的前提下，负债比例越高，息税前利润的变动引起的每股利润（或净资产收益率）的变动就越大，反之亦然。当息税前利润率高于负债利率时，增加负债比率，可大幅度提高每股利润（或净资产收益率）；当息税前利润率小于负债利率时，增加负债比率，会大幅度降低每股利润（或净资产收益率）。由于企业在安排资本结构时，息税前利润率的多少是不确定的，从而导致每股收益（或净资产收益率）的更大的不确定性。这种由于负债的存在而引起的每股收益（或净资产收益率）的不确定，就是财务风险。

（二）财务杠杆系数

只要企业存在固定成本，就存在财务杠杆效应的作用。与经营杠杆不同的是，财务杠杆影响的是企业的税后利润而不是息税前利润。为了反映财务杠杆的影响程度，通常用财

务杠杆系数表示。财务杠杆系数（Degree Of Financial Leverage）是指普通股每股税后利润变动率相当于息税前利润变动率的倍数。对于非股份制企业来说，财务杠杆系数就是税后利润的变动率相当于息税前利润变动率的倍数。其计算公式为：

$$DFL=\frac{\Delta EPS/EPS}{\Delta EBIT/EBIT}$$

式中 DFL——财务杠杆系数；

ΔEPS——普通股每股利润变动额；

EPS——基期普通股每股利润；

$\Delta EBIT$——息税前利润变动额；

$EBIT$——基期息税前利润。

【例 4-15】 以表 4-5 中所列甲、乙、丙三家公司为例，将有关资料代入上述公式，可求得甲、乙、丙三家公司 2010 年的财务杠杆系数。

甲公司的财务杠杆关系 = 20%/20% = 1

乙公司的财务杠杆系数 = 26. 32%/20% = 1. 316

丙公司的财务杠杆系数 = 27. 78%/20% = 1. 389

甲公司全部是主权资本，财务杠杆系数为 1，表明每股利润与息税前利润同比例变动；乙公司有 60%的债务资本，每股利润变动率是息税前利润变动率的 1. 316 倍；丙公司有 70%的债务资本，每股利润变动率是息税前利润变动率的 1. 389 倍。这说明，在投资收益率大于借款利率的情况下，负债越多，财务杠杆对每股收益的正作用越大。不过，在投资收益率小于借款利率的情况下，财务杠杆则表现为负作用，此时，企业举债越多，每股收益或净资产收益率就越低。

财务杠杆系数的计算公式可以进一步简化。设 I 为债务利息，D 为优先股股利，T 为所得税税率，N 为普通股股数。则上式中的基期每股利润可表达为：

$$EPS=\frac{(EBIT-I)(1-T)-D}{N}$$

由于资本结构不变，利息费用、优先股股利相对不变，所以可得到：

$$\Delta EPS=\frac{\Delta EBIT(1-T)}{N}$$

则

$$DFL=\frac{EBIT}{EBIT-I-\frac{D}{1-T}}$$

对于未发行优先股的企业而言，$D=0$，其财务杠杆系数的计算公式可简化为：

$$DFL=\frac{EBIT}{EBIT-I}$$

（三）财务杠杆与财务风险

财务风险是指企业在经营活动过程中由于负债经营而产生的风险，主要表现为丧失偿债能力的可能性和普通股每股收益的不确定性。财务杠杆会加大财务风险，企业债务比率越高，财务杠杆效应越强，财务风险也越大。财务杠杆系数随固定财务费用的变化呈同方向变化，即在其他因素一定的情况下，固定财务费用越大，企业的财务风险越大；当企业的固定财务费用为零时，财务杠杆系数为1。

此外，企业资产负债率越高或利息率越高，利息数额越大，财务杠杆系数越大，财务风险就越大。因此，控制财务风险的方法主要是控制负债比率，即通过合理安排资本结构适度负债，使财务杠杆利益抵消财务风险增大所带来的不利影响。

四、复合杠杆

（一）复合杠杆的含义

如前所述，在固定经营成本存在的情况下，会产生经营杠杆效应，使息税前利润率的变动大于产销量变动率；同样，由于存在固定财务费用，产生财务杠杆效应，使企业每股利润的变动率大于息税前利润的变动率。如果两种杠杆同时起作用，销量稍有变动就会使每股收益产生更大的变动。这种由于固定成本和固定财务费用的共同存在而导致的每股利润变动率大于产销量变动率的杠杆效应，称为复合杠杆。

（二）复合杠杆系数

只要企业存在固定成本和固定财务费用等财务支出，就会存在复合杠杆。复合杠杆综合了经营杠杆和财务杠杆的共同影响作用，可用复合杠杆系数来表示。复合杠杆系数，是指普通股每股税后利润变动率相当于产销量变动率的倍数。其计算公式为：

$$DTL\text{（或}DCL\text{）}=DOL\times DFL=\frac{\Delta EPS/EPS}{\Delta S/S}=\frac{\Delta EPS/EPS}{\Delta px/px}$$

式中 DTL（或 DCL）——复合杠杆系数；

DOL——经营杠杆系数；

DFL——财务杠杆系数；

ΔEPS——普通股每股利润变动率；

EPS——基期普通股每股利润；

ΔS——产销量变动率；S——基期产销量；Δpx——销售额变动率；px——基期销售额。

【例4-16】某企业有关资料见表4-6，要求计算该企业的复合杠杆系数并分析复合杠杆效应。

表4-6　　某企业有关资料

项目	2009年	2010年	变动率
销售收入（万元），其中单位售价10元	100 000	130 000	+30%

表4-6(续)

项目	2009 年	2010 年	变动率
变动成本（万元），其中单位变动成本为 4 元	40 000	52 000	+30%
边际贡献（万元）	60 000	78 000	+30%
固定成本（万元）	30 000	30 000	0
息税前利润（EBIT）（万元）	30 000	48 000	+60%
固定利息（万元）	5 000	5 000	0
税前利润（万元）	25 000	43 000	+72%
所得税	6 250	10 750	+72%
税后利润（元）	18 750	32 250	+72%
普通股发行在外股数（万股）	10 000	10 000	0
每股利润（EPS）（元/股）	1.875	3.225	+72%

根据表中的数据可计算出 2010 年的复合杠杆系数为：

$$DTL=\frac{\Delta EPS/EPS}{\Delta px/px}=\frac{72\%}{30\%}=2.4$$

计算结果表明，在复合杠杆的作用下，销售量增加 30%，每股利润便增长 72%。反之，若销售量下降 30%，每股利润也会下降 72%。复合杠杆系数也可以按下列方法计算。

$$经营杠杆系数（DOL）=\frac{\Delta EBIT/EBIT}{\Delta X/X}=\frac{60\%}{30\%}=2$$

$$财务杠杆系数（DFL）=\frac{\Delta EPS/EPS}{\Delta EBIT/EBIT}=\frac{72\%}{60\%}=1.2$$

复合杠杆系数（DOL）$=DOL\times DFL=2\times 1.2=2.4$

若企业不发行优先股，复合杠杆系数的计算公式也可简化为：

$$复合杠杆系数（DTL）=\frac{基期边际贡献}{基期息税前利润-基期利息}=\frac{M}{EBIT-I}$$

所以根据表 4-6 的相关数据，可求得 2010 年的复合杠杆系数为：

$$复合杠杆系数（DTL）=\frac{60\ 000}{30\ 000-5\ 000}=2.4$$

（三）复合杠杆与复合风险

复合风险是指由于复合杠杆作用使每股利润大幅度波动而造成的风险。在复合杠杆的作用下，当企业经济效益好时，每股利润会大幅度上升，当企业经济效益差时，每股利润会大幅度下降。复合杠杆系数越大，每股利润的波动幅度越大。复合风险直接反映企业的整体风险。在其他因素不变的情况下，复合杠杆系数越大，复合风险越大；复合杠杆系数越小，复合风险越小。

任务三　资本结构

一、资本结构的概念和作用

资本结构是由企业采用的不同筹资方式筹集资金而形成的，不同筹资方式的组合类型决定着企业的资本结构及其变化。资本结构是否合理，直接关系到企业的资本成本的高低，进而影响着企业经济效益的大小。因此，合理的资本结构可以降低企业风险，对于实现企业价值最大化的理财目标具有重要的意义。

（一）资本结构的概念

资本结构是指企业各种资本的构成及其比例关系。资本结构是企业筹资决策的核心问题。在企业筹资管理活动中，资本结构有广义和狭义之分。广义的资本结构是指企业全部的资本结构及其比例关系。它不仅包括长期资本，还包括短期资本，主要是短期债权资本。狭义的资本结构是指企业各种长期资本的构成及其比例关系，尤其是指长期股权资本与债权资本的构成及其比例关系。在狭义资本结构下，短期债权资本作为营运资本来管理。本书采用的是狭义的资本结构概念，重点研究企业长期资本的构成及其比例关系。

（二）资本结构的作用

企业资本结构主要研究的是债权资本的比例配置问题。在企业的资本结构决策中，合理地利用债权筹资，科学地安排债权资本的比例，对企业理财目标的实现具有重要的意义。

（1）合理安排债权资本比例可以降低综合资金成本。由于债务利息在所得税前利润中扣除，有抵税作用，因而债权资本成本明显低于股权资本成本。因此，在一定的限度内合理地提高债权资本所占的比例，可以降低企业的综合资金成本。

（2）合理安排债权资本比例可以获得财务杠杆利益。由于债务利息特别是长期债权资本的利息通常是固定不变的，当息税前利润增大时，每单位利润所负担的固定利息会相应降低，从而可供所有者分配的税后利润会有所增加。因此，在一定限度内合理地利用债权资本，可以发挥财务杠杆的正效应，使企业所有者获得财务杠杆利益。

（3）合理安排债权资本比例可以增加企业价值。一般而言，企业的价值是由债权资本的市场价值与股权资本的市场价值组成的。而市场价值是由未来现金流量折现所得的，折现时通常以企业的综合资金成本作为折现率，当未来现金流量一定时，综合资金成本越低，企业的价值越大。因此，合理安排资本结构有利于增加企业价值。

二、影响资本结构的因素

制定企业的资本结构主要受企业的财务管理目标和出资者的投资动机因素的影响。

（一）企业财务管理目标对资本结构的影响

企业组织类型不同，其财务管理的目标也不同。比较有代表性的观点有：利润最大化、股东财富最大化、企业价值最大化。企业财务管理目标对资本结构决策具有重要的影响。这就要求企业在资本结构决策的过程中，在财务风险适当的情况下合理安排债权资本的比例。在以利润最大化为财务管理目标的前提下，尽可能降低资本成本，以提高企业的净利润水平；在以股东财富最大化为财务管理目标的前提下，尽可能降低综合资本成本，通过增加企业的净利润而使股票的市场价格上升，从而实现股东财富最大化的目标；在以企业价值最大化为财务管理目标的前提下，尽可能提高企业的总价值。

（二）出资者的投资动机对资本结构的影响

从企业资本来源的角度看，企业的出资者可分为股权投资者和债权投资者。两者对企业的投资动机不同。股权投资者的基本动机是在保证资本金保值的前提下获得较高的投资收益，并使留存在企业中的资本不断获得增值。债权投资者的基本动机则是按期收回本金和利息。因此，企业在制定资本结构时，必须全面考虑出资者的投资动机，安排好股权资本和债权资本的比例。

此外，对企业的资本结构产生影响的因素还包括：企业的财务状况和发展潜力、企业的资产结构、营销状况、经营理念、贷款人和信用评级机构的态度、税收和利率政策、行业差别等。这里不再一一赘述。

三、资本结构的决策方法

企业资本结构决策就是要确定最优资本结构。最优资本结构是指在适度财务风险条件下，使预期的综合资金成本最低、企业价值最大化时的资本结构。其判断标准有三个：一是有利于最大限度地增加股东财富，使企业价值最大化；二是使综合资金成本尽可能低；三是资产有较好的流动性，并使其资本结构具有一定的弹性。

资本结构决策主要的方法有：比较资金成本法、每股利润无差别点法、公司价值分析法。

（一）比较资金成本法

比较资金成本法就是通过计算得到各方案的加权平均资金成本，并以此为标准，选择其中加权平均资金成本最低的资金结构。

【例 4–17】某公司计划筹资 1 000 万元，有三个方案可供选择，其资本结构和个别资金成本资料如表 4–7 所示。试分析何种方案资金结构最优。

表 4–7　　某公司的筹资方式和资金成本

筹资方式	方案甲		方案乙		方案丙	
	筹资额（万元）	资金成本（%）	筹资额（万元）	资金成本（%）	筹资额（万元）	资金成本（%）
债券	250	8	300	8	400	8
普通股	200	10	500	10	500	10
长期借款	550	6	200	6	100	6
合计	1 000		1 000		1 000	

首先，计算各方案的综合资金成本。

甲方案的综合资金成本=25%×8%+20%×10%+55%×6%=7.3%

乙方案的综合资金成本=30%×8%+50%×10%+20%×6%=8.6%

丙方案的综合资金成本=40%×8%+50%×10%+10%×6%=8.8%

其次，比较计算结果，选择最优方案。

由上述计算结果可知，甲方案的综合资金成本最低，所以甲方案为最优筹资方案。

比较资金成本法通俗易懂，计算过程相对简单，是确定资本结构常用的一种方法。但是，这种方法因所拟定的筹资方案有限，有可能漏掉最优方案。因此，比较资金成本法一般适用于资本规模较小，资本结构较为简单的非股份制企业。

（二）每股利润无差别点法

每股利润无差别点，也称 ESP-EBIT 无差别点，是指能够使两个筹资方案每股利润相等时的息税前利润。在每股利润无差别点的息税前利润水平上，每股利润不受融资方式的影响，企业可以任选筹资方式；如果预期息税前利润超过每股利润无差别点，宜采用负债筹资，此时由于负债的财务杠杆作用的增强，能够获得较高的每股利润；如果预期息税前利润低于每股利润无差别点，宜采用普通股筹资，同样可获得较高的每股利润。

该方法测算每股利润无差别点的计算公式为：

$$\frac{(EBIT-I)\ (1-T)\ -D_1}{N_1}=\frac{(EBIT-I_2)\ (1-T)\ -D_2}{N_2}$$

式中 $EBIT$——每股利润无差别点的息税前利润；

I_1、I_2——两种筹资方式下的年利息；

D_1、D_2——两种筹资方式下的优先股股利；

N_1、N_2——两种筹资方式下的流通在外的普通股股数；

T——所得税税率。

【例4-18】某公司现有资金 1 000 万元，其中，发行在外的普通股 600 万元（每股 10 元）；年利率为 10%的借款 400 万元。目前企业拟建一个新项目需融资 500 万元，新项目投产后公司每年的息税前利润预计增加到 200 万元。现有两个方案可供选择：按每股 10 元发行 50 万普通股；按 12%的利率发行 500 万元债券。公司适用的所得税税率为 25%。

要求：（1）计算两个方案的每股收益；（2）计算两个方案的每股利润无差别点息税前利润；（3）判断哪个方案更好。

解：（1）列表计算两个方案的每股收益（ESP），见表 4-8。

表 4-8　　**两种筹资方式下 ESP 的计算**

筹资方式项目	普通股筹资	债券筹资
息税前利润 EBIT（万元）	200	200
利息 I（万元）	40（400×10%）	100（400×10%+500×12%）
税前利润（万元）	160	100
所得税（万元）	40	25

表4-8(续)

筹资方式项目	普通股筹资	债券筹资
税后利润（万元）	120	75
普通股股数	110（60+50）	60
每股收益 ESP（元）	1.09	1.25

计算结果表明，当息税前利润为200万元时，债券筹资的每股收益1.25元大于普通股筹资的每股收益1.09元，此时，债务筹资有利。但当债务比例增大后，财务风险会增加。当息税前利润减少时，每股收益也会大幅度下降。

（2）计算每股利润无差别点的息税前利润。根据计算公式及相关资料列算式如下：

$$\frac{(EBIT-40)(1-25\%)}{110}=\frac{(EBIT-100)(1-25\%)}{60}$$

$EBIT=172$（万元），此时 $EPS=0.9$ 元

（3）当企业的息税前利润大于172万元时，选择发行债券有利；当企业息税前利润小于172万元时，选择发行普通股有利。本题中企业的息税前利润为200万元，大于每股收益无差别点172万元，所以选择发行债券筹资有利。两种筹资方式的ESP-EBIT的关系通过图示表现得更直观，如图4-1所示。

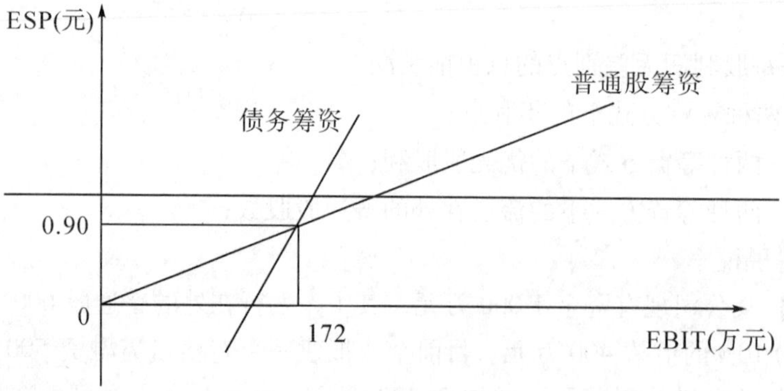

图4-1　每股收益和息税前利润（ESP-EBIT）的关系图

（三）公司价值分析法

公司价值分析法，是以公司价值的大小为标准，经过测算不同资本结构下的公司价值从而确定公司最佳资本结构的方法。该种方法综合考虑了资金成本和财务风险对企业价值的影响，通过比较不同资本结构下的公司价值，选择公司价值最大、综合资金成本最低时的资本结构为最优资本结构，因而符合现代公司的理财目标。其计算步骤如下：

1. 计算公司的总价值

公司总价值的计算公式为：

$$V=S+B$$

式中 V——公司总价值；S——股票总价值；B——债券价值。为简化起见，假设债券的市场价值等于其面值。股票市场价值的计算公式为：

$$S=\frac{(EBIT-I)\ (1-T)}{K_c}$$

式中 K_c——公司普通股投资的必要报酬率，即公司普通股的资金成本，可采用前述的资本资产定价模型计算：

$$K_c=R_i=R_f+\beta\ (R_m-R_f)$$

式中 R_i——第 i 种股票的预期收益率。

2. 确定综合资金成本率

在公司价值测算的基础上，如果公司的全部长期资本由长期债务和普通股组成，则公司的全部资金成本率，即综合资金成本率可按下式测算：

$$K_w=K_b\ (\frac{B}{V})\ (1-T)\ +K_c\ (\frac{S}{V})$$

式中 K_w——综合资金成本率；K_b——长期债务税前资金成本率；K_c——公司普通股资金成本率。

3. 公司最优资本结构的确定

选择公司价值最大，综合资金成本最低的资本结构为最优资本结构。

【例 4-19】 某公司的息税前利润为 500 万元，资金全部由普通股资金组成，股票账面价值为 2 000 万元，公司适用的所得税税率为 25%。该公司认为目前的资金结构不够合理，准备以举借长期债务、回购部分股票的方式予以调整。经测算，目前长期债务利率和普通股的资金成本情况见表 4-9。

表 4-9 **某公司债务年利率与普通股资金成本测算表**

债券的市场价值 B（万元）	税前债券利率（%）	股票的贝塔系数/β	无风险收益率 R_f（%）	平均风险股票的必要报酬率 R_m/（%）	普通股资金成本 K_c（%）
0	—	1. 20	8	12	12. 80
200	8	1. 25	8	12	13. 00
400	8	1. 30	8	12	13. 20
600	10	1. 40	8	12	13. 60
800	12	1. 55	8	12	14. 20
1 000	14	2. 10	8	12	16. 40

当 $B=200$ 万元，$\beta=1.25$，$R_f=8\%$，$R_m=12\%$时，

$K_c=8\%+1.25\times\ (12\%-8\%)\ =13.00\%$

其余同理计算。

根据表 4-9 的资料，运用前述公司价值和公司资金成本率的测算方法，可以测算在不同长期债务规模下的公司价值和公司的资金成本，列入表 4-10，据以比较确定公司最佳资本结构。

表 4-10　　某公司在不同长期债务规模下的公司价值和公司资金成本率测算表

债券的市场价值 B（万元）	股票的市场价值 S（万元）	公司的市场价值 V（万元）	税前债券利率 K_b（%）	普通股资金成本 K_c（%）	综合资金成本率 K_w（%）
0	2 930	2 930	—	12.80	12.80
200	2 792	2 992	8	13.00	12.53
400	2 659	3 059	8	13.20	12.25
600	2 426	3 026	10	13.60	12.39
800	2 134	2 934	12	14.20	12.78
1 000	1 646	2 646	14	16.40	14.17

当 $B=200$ 万元，$K_b=8\%$，$K_c=13.00\%$，$EBIT=500$ 万元时，

股票的市场价值 $S=$（500−200 × 8%）×（1−25%）≈ 2 792（万元）

13%公司的市场价值 $V=200+2\ 792=2\ 992$（万元）200 2 792

综合资金成本率 $K_w=$2 992 × 8%×（1−25%）+2 992 ×13.00% = 12.53%

其余同理计算。

从表 4-10 的计算结果可以看到，在没有债务的情况下，公司的总价值就是原有股票的市场价值。当公司用债务资本部分地换主权资本时，一开始公司总价值上升，综合资金成本下降，在债务达到 400 万元时公司总价值最高，综合资金成本最低，债务超过 400 万元后，公司总价值下降，综合资金成本上升。因此，债务为 400 万元时的资本结构是该公司的最佳资本结构。

四、资本结构的调整

当企业现行的资本结构和目标资本结构存在较大差异时，为了优化资本结构，企业需要进行资本结构的调整。企业调整资本结构的方法有：

（一）存量调整

存量调整是在不增加现有资本总额的基础上，对现有资本结构进行调整。存量调整的方法有：债转股、股转债；增发新股偿还债务；调整现有负债结构（长、短期负债的调整）；调整权益资本结构。存量调整是一种比较稳健的调整策略，一般在企业平稳发展阶段时采用。

（二）增量调整

增量调整是通过追加筹资量以追加总资本的方式来调整资本结构。其主要途径是从外部取得增量资本，如发行新债，举借新贷款，进行融资租赁，发行新股票等。增量调整是一种积极的调整策略，企业主要在有较好的投资机会和发展前景，及高速发展时进行。

（三）减量调整

减量调整是通过减少资本总额的方式来调整资本结构。其主要途径包括：提前归还借款，收回发行在外的可提前收回债券，股票回购，进行企业分立等。

综合实训

一、单项选择题

1. 企业在进行追加筹资决策时，使用（　　）。

A. 个别资金成本　　B. 加权平均资金成本

C. 综合资金成本　　D. 边际资金成本

2. 下列个别资金成本属于权益资本的是（　　）。

A. 长期借款成本　　B. 债券成本

C. 普通股成本　　D. 租赁成本

3. 下列筹资方式，资金成本最低的是（　　）。

A. 长期债券　　B. 长期借款

C. 优先股　　D. 普通股

4. 在固定成本不变的情况下，下列表述正确的是（　　）。

A. 经营杠杆系数与经营风险成正比例关系

B. 销售额与经营杠杆系数成正比例关系

C. 经营杠杆系数与经营风险成反比例关系

D. 销售额与经营风险成正比例关系

5. 下列对最佳资本结构的表述，正确的是（　　）。

A. 最佳资本结构是使企业总价值最大，而不一定是每股收益最大，同时加权平均资金成本最低的资本结构

B. 最佳资本结构是使企业每股收益最大，同时加权平均资金成本最低的资本结构

C. 最佳资本结构是使企业息税前利润最大，同时加权平均资金成本最低的资本结构

D. 最佳资本结构是使企业税后利润最大，同时加权平均资金成本最低的资本结构

6. 企业的（　　）越小，经营杠杆系数就越大。

A. 产品售价　　B. 单位变动成本

C. 固定成本　　D. 利息费用

7. 某企业生产一种产品，该产品的边际贡献率为60%，企业平均每月发生固定性费用20万元，当企业年销售额达到800万元时，经营杠杆系数等于（　　）。

A. 1.04　　B. 1.07

C. 2　　D. 4

8. 当企业负债筹资额为0时，财务杠杆系数为（　　）。

A. 0　　B. 1

C. 不确定　　D. ∞

9. 某企业发行面额为1 000万元的10年期企业债券，票面利率为10%，发行费用率

为 2%，发行价格为 1 200 万元，假设企业所得税税率 33%，该债券资本成本为（　　）。

A. 5.58%　　B. 5.70%
C. 6.70%　　D. 10%

10. 某企业发行在外的股份总额为 1 000 万股，2006 年净利润为 2 000 万元。企业的经营杠杆系数为 2，财务杠杆系数为 3，如果在现有基础上，销售量增加 10%，企业的每股盈利为（　　）。

A. 3 元　　B. 3.2 元
C. 10 元　　D. 12 元

二、多项选择题

1. 下列各项中，可用于确定企业最优资金结构的方法有（　　）。

A. 高低点法　　B. 因素分析法
C. 比较资金成本法　　D. 息税前利润——每股盈余分析法

2. 资金成本是企业为筹集和使用资金而付出的代价。下列属于资金占用费的是（　　）。

A. 股票的股息　　B. 债务利息
C. 发行费用　　D. 广告费用

3. 资金成本的计量形式有（　　）。

A. 个别资金成本　　B. 债券成本
C. 加权平均资金成本　　D. 权益成本

4. 企业可以通过以下措施降低经营风险（　　）。

A. 扩大销售额　　B. 降低产品单位变动成本
C. 扩大固定成本的比重　　D. 降低固定成本的比重

5. 下列属于权益资本成本的是（　　）。

A. 银行借款成本　　B. 债券成本
C. 普通股成本　　D. 留存收益成本

6. 下列项目中，属于资金成本中资金筹集费的是（　　）。

A. 发行股票的手续费　　B. 银行借款利息
C. 发行股票的广告费　　D. 股票的股息

7. 关于经营杠杆系数，下列说法正确的有（　　）。

A. 在固定成本不变的情况下，经营杠杆系数说明了销售额增长（减少）所引起利润增长（减少）的幅度
B. 在固定成本不变的情况下，销售额越大，经营杠杆系数越小，经营风险也就越小
C. 其他因素不变，固定成本越大，经营杠杆系数越大
D. 当固定成本趋于 0 时，经营杠杆系数趋于 1

8. 影响企业加权平均资金成本的因素有（　　）。

A. 资本结构　　B. 个别资金成本的高低

C. 企业总价值　　　　　　　　　　　D. 筹资期限长短

9. 计算财务杠杆系数要用到的数据包括（　　）。

A. 边际资金成本是追加筹资时所使用的加权平均成本

B. 当企业筹集的各种长期资金同比例增加时，资金成本应保持不变

C. 当企业缩小其资本规模时，无须考虑边际资金成本

D. 当企业无法以某一固定的资金成本来筹措无限的资金，其筹集的资金超过一定的限度时，原来的资金成本就会增加

三、判断题

1. 公司向股东支付的股利属于资金筹集费。（　　）
2. 边际资金成本是资金每增加一元筹资额而增加的成本。（　　）
3. 经营杠杆系数同经营风险成正比例关系。（　　）
4. 财务风险是由于企业利用负债筹资而引起的所有者权益的变动。（　　）
5. 财务杠杆通过扩大销售影响息税前利润。（　　）
6. 财务杠杆系数越大，财务风险越小。（　　）
7. 在企业经营中，杠杆作用是指销售量的较小变动会引起利润的较大变动。（　　）
8. 公司使用留存收益不需付出代价。（　　）
9. 资金成本是投资方案的取舍率，即最低收益率。（　　）
10. 企业负债越多，财务杠杆系数就越高，财务风险就越大。（　　）

四、计算分析题

1. 某公司初创时拟筹资 1 200 万元，其中：向银行借款 200 万元，利率 10%，期限 5 年，手续费率 0.2%；发行 5 年期债券 400 万元，利率 12%，发行费用 10 万元；发行普通股 600 万元，筹资费率 4%，第一年末股利率为 12%，以后每年增长 5%。假定公司适用所得税税率为 25%。要求：计算该企业的加权平均资金成本。

2. 某企业拟采用三种方式筹资，并拟定了三个筹资方案，资料见表 4-11，请据以选择最佳筹资方案。

筹资方式	资金成本/（%）	资本结构/（%）		
		A	B	C
发行股票	15	50	40	40
发行债券	10	30	40	30
长期借款	8	20	20	30

五、案例分析

中南整体橱柜公司长期筹资决策

中南整体橱柜公司是一家上市公司，专业生产、销售整体橱柜。近年来，我国经济快

速发展，居民掀起购房和装修热，对公司生产的不同类型的整体橱柜需求旺盛，其销售收入增长迅速。公司预计在北京及其周边地区的市场潜力较为广阔，销售收入预计每年将增长 50%~100%。为此，公司决定在 2004 年年底前在北京郊区建成一座新厂。公司为此需要筹措资金 5 亿元，其中 2 000 万元可以通过公司自有资金解决，剩余的 4.8 亿元需要从外部筹措。2003 年 9 月 1 日，公司总经理周建召开办公会议研究筹资方案，并要求财务经理陆华提出具体计划，以提交董事会会议讨论。

公司在 2003 年 8 月 31 日的有关财务数据如下：

1. 资产总额为 27 亿元，资产负债率为 50%。

2. 公司有长期借款 2.4 亿元，年利率为 5%，每年年末支付一次利息。其中 6 000 万元将在 2 年内到期，其他借款的期限尚余 5 年。借款合同规定公司资产负债率不得超过 60%。

3. 公司发行在外普通股 3 亿股。

另外，公司 2002 年完成净利润 2 亿元。2003 年预计全年可完成净利润 2.3 亿元。公司适用的所得税税率为 33%。假定公司一直采用固定股利率分配政策，年股利率为每股 0.6 元。随后，公司财务经理陆华根据总经理办公会议的意见设计了两套筹资方案，具体如下。

方案一：以增发股票的方式筹资 4.8 亿元。

公司目前的普通股每股市价为 10 元。拟增发股票每股定价为 8.3 元，扣除发行费用后，预计净价为 8 元。为此，公司需要增发 6 000 万股股票，以筹集 4.8 亿元资金。为了给公司股东以稳定的回报，维护其良好的市场形象，公司仍将维持其设定的每股 0.6 元的固定股利率分配政策。

方案二：以发行公司债券的方式筹资 4.8 亿元。

鉴于目前银行存款利率较低，公司拟发行公司债券。设定债券年利率为 4%，期限为 10 年，每年付息一次，到期一次还本，发行总额为 4.9 亿元，其中预计发行费用为 1 000 万元。

分析提示：

1. 发行股票和发行公司债券筹资的优缺点。

2. 筹资方式的决策准则是——企业价值最大化。具体筹资方式决策有三种，即比较资金成本法、每股收益无差别点法和公司价值分析法。

注意资产负债率限制（60%），发行公司债券的成本、2003 年资产净利率（或资产利润率）和权益净利率指标的计算和分析，新筹资后资产净利率（或资产利润率）和权益净利率指标能否估计（本案例不能）。技能实训：

1. 分析上述两种筹资方案的优缺点，并从中选出较佳的筹资方案。

2. 运用每股收益无差别点法，进行较佳方案的筹资决策。

项目五 项目投资管理

学习目标

通过本章教学，学生可了解项目投资的含义、种类，了解现金流量的含义和内容，掌握项目计算期的计算，现金流量的内容及估算。学会熟练运用项目投资决策的评价指标，从而能够分析评价投资项目经济效益的好坏，为正确地评价投资项目的可行性打下基础。

导入案例

固特威轮胎公司最近研制了一种新轮胎——超级胎面，这种轮胎除了能用于一般的快车道外，对经常行驶于湿滑路面和野地的汽车也非常合适。研发成本目前为止总额为 1 000 万美元。超级轮胎将于今年面市，公司打算在市场上销售 4 年。市场调查显示：超级轮胎的市场潜力巨大，并需要马上投资 120 000 000 美元购买设备，预计有 7 年的使用寿命，第四年年末可以 51 428 571 美元出售。公司打算在两类市场上销售超级胎面：一是初级设备制造商（OEM）市场，包括为新车购买轮胎的汽车公司，预计每只轮胎能以 36 美元出售，生产每只轮胎可变成本为 18 美元；二是更换市场，包括所有汽车出厂后购买的轮胎，利润率较高，预计每只轮胎售价 59 美元，可变成本同前。

固特威轮胎公司打算以高于通货膨胀率 1%的速度提价，可变成本同样以高于通货膨胀率 1%的速度增加。此外，该项目第一年将发生 250 000 00 美元的销售和一般管理费（此数字在今后年份里预计以通货膨胀率的速度增加）。公司期望超级胎面能占领 11%的 OEM 市场，能占领更换轮胎市场的 8%。当前初始营运资本需求为 11 000 000 美元，此后净营运资本需求为销售额的 15%。假如运用双倍余额递减法提折旧，所得税税率 40%，年通货膨胀率预计保持在 3. 25%不变，贴现率为 15. 9%。

如果您是财务分析师，请分析该项目的可行性。假定所有过去对超级轮胎的投资均是沉没成本，只须考虑未来的现金流量。除了马上将发生的初始投资，所有的现金流量均是年末发生的。

任务一　项目投资概述

一、项目投资的含义和种类

项目投资是指一种以特定项目为对象，直接与新建项目或更新改造项目有关的长期投资行为。其特点是影响时间长、投资数额大、不经常发生、变现能力差、投资风险大。

项目投资决策也称为资本预算，主要分为以新增生产能力为目的的新建项目和以恢复生产能力为目的的更新改造项目两大类，如图 5-1 所示。

税目投资
- 新建项目投资
  - 单纯固定资产投资
  - 完整工业项目投资
- 更新改造项目投资

图 5-1　项目投资的分类

新建项目投资以新增生产能力为目的，属于外延式扩大再生产；更新改造项目投资以恢复和改善生产能力为目的，属于内涵式扩大再生产。由图 5-1 可以看出，新建项目投资分为单纯固定资产投资和完整工业项目投资。

（一）单纯固定资产投资

单纯固定资产投资，简称固定资产投资，在投资中只包括为取得固定资产而发生的垫支资本投入，而不涉及周转资本的投入。

（二）完整工业项目投资

完整工业项目投资，在投资中不仅包括固定资产投资，而且还涉及流动资金投资，甚至包括其他长期资产投资项目的投资。

二、项目投资程序

企业项目投资的程序主要包括以下几个步骤：

（一）提出项目投资的对象

提出项目投资的对象是项目投资程序的起点，是以企业的长远发展战略、中长期投资计划和投资环境的变化为基础，同时在把握良好投资计划的前提下，由企业管理当局或企业高层管理人员提出，或者由企业的各级管理部门和相关部门领导提出。

（二）评价投资方案的可行性

在评价投资项目的环境、市场、技术和生产可行性的基础上，通过计算项目的有关现金流量指标以及项目的有关评估指标（如净现值、内含报酬率等），对项目投资的财务可行性作出总体评价。

（三）投资方案的比较与选择

在财务可行性评价的基础上，对可供选择的多个投资方案进行比较和选择。

（四）投资方案的执行

投资方案的执行即投资行为的具体实施。

（五）投资方案再评价

在投资项目的执行过程中，应注意评价原来作出的投资决策是否合理，是否正确。一旦出现新的情况，就要随时根据变化的情况作出新的评价。如果情况发生重大变化，原来的投资决策变得不合理，那么，就要进行是否终止投资或怎样终止投资的决策，以避免更大的损失。

三、项目计算期的构成

项目计算期是指投资项目从投资建设开始到最终清理结束整个过程的全部时间，即该项目的有效持续时间。完整的项目计算期包括建设期和生产经营期。其中，建设期的第一年年初称为建设起点，建设期的最后一年年末称为投产日，从投产日到终结点之间的时间间隔称为生产经营期，生产经营期包括试产期和达产期，具体如图 5-2 所示。项目计算期、建设期和生产经营期三者之间的关系可用下式表示：

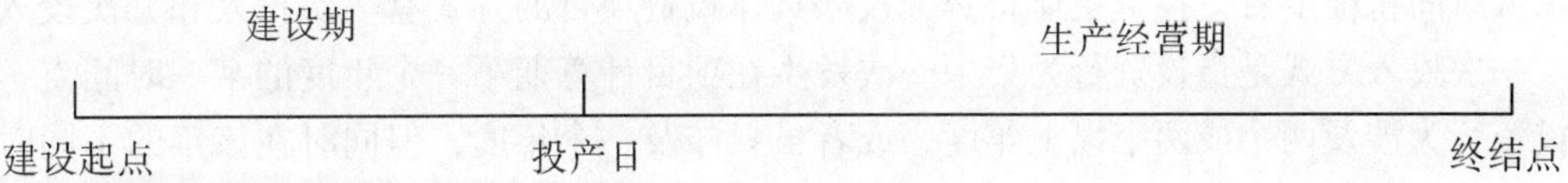

图 5-2　项目计算期

项目计算期=建设期+生产经营期

四、项目投资的资金构成

（一）原始总投资

原始总投资=建设投资+流动资金投资

建设投资=固定资产投资+无形资产投资+其他资产投资（生产准备和开办费）

原始总投资是指为使项目完全达到设计生产能力，开展正常经营而投入的全部现实资金。它是建设期内所投入的全部资金，是现金流出量的概念，也就是说凡是为投资该项目所引起的现金流出都属于原始总投资的范畴。

（二）投资总额

投资总额=原始总投资+建设期资本化利息

从该等式可以知道，投资总额比原始总投资包括的内涵要大，强调为投资项目而付出的全部代价，体现投资总体规模的概念。其中，建设期资本化利息是指在建设期发生的与构建项目所需的固定资产、无形资产等长期投资有关的借款利息。

（三）固定资产原值

固定资产原值=固定资产原始投资+建设期资本化利息

固定资产原值，实际上是指固定资产投资的总规模。

（四）流动资金投资

流动资金指项目投产后为保证其生产经营活动得以正常进行所必需的周转资金，在完整的投资项目中发生的用于生产经营期周转的营运资金投资，又称为垫支流动资金，即流动资产-流动负债=流动资金占用额。可能发生在建设期内，也可能发生在生产经营期内，为简化计算，一般假定发生在建设期的期末或者发生在经营期的期初。

【例 5-1】 固特威轮胎公司要建设一条生产线，需要在建设起点一次投入固定资产 500 万美元，无形资产投资 50 万美元。建设期为一年，建设期资本化利息为 10 万美元，全部计入固定资产原值。投产后预计流动资产需用 100 万美元，流动负债需用 50 万美元。根据以上资料，可计算该项目的相关指标如下：

（1）固定资产原值=500+10=510（万美元）

（2）流动资金占用额=100-50=50（万美元）流动资金投资=50-0=50（万美元）

（3）建设投资额=500+50=550（万美元）

（4）原始投资总额=550+50=600（万美元）

（5）投资总额=600+10=610（万美元）

五、项目投资资金的投入方式

从时间特征上看，投资主体将资金投入具体投资项目的方式有一次投入和分次投入两种。一次投入方式是指投资行为集中一次发生在项目计算期第一个年度的某一时间点。如果投资行为涉及两个或两个以上年度，或者虽只涉及一个年度，但同时在该年的不同时间点发生，则属于分次投入方式。

资本预算的典型特征是在投资项目开始阶段需要大量的投资支出，并要经过很长时间才能看到项目的实际收益。因此，一次资本预算失误，纠正的代价是非常大的，甚至决定公司的成败，所以资本预算必须运用科学的方法做出正确的决策。

任务二　现金流量的内容及估算

接受一个项目意味着要改变公司目前和未来的现金流入和流出，改变整体的现金流量，因此我们需要考虑他们能否为公司增加价值。

因此，我们首先需要明确现金流入和流出的内容有哪些，如何来估算。

一、现金流量的涵义

（一）现金流量

在投资决策中，现金流量是指一个项目引起的企业现金支出和现金收入增加的数量。

流入量和流出量的差称为现金净流量。对以上定义的理解，需要掌握如下四点：

（1）从内容来讲，现金流量包括流入量和流出量。

（2）这时的“现金”是广义的现金，不仅包括各种货币资金，还包括项目需要投入的企业现有非货币资源的变现价值。

（3）投资决策中使用的现金流量，是为项目投资决策服务的。

（4）现金流量是一个增量的现金流量。只有增量现金流量才是与项目相关的现金流量。

这里实际上是提出了相关现金流量的观点。相关现金流量，是指与某一特定项目相关联的现金流量，如果决定投资于某一项目，则会发生，如果不投资于某一项目，则不会发生。例如，某企业在投资某一项目之前，每年有营业收入 100 万元，投资某一项目后，营业收入为 150 万元，则相关现金流入量就是 50 万元。

（二）现金流量作为投资评价依据的原因

项目投资决策之所以要以现金流量作为投资评价的依据，其主要原因有如下几点：

（1）采用现金流量有利于科学地考虑时间价值因素。

（2）采用现金流量保证了评价的客观性。

（3）在投资分析中，现金流动状况比盈亏状况更为重要。

（4）采用现金流量考虑了项目投资的逐步回收问题。

（三）现金流量的假设

为了便于理解和简化现金流量的计算，达到投资项目决策的可比性和可验证性，在实际工作中需要进行一些假设。

（1）所有的营业收入假设都是收取现金的。

（2）除折旧、摊销之外的成本费用，都是现金流出。

（3）投资项目的类型假设。假设投资项目只包括单纯固定资产投资项目、完整工业投资项目和更新改造三个项目，这些项目又可分为考虑所得税和不考虑所得税因素的项目。

（4）财务可行性分析假设。假设投资决策是从企业投资者的立场出发，投资决策者确定现金流量是为了进行财务可行性研究，该项目已经具备国民经济可行性和技术可行性。

（5）建设期投入全部资金假设。不论项目的原始投资是一次投入还是分次投入，除个别情况外，假设它们都是在建设期内投入的。

（6）经营期与折旧年限一致假设。假设项目主要固定资产的折旧年限或使用年限与经营期相同。

（7）时点指标假设。为了便于利用资金时间价值的形式，不论现金流量具体内容所涉及的价值指标实际上是时点指标还是时期指标，均假设是年初或年末的时点指标，流动资金投资则在期末发生；经营期内各年的收入、成本、折旧、摊销、利润、税金等项目的确认均发生在年末；项目最终报废或清理均发生在终结点（但更新改造项目除外）。

（8）确定性假设。假设与项目现金流量有关的价格、产销量、成本水平、所得税等因素不变。

（9）全投资假设。我们站在投资的角度看现金的流动和收益的实现，不考虑筹资的途径和代价，不具体区分自有资金和借入资金等具体形式的现金流量，即使实际存在借入资金也将其作为自有资金考虑，向股东支付的股利和向债权人支付的利息不作为现金的流出。

二、现金流量内容和估算

（一）新建项目的现金流量内容

按现金流动的方向划分为现金流出量和现金流入量。

1. 现金流出量

一个项目投资的现金流出量是指该项目投资引起企业的现金支出的增加量。

现金流出量主要包括固定资产投资、无形资产投资、长期待摊费用支出、流动资产投资、付现成本等。

2. 现金流入量

一个项目投资的现金流入量是指该项目投资引起企业的现金收入的增加量，主要包括营业现金流入、回收固定资产残值和回收流动资金。

在估算现金流量时，需要强调的问题有以下几点：

（1）营运资金（存量）的计算公式

一年当中的营运资金=流动资产-流动负债

营运资金投资（增量）的计算公式为：

本期需要垫支流动资金=本年营运资金需用数-截至上年已经垫支的数量

【例5-2】 A企业某投资项目投产第一年预计流动资产需用额为3 500万元，流动负债可用额为1 500万元，假定该项投资发生在建议期末；投产第二年预计流动资产需用额为4 000万元，流动负债可用额为2 000万元，假定该项投资发生在投产后第一年末。

投产第一年的营运资金需用数=第一年流动资产需用数-第一年流动负债可用数=3 500-1 500=2 000（万元）

第一年营运资金投资额=第一年营运资金需用数-截至上年的营运资金投资额=2 000-0=2 000（万元）

投产第二年的营运资金需要用数=第二年流动资产需用数-第二年流动负债可用数=4 000-2 000=2 000（万元）

第二年营运资金投资额=第二年营运资金需用数-截至上年的营运资金投资额=2 000-2 000=0（万元）

终结点回收营运资金=营运资金投资合计=2 000+0=2 000（万元）

（2）付现成本的估算

付现成本，是指在经营期内为满足正常生产经营而动用货币资金支付的成本费用。付现成本是所有类型的项目投资在经营期都要发生的主要现金流出量，它与融资方案无关。其估算公式如下：

某年付现成本=该年外购原材料+该年工资及福利费+该年修理费+该年其他费用

或=总成本费用-该年折旧额-该年无形资产和开办费等的摊销额-财务费用中的利息

式中，其他费用是指从制造费用、管理费用和销售费用中扣除了折旧费、摊销费、材料费、修理费、工资及福利费以后的剩余部分。

【例5-3】 A企业某投资项目投产后第1~5年每年预计外购原材料、燃料和动力费为50万元，工资及福利费用为30万元，其他费用为10万元，每年折旧费为20万元，无形资产摊销为5万元；第6~10年每年不包括财务费用的总成本费用为150万元，其中，每年预计外购原材料、燃料和动力费为90万元，每年折旧费为20万元，无形资产摊销费为0万元。

投产后第1~5年每年的付现成本=外购原材料燃料和动力费+工资及福利费+修理费+

其他费用=50+30+10=90（万元），投产后第 1~5 年每年不包括财务费用的总成本费用=付现成本+折旧额+无形资产摊销费=90+20+5=115（万元），投产后第 6~10 年每年不包括财务费用的总成本费用-折旧额-无形资产和开办费的摊销额=150-20-0=130（万元），按现金流动的时间，划分初始现金流量、营业现金流量和终结现金流量。

1. 初始现金流量

初始现金流量包括：固定资产投资、流动资产投资（垫支营运资金）、机会成本（原有的资产用于该项投资而不能作其他用途而失去的收入）、其他投资费用、原有固定资产的变价收入。

其中原有固定资产的变价收入要考虑税收的影响，即

原有资产的变现价值-（变现价值-账面净值）×税率

2. 营业现金流量

营业现金流量=营业收入-付现成本-所得税

营业现金流量=净利润+折旧额

营业现金流量=营业收入×（1-所得税税率）-付现成本×（1-所得税税率）+折旧额×所得税税率

因为付现成本=总成本-非付现的折旧、摊销-财务费用中的利息，所以营业现金流量=营业收入-总成本 +非付现的折旧、摊销+财务费用中的利息=净利润+非付现的折旧、摊销 +财务费用中的利息

3. 终结现金流量

终结现金流量包括以下两个方面：

（1）固定资产变价净残值：残值收入-（残值收入-税法预计残值）×税率；

（2）收回的垫支营运资金。

（二）现金净流量

项目投资的现金净流量是指在项目计算期内每年现金流入量与每年现金流出量之间的差额所形成的序列指标。现金净流量的计算公式为：

现金净流量（NCF）= 现金流入量-现金流出量

【例 5-4】某企业拟投资甲项目，经过可行性分析，得到的有关资料如下：

（1）该项目需固定资产投资 100 万元，其中第一年年初和第二年年初分别投资 55 万元和 45 万元，第一年年末该项目部分竣工并投入试生产，第二年年末该项目全部竣工交付使用。

（2）该项目投产时需垫支营运资金 60 万元，用于购买原材料、支付工资以及存货增加占用等。其中第一年年末垫支 35 万元，第二年年末又增加垫支 25 万元。

（3）该项目经营期预计为 6 年，固定资产按直线法计提折旧。预计残余价值为 10 万元。

（4）根据有关部门的市场预测，该项目投产后第一年销售收入为 70 万元，以后 5 年每年销售收入均为 95 万元。第一年付现成本为 35 万元，以后 5 年每年的付现成本均为 46 万元。

（5）甲项目需征用土地 10 亩（1 亩≈666.67 平方米），支付土地 10 年使用费共计 60

万元，于项目建设第一年年初支付。

（6）该企业适用所得税税率为25%。要求：计算甲项目6年的预计现金流量。

首先，计算甲项目的每年折旧额和摊销额。

固定资产年折旧额=（1 000 000-100 000）÷6=150 000（元）

每年土地使用费的摊销额=600 000÷10=60 000（元）

其次，计算营业现金流量。计算过程见表5-1。最后，将该项目的投资现金流量和项目终结的现金流量也考虑进来，通过计算得到该项目的全部现金流量。计算过程见表5-2。

表5-1　　营业现金流量计算表　　单位：元

年份项目	2	3	4	5	6	7
销售收入	700 000	950 000	950 000	950 000	950 000	950 000
-付现成本	350 000	460 000	460 000	460 000	460 000	460 000
-折旧	150 000	150 000	150 000	150 000	150 000	150 000
-摊销土地使用费	60 000	60 000	60 000	60 000	60 000	60 000
年份项目	2	3	4	5	6	7
=税前净利	140 000	280 000	280 000	280 000	280 000	280 000
-所得税	35 000	70 000	70 000	70 000	70 000	70 000
=税后净利	105 000	210 000	210 000	210 000	210 000	210 000
+折旧	150 000	150 000	150 000	150 000	150 000	150 000
+摊销土地使用费	60 000	60 000	60 000	60 000	60 000	60 000
=营业现金流量	315 000	420 000	420 000	420 000	420 000	420 000

表5-2　　现金流量计算表　　单位：元

年份项目	第1年年初	第1年年末	第2年年末	第3年年末至第6年年末（每年）	第7年年末
固定资产投入	-550 000	-450 000			
土地使用权投入	-600 000				
营运资金投入		-350 000	-250 000		
营业现金流量			315 000	420 000	420 000
固定资产净残值					100 000
营运资金回收					600 000
现金流量合计	-1 150 000	-800 000	65 000	420 000	1 120 000

（三）估算现金流量注意的问题

1. 区分相关成本和非相关成本

相关成本是指与特定决策有关的、在分析评价时必须加以考虑的成本。例如，差额成本、未来成本、重置成本、机会成本等都属于相关成本。与此相反，与特定决策无关的，在分析评价时不必加以考虑的成本是非相关成本。例如，沉没成本、过去成本、账面成本等往往是非相关成本。

例如，某公司在 1990 年曾经打算新建一个车间，并请一家会计公司作过可行性分析，支付咨询费 5 万元。后来由于本公司有了更好的投资机会，该项目被搁置下来，但该笔咨询费作为费用已经入账了。1992 年旧事重提，在进行投资分析时，这笔咨询费是否仍是相关成本呢？答案应当是否定的。该笔支出已经发生，不管本公司是否采纳新建一个车间的方案，它都已无法收回，与公司未来的总现金流量无关。

如果将非相关成本纳入投资方案的总成本，则一个有利的方案可能因此变得不利，一个较好的方案可能变为较差的方案，从而造成决策错误。

2. 不要忽视机会成本

在投资方案的选择中，如果选择了一个投资方案，则必须放弃投资于其他途径的机会。其他投资机会可能取得的收益是实行本方案的一种代价，被称为这项投资方案的机会成本。

例如，上述公司新建车间的投资方案，需要使用公司拥有的一块土地。在进行投资分析时，因为公司不必动用资金去购置土地，可否不将此土地的成本考虑在内呢？答案是否定的。因为该公司若不利用这块土地来兴建车间，则它可将这块土地移作他用，并取得一定的收入。只是由于在这块土地上兴建车间才放弃了这笔收入，而这笔收入代表兴建车间使用土地的机会成本。假设这块土地出售可净得 15 万元，它就是兴建车间的一项机会成本。值得注意的是，不管该公司当初是以 5 万元还是 20 万元购进这块土地，都应以现行市价作为这块土地的机会成本。

机会成本不是我们通常意义上的“成本”，它不是一种支出或费用，而是失去的收益。这种收益不是实际发生的，而是潜在的。机会成本总是针对具体方案的，离开被放弃的方案就无从计量确定。

机会成本在决策中的意义在于它有助于全面考虑可能采取的各种方案，以便为既定资源寻求最为有利的使用途径。

3. 要考虑投资方案对公司其他项目的影响

当我们采纳一个新的项目后，该项目可能对公司的其他项目造成有利或不利的影响。

例如，若新建车间生产的产品上市后，原有其他产品的销路可能减少，而且整个公司的销售额也许不增加，甚至减少。因此，公司在进行投资分析时，不应将新车间的销售收入作为增量收入来处理，而应扣除其他项目因此减少的销售收入。当然，也可能发生相反的情况，新产品上市后将促进其他项目的销售增长。这要看新项目和原有项目是竞争关系还是互补关系。

当然，诸如此类的交互影响，事实上很难准确计量。但决策者在进行投资分析时仍要将其考虑在内。

4. 要考虑投资方案对净营运资金的影响

在一般情况下，当公司开办一个新业务并使销售额扩大后，一方面，对于存货和应收账款等经营性流动资产的需求也会增加，公司必须筹措新的资金以满足这种额外需求；另一方面，公司扩充的结果，应付账款与一些应付费用等经营性流动负债也会同时增加，从而降低公司流动资金的实际需要。净营运资金的需要，指增加的经营性流动资产与增加的经营性流动负债之间的差额。

当投资方案的寿命周期快要结束时，公司将与项目有关的存货出售，应收账款变为现金，应付账款和应付费用也随之偿付，净营运资金恢复到原有水平。通常，在进行投资分析时，假定开始投资时筹措的净营运资金在项目结束时收回。

5. 融资成本

在分析拟议投资时，我们并不考虑支付的利息或其他任何融资成本，例如派发股利或是偿还本金。因为我们关心的是项目的资产所创造出来的现金流量。

三、固定资产更新项目的现金流量

固定资产更新是对技术上或经济上不宜继续使用的旧资产，用新的资产更换，或用先进的技术对原有设备进行局部改造。

固定资产更新决策主要考虑两个问题：一个是决定是否更新，即继续使用旧资产，还是更换新资产；另一个是决定选择什么样的资产来更新。实际上，这两个问题是结合在一起考虑的，如果市场上没有比现有设备更适用的设备，那么就继续使用旧设备。由于旧设备总可以通过修理继续使用，所以更新决策是继续使用旧设备与购置新设备的选择。

更新决策不同于一般的投资决策。一般说来，设备更换并不改变企业的生产能力，不增加企业的现金流入。更新决策的现金流量主要是现金流出。即使有少量的残值变价收入，也属于支出抵减，而非实质上的流入增加。

更新决策通常选用的方法是比较继续使用和更新的年成本，以较低者作为好方案，即固定资产的平均年成本法。固定资产的平均年成本，是指该资产引起的现金流出的年平均值。如果不考虑货币的时间价值，它是未来使用年限内的现金流出总额与使用年限的比值。如果考虑货币的时间价值，它是未来使用年限内现金流出总现值与年金现值系数的比值，即平均每年的现金流出。

【例 5-5】 某企业有一旧设备，工程技术人员提出更新要求，有关数据如下：

表 5-3 **旧设备与新设备的数据**

	旧设备	新设备
原值	2 200（元）	2 400（元）
预计使用年限	10（年）	10（年）
已经使用年限	4（年）	0（年）
最终现值	200（元）	200（元）
变现价值	600（元）	2 400（元）
年运行成本	700（元）	400（元）

假设该企业要求的最低报酬率为15%，继续使用与更新的现金流量如图5-3所示。

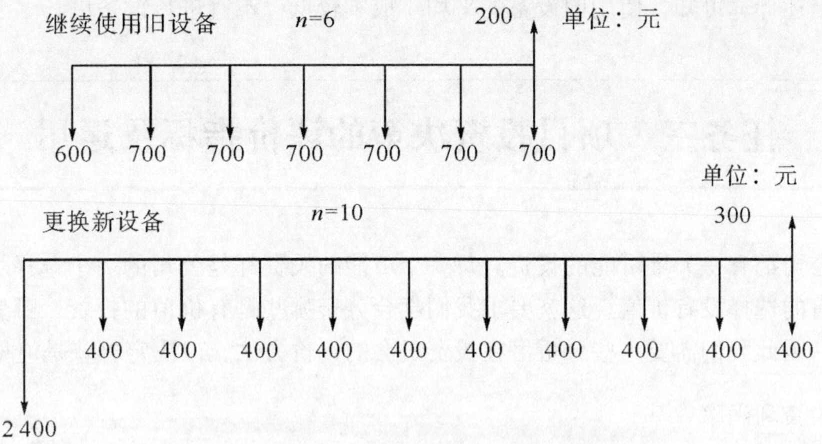

图5-3　继续使用与更新设备的现金流量

（一）不考虑货币的时间价值

如例5-5资料，不考虑货币的时间价值时，

旧设备平均年成本＝（600+700×6-200）/6≈767（元）

新设备平均年成本＝（2 400+400×10-300）/10＝610（元）

（二）考虑货币的时间价值

如果考虑货币的时间价值，有三种计算方法。

（1）计算现金流出的总现值，然后分摊给每一年。

旧设备平均年成本＝［600＋700×（P/A，15%，6）－200×（P/F，15%，6）］/（P/A，15%，6）×（600＋700×3.784－200×0.432）/3.784＝836（元）

新设备平均年成本＝［2 400＋400×（P/A，15%，10）－300×（P/F，15%，10）］/（P/A，15%，10）＝（2 400+400×5.019-300×0.247）/5.019≈863（元）

（2）由于各年已经有相等的运行成本，只要将原始投资和残值摊销到每年，然后求和，亦可得到每年平均的现金流出量。

平均年成本＝投资摊销+运行成本-残值摊销

旧设备平均年成本＝600/（P/F，15%，6）+700-200/（F/A，15%，6）

＝600/3.784+700-200/8.753＝836（元）

新设备平均年成本＝2 400/（P/A，15%，10）+400-300/（F/A，15%，10）

＝2 400/5.019+400-300/20.303≈863（元）

（3）将残值在原投资中扣除，视同每年承担相应的利息，然后与净投资摊销及年运行成本总计，求出每年的平均成本。

旧设备平均年成本＝（600-200）/（P/A，15%，6）+200×15%+700

＝400/3.784+30+700≈836（元）

新设备平均年成本＝（2 400-300）/（P/A，15%，10）+300×15%+400

=2 100/5.019+45+400≈863（元）

通过上述计算可知，使用旧设备的平均年成本较低，不宜进行设备更新。

任务三　项目投资决策的评价指标及运用

任何公司都有一大堆可能的投资。每一个可能的投资都是公司的一个选择。有的选择有价值，有的选择没有价值。这就要求我们学会分辨哪些是有价值的投资，哪些是没有价值的投资。因此我们需要一些分析潜在投资机会的评价方法，以决定哪些是值得投资的。

一、投资利润率

（一）概念

投资利润率是指在生产经营期正常生产年份的净收益占投资总额的百分比。其计算公式为：

投资利润率=年平均净收益/原始投资额×100%

（二）决策标准

如果一个项目的投资利润率大于它的目标投资利润率，那么就可以接受这个项目。

（三）优缺点

投资利润率的优点是容易计算，所需要的资料也很容易取得。缺点表现在：①它并不是真正的报酬率，忽略了货币的时间价值，它把不同时间点上的数字加以平均，用同样的方法对待较近的未来和较远的未来；②最严重的问题是根据净收益和账面原始投资额来计算，而不是根据现金净流量和市价。

【例5-6】设折现率为10%，有三个投资方案。有关数据如表5-4所示。

表5-4　三个投资方案投资利润率的有关数据　单位：元

年份	A方案		B方案		C方案	
	净收益	现金净流量	净收益	现金净流量	净收益	现金净流量
0		(40 000)		(18 000)		(18 000)
1	3 600	23 600	(3 600)	2 400	900	6 900
2	6 480	26 480	6 000	12 000	900	6 900
3			6 000	12 000	900	6 900
合计	10 080	10 080	8 400	8 400	2 700	2 700

投资利润率（A）=［（3 600+6 480）÷2］/40 000×100%=12.6%

投资利润率（B）=［（-3 600+6 000+6 000）÷3］/18 000×100%≈15.6%

投资利润率（C）=900/18 000×100%=5%

如果公司确定的必要报酬率是10%，由于投资利润率高于必要报酬率，则A、B方案都是可行的。如果 A、B 是两个互斥方案，则应选择会计收益率较高的项目，即选择 B 方案。

二、普通投资回收期

（一）概念

普通投资回收期是指收回初始投资所需要的时间。其计算公式为：

普通投资回收期=原始投资额/每年现金净流入量

如果现金流入量每年不等，或原始投资是分几年投入的，则可使用下面的公式：

普通投资回收期=M+第 M 年尚未回收金额/第（M+1）年现金净流量

（二）决策标准

如果一项投资所计算出来的普通投资回收期低于某个预先设定的年数，那么这项投资是可以接受的。

（三）优缺点

普通投资回收期的优点是计算简单，便于理解，直观反映原始投资的返本期限。缺点表现在：①没有考虑时间价值；②没有考虑回收期后净现金流量的变化情况，容易导致选择某些急功近利的投资项目，忽视长远利益。

接例 5-6，C 方案普通投资回收期（C）= 18 000/6 900≈2.61（年）

A 方案和 B 方案的普通投资回收期分别为 1.62 年和 2.30 年，计算过程如表 5-5 所示。

表 5-5　　A 方案和 B 方案普通投资回收期的计算过程　　单位：元

A 方案	现金流量	回收额	未回收额
原始投资	（40 000）		
现金流入			
第 1 年	23 600	23 600	16 400
第 2 年	26 480	16 400	0

B 方案	现金流量	回收额	未回收额
原始投资	（18 000）		
现金流入			
第 1 年	2 400	2 400	15 600
第 2 年	12 000	12 000	3 600
第 3 年	12 000	3 600	0

A 方案的普通投资回收期=1+（16 400÷26 480）≈1.62（年）

B 方案的普通投资回收期=2+（3 600÷12 000）= 2.30（年）

三、贴现回收期

（一）概念

贴现回收期是指贴现现金流量的总和等于其初始投资所需的时间，也就是现金流入量现值等于现金流出量现值（即净现值等于零）的时间。其计算公式为：

贴现回收期=M+第 M 年尚未回收现值/第（M+1）年现金净流量的现值

（二）决策标准

如果一项投资的贴现回收期低于某个预先设定的年数，那么该投资就是可以接受的。

（三）优缺点

贴现回收期的优点：①考虑了货币的时间价值，真正意义地实现财务上、经济上的保本点，而普通投资回收期只是会计上的保本点；②易于理解；③如果一个项目可以收回成本，那么它的净现值必须是正的，当贴现现金流量之和等于初始投资时，其净现值为 0，因此不可能误用预期净现值为负的项目；④偏向于高流动性。缺点：①可能拒绝净现值为正的投资；②忽略回收期之后的现金流量；③任意选取取舍时限；④偏向于拒绝长期项目，例如研究开发的新项目。

根据例 5-6 的资料，A 方案和 B 方案的贴现回收期分别为 1.84 年和 2.65 年，计算过程见表 5-5。

A 方案的贴现回收期=1+（18 546÷21 844）=1.84（年）

B 方案的贴现回收期=2+（5 902÷9 015）=2.65（年）

表 5-5　**A 方案和 B 方案的贴现回收期的计算过程**　单位：元

A 方案	现金流量	回收额	未回收额
原始投资	（40 000）		
现金流入			
第 1 年	23 600	21 454	18 546
第 2 年	26 480	21 884	0

B 方案	现金流量	回收额	未回收额
原始投资	（18 000）		
现金流入			
第 1 年	2 400	2 181	15 819
第 2 年	12 000	9 917	5 902
第 3 年	12 000	9 015	0

四、净现值法（NPV）

（一）概念

净现值是指特定方案未来现金流入的现值与未来现金流出的现值之间的差额。计算公式为：

$$净现值\ NPV = 未来现金流入的现值 - 未来现金流出的现值$$

$$= \sum_{k=0}^{n} \frac{I_k}{(1+i)^k} - \sum_{k=0}^{n} \frac{O_k}{(1+i)^k}$$

式中n——投资涉及的年限；

I_k——第 k 年的现金流入量；

O_k——第 k 年的现金流出量；

i——预定的折现率。

预定的折现率的选择在投资评价中非常重要，直接影响项目评论的结论。在实务中一般有以下四种方法确定项目的折现率：一是根据投资项目的资金成本；二是根据投资的机会成本；三是根据行业平均投资的报酬率；四是根据不同阶段采用不同的折现率，比如在计算项目建设期净现金流量现值时，以贷款的实际利率为折现率，在计算项目经营期净现金流量现值时，以平均投资收益率为折现率。

（二）决策标准

如果一项投资的净现值是正的，就接受；是负的，就拒绝。如果存在多个互斥项目，相对比较，取其大者。

（三）优缺点

净现值法的优点：①充分考虑了货币的时间价值；②完整考虑项目建设期内全部现金流量；③考虑了投资的风险，项目投资风险可以通过提高贴现率来控制。缺点：①净现值是个绝对数，不能从动态角度直接反映投资项目的实际收益率，若投资额不等时，仅用净现值法有时无法确定投资项目的优劣；②计算比较复杂，且难以理解掌握。

（四）净现值的计算

计算净现值，可按照如下步骤进行。

第一步，计算每年的营业现金流量。

第二步，计算未来现金流量的总现值。首先，将每年的营业净现金流量折算成现值。可根据现金流量的情况，使用年金法或分别计算每年现金流量的现值再合计。其次，将终结现金流量折算成现值。最后，计算两者的合计数。

第三步，计算净现值。只要项目的净现值为正，就意味着其能为公司带来财富，该项目在财务上就是可行的。如果存在多个互斥项目，应选择正的净现值最大的项目。

根据例 5-6 的资料，三个投资方案的净现值是：

净现值（A）=（23 600×0.909 1+26 480×0.826 4）-40 000≈3 337.83（元）

净现值（B）=（2 400×0.909 1+12 000×0.826 4+12 000×0.751 3）-18 000=3 114.24（元）

净现值（C）=6 900×2.487-18 000≈-840（元）

A、B 两个投资方案的净现值为正数，说明这两个投资方案的报酬率超过投资者的报酬率，这两个方案是有利的，因而是可以接受的。C 方案净现值为负数，说明该方案的报酬率达不到投资者期望的报酬率，应予以放弃。

五、净现值率法（NPVR）

（一）概念

净现值率法是指投资项目的净现值与原始投资额的比率。其计算公式为：

净现值率=项目净现值/总投资的现值

（二）决策标准

如果一项投资的净现值率是正的，那么投资方案可行；如果一项投资的净现值率是负的，则不可行。如果存在多个互斥项目，相对比较，则取净现值率最大的方案。

（三）优缺点

净现值率的优点：①考虑了货币的时间价值；②是个相对数，可以从动态的角度反映投资项目的投入和净产出之间的比较，可用于不同投资规模的方案比较。缺点：较难理解掌握，计算复杂。

根据例 5-6 的资料，三个方案的净现值率是：净现值率（A）= 3 337.83/4 000×100%=8.34%；净现值率（B）= 3 114.24/18 000×100% = 17.3%；净现值率（C）= -840/18 000×100%=-4.67%A 项目和 B 项目的净现值率均为正，则 A 项目和 B 项目都是可行的。若两者是互斥项目，应选择正的净现值率最大的，即选择 B 项目。

六、获利指数法（PI）

（一）概念

未来现金流入现值与现金流出现值的比率，亦称现值比率。其计算公式为：

$$获利指数=\sum 未来现金流入现值/\sum 未来现金流出现值$$

（二）决策标准

如果投资项目的获利指数大于 1，就意味着其能为公司带来财富，该项目在财务上就是可行的。项目的获利指数小于 1，则拒绝该项目。如果存在多个互斥项目，应选择获利指数超过 1 最多的项目。

（三）优缺点

获利指数法的优点：①和净现值法密切相关，经常导致一样的决策；②容易理解和交流。缺点是在比较互斥投资时，有可能导致不正确的决策。

根据例 5-6 的资料，三个方案的获利指数如下：

获利指数（A）= 43 337÷40 000≈1.08

获利指数（B）= 21 114÷18 000≈1.17

获利指数（C）= 17 160÷18 000≈0.95

A、B 两个项目的获利指数大于 1，说明其收益超过成本，即投资报酬率超过投资者期望的报酬率。C 项投资机会的获利指数小于 1，说明其报酬率没有达到投资者期望的报酬率。如果获利指数为 1，说明折现后现金流入等于现金流出，投资的报酬率与投资者期望的报酬率相同。

七、内含报酬率（IRR）

（一）概念

内含报酬率是指能够使未来现金流入量现值等于未来现金流出量现值的折现率。实质上，它是能使项目的净现值等于零时的折现率。

（二）决策标准

如果一项投资的内含报酬率超过必要报酬率，就可以接受这个项目，否则就应该拒绝。

（三）优缺点

内含报酬率的优点：①从动态的角度直接反映投资项目的实际收益水平；②计算过程不受行业收益率的影响，比较客观；③充分考虑了资金的时间价值；④易于理解，容易接受。缺点：①比较互斥投资项目时，可能导致不正确的决策；②在经营期大量追加投资时，有可能导致多个 IRR 出现，或偏高或偏低，缺乏实际指导意义。

（四）内含报酬率的计算

如果年净现金流量不相等，一般情况下需要采用逐步测试法；特殊情况下，年净现金流量相等，可以直接利用年金现值系数表来确定。

内含报酬率的计算有以下三个步骤。

第一步，计算年净现金流量。

$$年金现值系数=初始投资额/每年净现金流量$$

第二步，查年金现值系数表，在相同的期数内，找出与上述年金现值相邻近的两个折现率（A%和 B%）。

第三步，根据上述两个临近的折现率和已求得的年金现值系数，采用内插法计算出该投资方案的内含报酬率。

以例 5-6 的资料为例，已知 A 方案的净现值为正数，说明它的内含报酬率大于 10%，因此，应提高折现率进一步测试，假设以 18%为折现率时进行测试，其净现值为-982 元。净现值为负数，说明折现率已经高于内含报酬率，下一步降低到 16%重新测试，结果净现值为 23.78 元，已接近于零。现升高到 17%进行测试，净现值为-485 元。这就说明内含报酬率在 16%~17%之间。之后用内插法进行估算，设内含报酬率为 x，则：

$(x-16\%)/(17\%-x)=(0-23.78)/(-485-0)$

解得：$x=16.05\%$

内含报酬率（A）= 16.05%

利用同样的方法，计算出：

内含报酬率（B）= 17.88%

C 方案各期现金流入量相等，符合年金形式，内含报酬率可直接利用年金现值表来确定，不需要进行逐步测试。设现金流入的现值与原始投资相等。

$$原始投资=每年现金流入量\times年金现值系数$$

$8\ 000=6\ 900\times(P/A,\ i,\ 3)$

$(P/A,\ i,\ 3)=2.609$

查阅“年金现值系数表”，寻找 $n=3$ 时系数 2.609 所指的利率。查表结果与 2.609 接近的现值系数 2.624 和 2.577 分别指向 7%和 8%。用内插法确定 C 方案的内含报酬率为 7.32%。其计算过程如下：

内含报酬率（C）= 7%+［1%+（2.624-2.609）/（2.624-2.577）］= 7.32%

计算出各方案的内含报酬率以后，可以根据企业的资本成本或要求的最低投资报酬率对方案进行取舍。如本例中的资本成本为 10%，那么，A、B 两个方案都可以接受，而 C 方案则应放弃。

八、项目投资决策评价方法之间的关系

（一）净现值、净现值率、获利指数和内含报酬率的变化

对于同一个投资项目来说，净现值、净现值率、获利指数和内含报酬率之间呈同方向变化。

净现值>0，净现值率>0，获利指数>1，IRR>资本成本

净现值=0，净现值率=0，获利指数=1，IRR=资本成本

净现值<0，净现值率<0，获利指数<1，IRR<资本成本

获利指数=1+净现值率，前提是投资是在建设期投入的。

（二）折现率和各种评价方法的变化规律

（1）净现值、净现值率、获利指数与折现率呈反方向变动。

（2）贴现回收期和折现率呈同方向变动。

（3）IRR 的计算本身和给定的折现率无关，主要与投资项目的建设期和各年的现金净流量有关系。在实践应用中，净现值、IRR 运用较普遍，以净现值为准。

综合实训

一、单项选择题

1. 项目投资决策当中，完整的项目计算期是指（ ）。

A. 建设期　　B. 运营期

C. 建设期+达产期　　D. 建设期+运营期

2. 在项目投资决策中，现金流量是指投资项目在计算期内各项（ ）的统称。

A. 现金流入量　　B. 现金流出量

C. 现金流入量与现金流出量　　D. 净现金流量

3. 已知某完整的工业投资项目固定资产的投资是 2 000 万元，无形资产的投资是 200 万元，开办费的投资是 100 万元，预计投产之后第二年总成本费用为 1 000 万元，同年的折旧额是 200 万元，无形资产的摊销是 40 万元，计入财务费用的利息支出为 60 万元，投产后第二年算净现金流量的付现成本是（ ）万元。

A. 1 300　　B. 760

C. 700　　D. 300

4. 已知某完整投资项目投产第一年的流动资产需要数为100万元，流动负债可用数是40万元，投产第二年流动资产的需用数为190万元，流动负债的可用数是为100万元，则投产第二年新增的营运资金的金额为（　）万元。

A. 150　　B. 90

C. 60　　D. 30

5. 某方案的普通投资回收期是（　）。

A. 净现值为零的年限　　B. 净现金流量为零的年限

C. 累计净现值为零的年限　　D. 累计净现金流量为零的年限

6. 某企业正在讨论更新现有的生产线，有两个备选方案：甲方案的净现值为300万元，内含报酬率为12%；乙方案净现值是500万元，内含报酬率为10%。那么应该选择（　）。

A. 甲方案　　B. 乙方案

C. 两个方案都可选　　D. 两个方案都不可选

7. 某投资项目原始投资为5 000万元，当年完工并投产，项目寿命期是5年，五年内获得的现金净流量分别为900万元、1 200万元、1 000万元、1 200万元、1 400万元，那么项目的投资回收期是（　）。

A. 4.14年　　B. 4.17年

C. 4.50年　　D. 3.98年

8. 当折现率为8%时，某项目的净现值为500万元，那么可以判断该项目的内含报酬率（　）。

A. 高于8%　　B. 低于8%

C. 等于8%　　D. 无法确定

9. 某投资项目，当贴现率为16%时，其净现值为338元；当贴现率为18%，其净现值为-22元。该方案的内含报酬率为（　）。

A. 15.88%　　B. 16.12%

C. 17.88%　　D. 18.14%

10. 下列关于投资项目的回收期法的说法中，不正确的是（　）。

A. 忽略了货币的时间价值

B. 没有考虑全部的现金流量

C. 普通投资回收期法不能测算项目的营利性

D. 普通投资回收期法主要测算项目的流动性

二、多项选择题

1. 原始总投资包括（　）。

A. 固定资产投资　　B. 开办费投资

C. 资本化利息　　D. 流动资金投资

2. 与其他形式的投资相比，项目投资具有（　）的特点。

A. 影响时间长　　B. 投资风险大

C. 投资金额大　　D. 变现能力强

3. 下列指标受到折现率影响的有（　　）。

A. 净现值　　B. 投资利润率

C. 现值指数　　D. 净现值率

4. 公司拟投资一个项目，投资额是 25 万元（全部是固定资产投资额），投产后年均收入 100 000 元，付现成本 30 000 元，税法规定和企业规定的折旧年限均为 10 年，均按直线法计提折旧，期末均无残值。所得税税率为 25%，则该项目（　　）。

A. 回收期 4.26 年　　B. 年现金净流量为 58 750 元

C. 投资利润率 13.5%　　D. 年现金净流量为 77 500 元

5. 下列关于营业现金流量的计算公式正确的有（　　）。

A. 营业现金流量＝收入×（1−所得税税率）−付现成本×（1−所得税税率）＋折旧

B. 营业现金流量＝税后净利润＋折旧

C. 营业现金流量＝税后收入−税后付现成本＋折旧抵税

D. 营业现金流量＝营业收入−付现成本−所得税

6. 下列关于现金流量估算的说法正确的有（　　）。

A. 要区分相关成本和非相关成本，不能考虑非相关成本

B. 不要忽视机会成本

C. 要考虑投资方案对公司其他项目的影响

D. 要考虑投资方案对净营运资金的影响

7. 采用净现值法评价投资项目的可行性所采用的折现率通常有（　　）。

A. 投资项目的资金成本率　　B. 投资的机会成本率

C. 行业平均的资本收益率　　D. 投资项目的内含报酬率

8. 净现值的缺点有（　　）。

A. 没有考虑资金的时间价值

B. 没有考虑项目计算期的全部净现金流量

C. 计算麻烦，难以理解掌握

D. 不能从动态的角度反映投资项目的实际投资收益水平

9. 下列项目中，属于现金流入量的是（　　）。

A. 营业收入　　B. 残值回收额

C. 流动资金回收额　　D. 建设投资

10. 内含报酬率的优点有（　　）。

A. 考虑资金的时间价值　　B. 没有考虑计算期内的全部现金流量

C. 计算复杂麻烦　　D. 易于理解

三、判断题

1. 项目投资决策中所使用的现金仅指各种货币资金。（　　）

2. 投资总额就是初始投资，是指企业为使项目完全达到设计的生产能力，开展正常

经营而投入的全部现实资金。（　）

3. 完整的项目计算期包括试产期和达产期。（　）

4. 净现值指标可以反映项目投资的实际收益水平。（　）

5. 已知项目的获利指数为1.2，则可知项目的净现值率为2.2。（　）

6. 在存在所得税的情况下，以"利润+折旧"估计经营期净现金流量时，"利润"是指利润总额。（　）

7. 由于净现值是个绝对数，因此不便于在不同投资规模的投资方案之间进行对比。（　）

8. 比较任何两个互斥方案时，内含报酬率较高的方案优先。（　）

9. 内含报酬率是能使投资项目的净现值等于1时的折现率。（　）

10. 通常情况下，使投资方案的净现值小于零的折现率，高于该投资方案的内含报酬率。（　）

四、计算分析题

1. 某企业正在进行正常经营的同时，现有闲置资金40万元，技术部根据收集近期一些资料，提供了以下信息来最大效益地利用这40万元资金。资料如下：

目前国内市场中等水平的小家电紧缺，预计今后15年内总需求量为6 000 000台，而国内现有的年生产能力仅为200 000台，并且品种单一功能不全。恰好该公司具有小家电生产技术，并且能充分保证质量增加品种。

生产小家电需要新建车间一间，购置生产流水线一条。新建车间预计投资155 000元可使用15年，15年后残值约为5 000元，构建生产线有两个方案可供选择：

（1）从国外市场购置，售价折和人民币150 000元，另外还需支付进口关税运杂费、安装费等共96 000元，预计工期一年，年生产能力5 000台，该流水线可使用6年，残值6 000元。

（2）从国内市场购置，投资额为310 000元，预计工期为2年，2年后正式投产，年生产能力6 000台，可使用10年，残值为6 000元。这两种方案需要预先支付投资费用。经市场调查提供的信息基本属实，小家电的生产能力保证质量，年销售量可达15 000台（350元/台）。

财务科根据以上资料进行了成本预测：如果从国内购置流水线，年固定成本为120 000元（包括厂房、流水线折旧费等，均采用直线折旧法），如从国外购置，年固定成本增加4 000元。小家电的单位变动成本为252元，所得税税率33%，贴现率10%。车间使用6年后，若不再使用，可转让其他企业，预计收回95 000元；如使用10年后转让，可取得55 000元。

要求：

（1）分别计算从国外市场购置和从国内市场购置两种方案的净现值率；

（2）判断该公司经理该选择国内生产线还是国外生产线并回答为什么要采用净现值率法而不是净现值法。

2. 某公司有一个投资项目，需要购买一个设备，买价是6 000元，需要追加600元的流动资金，该项目寿命期是 3 年。预计投产后，该项目可以使企业的销售收入增加，第一年为 5 000 元，第二年是 6 500 元，第三年是 8 000 元，与此同时付现成本也增加，第一年是2 000元，第二年是 3 200 元，第三年是 4 000 元。项目结束时收回流动资金 600 元。假设公司所有所得税税率为 25%，税法规定该种设备按直线法计提折旧，计提折旧年限为 3 年，不计残值。公司要求的报酬率是 8%。

要求：

（1）用净现值法判断该项目是否可行；

（2）计算该项目的回收期。

项目六 证券投资

学习目标

通过本章教学，学生可了解证券的基本概念及证券投资的目的、分类、投资风险与收益，掌握债券、股票、基金的基本估价模型和投资收益率的计算。

导入案例

投资的变迁——中国证券市场20年回望与思辨

20年前，股市是一个“搞不好可以关掉”的试验品，第一代“股民”在很多人眼中还是一群“不务正业、好逸恶劳”的人。20年后，“发展多层次资本市场”“满足多样化投融资需求”的字样，已写进政府工作报告。股票市场已经成为人民群众拥有财产性收入、分享经济发展成果的重要途径。从短线投机到长线投资，从概念炒作到定量分析，从豪赌重组到价值投资……20年来，一批又一批的投资者踏上了证券投资之路，期望通过自己的聪明才智和辛勤努力，在股市中获取利润，改善生活。

从证券市场起步之后的10多年时间里，“坐庄”现象一直伴随着市场的“牛熊”起落。所谓坐庄，是指一些投资大户和机构通过在二级市场搜集低价股筹码，依靠资金实力拉升股价，最终高位套现出货的运作模式。将股价拉高需要得到市场认同，于是“庄家”与上市公司联手，或公告利好消息，或粉饰业绩报表，通过种种手段吸引股民高位接盘。“坐庄”还常常与重组联系在一起。由于上市公司名额稀缺，一些上市公司即便经营不善也很难退市，资产注入、剥离不良资产、新的企业借壳，乌鸡变凤凰的游戏一再在证券市场上演。

巴菲特在致股东的一封信中曾写道：“只有在突然退潮的时候，你才知道谁在裸泳。”2001年6月14日，上证综指在当天创出2 245点的历史高点，绝大多数的投资者不会想到，持续了2年的网络股行情已经画上了句号，市场步入漫漫“熊”途。在“熊”市中，损失惨重的绝不仅仅是个人投资者，德隆系、南方证券、大鹏证券……一个个资本大鳄倒下了，大大小小的庄家因为股价崩塌、资金链断裂而“光溜溜”地告别股市。

从最早的不足100点到2001年的最高点2 245点，证券市场在10多年里经历了数个牛熊。申华电工、蓝田股份、亿安科技、银广夏……伴随着市场的起落，一个个神话上演，一个个泡沫破裂，喧嚣与浮华之后，少数投资者赚到了刀口舔血的利润，但更多的投资人尝到的是刻骨铭心的伤痛。与此同时，一次次的伤痛也让投资者不断地思考：究竟有没有一条在股市上赚取阳光利润的稳健之路。

“不做研究就投资，和玩扑克牌不看牌面一样盲目”，著名投资大师彼得·林奇说过这样一句话。从时间上划分的话，1996年是中国股市非常重要的一道分水岭，在那一年，国泰君安、金信证券率先成立证券研究所。此后，申银万国、海通证券等一批有影响力的证券公司也纷纷开始设立研究所，证券公司率先推开了证券研究的大门。1998年，首支公募基金成立，继券商之后，另一类重要的机构投资者开始走上历史舞台。机构投资者入市为股市带来了先进的投资理念，一些证券公司、基金公司通过大量走访上市公司，掌握了公司的基本面情况，挖掘出不少被市场低估的股票。2001年开始的4年熊市，也促使一批个人投资者和机构投资者反思自己的投资理念，开始更多地依据上市公司的质地而不是股票的价格波动来做出买卖决策。

价值投资理念的盛行，意味着中国证券市场开始走出草莽。

在经济日益全球化的年代，上至世界经济形势、国际汇率、全球资本流动、国家宏观政策，中至各产业发展政策和前景，下至上市公司的基本面情况，都是投资决策的重要参考因素，投资已经是一个复杂的、综合的系统工程。从海外的经验看，个人投资者把钱交给以基金为代表的机构投资者来管理已是主流的模式。

那么，在越来越复杂多变的环境下，普通投资者究竟有没有可能战胜市场，靠自己的力量直接去获取那份阳光下的利润呢？“专注公司分析，……，注重常识，只投资自己熟悉的公司，注重上市公司调研；偏好竞争不激烈、持续增长的公司，避开热门行业；强调安全边际原则，要求买进价格低估或合理；强调坚持长期投资，耐心比头脑更重要”，这是格雷厄姆、费雪、巴菲特、彼得·林奇所一脉相传的价值投资理念。

任务一　证券投资概述

企业除了直接将资金投入生产经营活动，进行直接投资外，还常常将资金投放于有价证券，进行证券投资。相对于项目投资而言，证券投资变现能力强，少量资金也能参与投资，便于随时调用和转移资金，这为企业有效利用资金，充分挖掘资金的潜力提供了十分理想的途径，所以证券投资已经成为企业投资的重要组成部分。

一、证券及其种类

（一）证券的含义

证券是根据一国的有关法律、法规发行的，代表财产所有权或债权的一种信用凭证或金融工具。如股票、债券、本票、汇票、支票、保险单、存款单、借据、提货单等各种票证单据都是证券。

证券具备两个基本的特征：一是法律特征，即它反映的是某种法律行为的结果，本身必须具有合法性；二是书面特征，即必须采取书面形式或与书面形式有同等效力的形式，并且必须按照特定的格式进行书写或制作，载明有关法规规定的全部必要事项。

（二）证券的种类

1. 按证券体现的权益关系分类

按证券体现的权益关系分类可分为所有权证券、信托投资证券和债权证券，所有权证券是一种既不定期支付利息，也无固定偿还期的证券，它代表着投资者在被投资企业所占权益的份额，在被投资企业盈利且宣布发放股利的情况下，才可能分享被投资企业的部分净收益，股票是典型的所有权证券。信托投资证券是由公众投资者共同筹集、委托专门的证券投资机构投资于各种证券，以获取收益的股份或收益凭证，如投资基金。债权证券是一种必须定期支付利息，并要按期偿还本金的有价证券，各种债券如国库券、企业债券、金融债券都是债权性证券。所有权证券的投资风险要大于债权证券。投资基金的风险低于股票投资而高于债券投资。

2. 按证券的收益状况分类

按证券收益状况划分，可分为固定收益证券和变动收益证券。固定收益证券是指在证券票面上规定了固定收益率，投资者可定期获得稳定收益的证券，如优先股股票、债券等。变动收益证券是指证券票面无固定收益率，其收益情况随企业经营状况而变动的证券。变动收益证券风险大，投资报酬也相对较高；固定收益证券风险低，投资报酬也相对较低。

3. 按证券发行主体分类

按证券发行主体可分为政府证券、金融证券和公司证券三种。政府证券是指中央或地方政府为筹集资金而发行的证券，如国库券等；金融证券是指银行或其他金融机构为筹集资金而发行的证券；公司证券又称企业证券，是工商企业发行的证券。

4. 按证券到期日的长短分类

按证券到期日的长短分，可分为短期证券和长期证券。短期证券是指一年内到期的有价证券，如银行承兑汇票、商业本票、短期融资券等。长期证券是指到期日在一年以上的有价证券，如股票、债券等。

二、证券投资及其种类

（一）证券投资的目的

证券投资是指投资者将资金投资于股票、债券、基金及衍生证券等资产，从而获取收益的一种投资行为。企业进行证券投资的目的主要在于以下几个方面：

（1）充分利用闲置资金，获取投资收益。企业正常经营过程中有时会有一些暂时多余的资金闲置，为了充分有效地利用这些资金，可购入一些有价证券，在价位较高时抛售，以获取较高的投资收益。

（2）控制相关企业，增强企业竞争能力。企业有时从经营战略上考虑需要控制某些相关企业，可通过购买该企业的大量股票，从而取得对被投资企业的控制权，以增强企业的竞争能力。

（3）积累发展基金或偿债基金，满足未来的财务需求。企业如欲在将来扩建厂房或归还到期债务，可按期拨出一定数额的资金投入一些风险较小的证券，以便到时售出，满足所需的整笔资金的需求。

（4）满足季节性经营对现金的需求。季节性经营的公司在某些月份资金有余，而有些月份则会出现短缺，可在资金剩余时购入有价证券，短缺时则售出。

（二）证券投资的分类

金融市场上的证券很多，其中可供企业投资的证券主要有国债、短期融资券、可转让存单、企业股票与债券、投资基金以及期权、期货等衍生证券。具体可分为以下几类：

1. 债券投资

债券投资，是指投资者购买债券以取得资金收益的一种投资活动。主要有政府债券投资、金融债券投资、企业债券投资。

2. 股票投资

股票投资，是指投资者将资金投向股票，通过股票的买卖和收取股利以获得收益的投资行为。

3. 基金投资

基金投资，是指投资者通过购买投资基金股份或收益凭证来获取收益的投资方式。这种方式可使投资者享受专家服务，有利于分散风险，获得较高的、较稳定的投资收益。

4. 期货投资

期货投资，是指投资者通过买卖期货合约躲避价格风险或赚取利润的一种投资方式。期货合约，是指由期货交易所统一制订的，规定在将来某一特定的时间和地点交割一定数量和质量实物商品或金融商品的标准化合约。它是确定期货交易关系的一种契约，是期货市场的交易对象。

5. 期权投资

期权投资，是指为了实现盈利目的或者规避风险而进行期权买卖的一种投资方式。所谓期权是指在未来一定时期可以买卖的权利，是买方向卖方支付一定数量的金额后拥有的在未来一段时间内或未来某一特定日期以事先规定好的价格向卖方购买或出售一定数量的特定标的物的权利，但不负有必须买进或卖出的义务。

6. 证券组合投资

证券组合投资，是指将企业资金同时投资于多种证券，是企业等法人单位进行证券投资常用的投资方式。

本书主要介绍债券投资、股票投资及基金投资。

三、证券投资的一般程序

（一）合理选择投资对象

合理选择投资对象是证券投资成败的关键，企业应根据一定的投资原则，认真分析投资对象的收益水平和风险程度，以便合理选择投资对象，将风险降低到最低限度，取得较高的投资收益。

（二）委托买卖

由于投资者无法直接进场交易，买卖证券业务需委托证券商代理。企业可通过电话委托、电脑终端委托、递单委托等方式委托券商代为买卖有关证券。

（三）成交

证券买卖双方通过中介券商的场内交易员分别出价，若买卖双方的价位与数量合适，交易即可达成，这个过程叫成交。

（四）清算与交割

企业委托券商买入某种证券成功后，即应结交款项，收取证券。清算即指证券买卖双方结清价款的过程。

（五）办理证券过户

证券过户只限于记名证券的买卖业务。当企业委托买卖某种记名证券成功后，必须办理证券持有人的姓名变更手续。

四、证券投资的风险收益

（一）证券投资的风险

人们投资于证券，是为了获得投资收益，投资收益是未来的，而且一般情况下事先难以确定。未来投资收益的不确定性就是证券投资的风险，证券投资的风险是普遍存在的，投资者总是既希望回避风险，又希望获得较高的收益，但是风险和收益是并存的，通常收益越高、风险越大，投资者只能在收益和风险之间权衡，一个理性的投资者必须对证券投资的风险有一个正确、全面的认识。与证券有关的所有风险被称为总风险，总风险可以划分为系统风险和非系统风险

1. 系统风险

系统风险是指由于某种全局性的共同因素引起的投资收益的可能变动，这种因素以同样的方式对所有证券的收益产生影响，是不可分散风险。系统风险包括政策风险、市场风险、利率风险和购买力风险等。

（1）政策风险是指政府对有关证券市场的政策发生重大变化或是有重要的举措法规出台，引起证券市场的波动，从而给投资者带来的风险。要减轻政策风险的影响，应加强对国内外政治经济形势的研究，注意金融市场上可能出现的突发事件，加强对政府证券市场政策的理解，应避免证券市场过度投机和过度火爆局面的出现，当出现这种状况时，投资者应分外理智和冷静。

（2）市场风险是指由于证券市场行情周期变动而引起的风险。这种行情变动不是指证券价格的日常波动和中级波动，而是指证券行情长期趋势的改变。要减轻市场风险的影

响，其一是认清市场变动趋势并顺势而为，选择正确的投资策略；二是选择大企业和业绩优良的企业投资，因为这类企业对客观经济环境变化的承受能力和适应能力较强。

（3）利率风险是指市场利率变动引起证券投资收益变动的可能性。利率风险对不同证券的影响是不相同的。首先，利率风险是固定收益证券的主要风险，特别是债券的主要风险。其次，利率风险是政府债券的主要风险。再次，利率风险对长期债券的影响大于短期债券。减轻利率风险影响的办法是，投资者在预见利率将要提高时，应减少对固定利率债券，特别是长期债券的持有；反之，则相反。

（4）购买力风险又称通货膨胀风险，是由于通货膨胀、货币贬值给投资者带来实际收益水平下降的风险。

2. 非系统风险

非系统风险是指只对某个行业或个别公司的证券产生影响的风险，通常是由某一特殊的因素引起，与整个证券市场的价格不存在系统、全面的联系，而只对个别或少数证券的收益产生影响。非系统风险是可以通过投资组合来抵消回避的，因此又称为可分散风险或可回避风险。非系统风险包括信用风险、经营风险、财务风险等。

（1）信用风险又称违约风险，指证券发行人在证券到期时无法还本付息而使投资者遭受损失的风险。

（2）经营风险是指公司的决策人员与管理人员在经营管理过程中出现失误而导致公司盈利水平变化，从而产生投资者预期收益下降的可能。

（3）财务风险是指因公司财务结构不合理、融资不当而导致投资者预期收益下降的风险。

（二）证券投资的收益

证券投资收益是指投资者进行证券投资所获得的净收入，主要包括债息、股利与资本利得等。

1. 债息

债息是指债券的利息收益，收益大小取决于债券的票面利率和付息方式。

2. 股利

股利是指股票持有者依据股票从公司分取的盈利。股利的具体形式有以下两种：

（1）现金股利。现金股利是以货币形式支付的股息和红利，是最普通、最基本的股利形式。

（2）股票股利。股票股利是以股票的方式派发的股利，通常由公司用新增发的股票或一部分库存股票作为股利，代替现金分派给股东。

3. 资本利得

证券买入价与卖出价之间的差额就是资本利得，或称资本损益。

（三）证券投资收益与风险的关系

证券投资的收益与风险同在，收益是风险的补偿，风险是收益的代价。他们之间成正比例的互换关系，可用下面的等式来表示：

$$预期收益率=无风险利率+风险补偿$$

预期收益率是投资者承受各种风险应得的补偿，无风险收益率是指把资金投资于某一没有任何风险的投资对象而能得的收益率，这是一种理想的投资收益。我们把这种收益率作为一种基本收益，再考虑各种可能出现的风险，使投资者得到应有的补偿。

任务二　债券投资

债券投资是指企业将资金投入各种债券，如国债、公司债券和短期融资券等，这部分资金转移到被投资企业后再投入生产活动中，属于一种间接投资行为。企业进行短期债券投资的目的主要是为了配合企业对资金的需求，调节现金余额，使现金余额达到合理水平，利用暂时闲置的资金以获得适当收益。长期债券投资的目的主要是为了获得稳定的长期收益。

一、债券的基本概念

（一）债券

债券是发行者为筹集资金，向债权人发行的，在约定时间支付一定比例的利息，并在到期时偿还本金的一种有价证券。

（二）债券面值

债券面值是指设定的票面金额。它代表发行人借入并承诺于未来某一特定日期偿付给债券持有人的金额。

（三）债券票面利率

债券票面利率是指债券发行者预计一年内向投资者支付的利息占票面金额的比率。

二、债券的分类

（一）按发行主体分类

根据发行主体的不同，债券可以分为政府债券、金融债券和公司债券。

1. 政府债券

政府债券的发行主体是政府，中央政府发行的债券也可以称为国债，其主要目的是解决由政府投资的公共设施或重点建设项目的资金需要和弥补国家财政赤字。除了政府部门直接发行的债券外，有些国家把政府担保的债券也划归为政府债券体系，称为政府保证债券，这种债券由一些与政府有直接关系的公司或金融机构发行，并由政府提供担保。

2. 金融债券

金融债券的发行主体是银行或非银行的金融机构。金融机构发行债券的目的主要有两个。一是增强资金来源的稳定性。发行债券是金融机构的主动负债，有更大的主动权和灵活性，是金融机构筹措稳定资金的重要途径。二是获得长期资金来源。大部分金融债券期限一般为3年或5年，在到期之前不能提前兑付，只能在流通市场上转让，发行金融债券可以获得长期资金，有助于金融机构扩大长期投资性质的资产业务。金融机构一般有雄厚的资金实力，信用度较高，因此，金融债券往往也有良好的信誉。

3. 公司债券

公司债券是公司依照法定程序发行、约定在一定期限还本付息的有价证券。公司发行债券的目的主要是经营需要。由于公司的情况千差万别，有些经营有方、实力雄厚、信誉高，也有一些经营较差，可能处于倒闭的边缘，因此，公司债券的风险性相对于政府债券和金融债券要大一些。公司债券有中长期的，也有短期的，视公司的需要而定。

（二）按期限长短分类

按偿还期限长短可划分为：长期债券、中期债券、短期债券。一般说来，偿还期限在10年以上的为长期债券，偿还期限在1年以下的为短期债券，期限在1年或1年以上、10年以下（包括10年）的为中期债券。但各国政府对债券的期限划分标准不完全相同。

（三）按利率是否固定分类

按利率是否固定可分为固定利率债券和浮动利率债券。

固定利率债券具有固定的利息率和固定的偿还期。固定利率债券不考虑市场变化因素，发行成本和投资收益可以事先预计，不确定性较小，但债券发行人和投资者必须承担市场利率波动的风险，如果未来市场利率下降，发行人能以更低的利率发行新债券，则原来发行的债券成本就显得相对高昂，而投资者则获得了相对现行市场利率更高的报酬，反之亦然。

浮动利率债券，它的票面利率是随市场利率或通货膨胀率的变动而相应变动的。由于债券利率随市场利率浮动，采取浮动利率债券形式就可以避免债券的实际收益率与市场收益率之间出现重大差异，使发行人的成本和投资者的收益与市场变动趋势相一致。但债券利率的这种浮动性也使发行人的实际成本和投资者的实际收益事前带有很大的不确定性，从而导致较高的风险。

（四）按募集方式划分

按债券募集方式不同可分为公募债券和私募债券两种。公募债券是向不特定的多数投资者进行广泛募集的债券。公募债券流通性强，可以在证券交易所或柜台上市，公开进行买卖。政府债券的发行通常采用公募的形式。私募债券是指向与发行者有特定关系的少数投资者募集的债券，私募债券不能在证券市场上交易。

（五）特殊类型的债券

可转换公司债券是指发行人依照法定程序发行，在一定期限内依照约定的条件可以转换为股票的公司债券。一些可转换债券附有回售条款，双方商定某一价格水平为将债券转换成股票的可转换价格，约定当公司股票的市场价格持续低于这个转换价格并且达到一定幅度限制时，债券投资人可以把债券按约定条件出售给债券发行人。一些可转换债券在发行时附有强制赎回条款，规定在一定时期内，若公司股票的市场价格高于可转换价达到一定幅度并持续一段时间时，发行人可按约定条件强制赎回债券。由于可转换债券附有一般债券所没有的选择权，因此，可转换债券利率一般低于普通公司债券利率，企业发行可转换债券有助于降低其筹资成本，但可转换债券在一定条件下可转换成公司股票，因而会影响到公司的所有权。

三、债券投资的特点

（一）投资期限

不论是长期还是短期债券投资，都有到期日，债券到期应该收回本金，投资应考虑期限的影响。

（二）权利义务

从投资权利来看，在各种投资方式中，债券投资者的权利最小，无权参与被投资企业的经营管理，只有按约定取得利息，到期收回本金的权利。

（三）收益与风险

债券投资收益通常是事前预定的，收益率不及股票高，但具有较强的稳定性，投资风险较小。

四、债券估价

债券的价值，又称债券的内在价值。根据资产的收入资本化定价理论，债券的价值是指进行债券投资时投资者预期可获得的现金流入的现值。债券的现金流入主要包括利息和到期收回的本金或出售时获得的现金两部分。

债券估价具有重要的实际意义，发行人通过估价可以合理确定债券的发行价格；投资人根据估价可以确定债券是否具有投资价值，只有债券的价值大于购买价格时，才值得购买。

（一）债券估价的基本模型

债券估价的基本模型主要是指按复利方式计算的每年定期付息、到期一次还本情况下的债券的估价模型。

$$
\begin{aligned}
V &= \sum^{n} iF_{t+}F_{n}t = 1\ (1+K)(1+K) \\
&= i \cdot F(P/A,\ K,\ n) + F \times (P/F,\ K,\ n) \\
&= I \cdot (P/A,\ K,\ n) + F \times (P/F,\ K,\ n)
\end{aligned}
$$

式中 V——债券价值；i——债券票面利息率；I——债券利息；F——债券面值；K——市场利率或投资人要求的必要收益率；n——付息总期数。

【例6-1】某公司发行企业债券，面值为1 000元，票面利率为10%，期限为4年，某企业要对这种债券进行投资，当前的市场利率为12%，问债券价格为多少时才能进行投资？

解：$V = 1\ 000 \times 10\% \times (P/A,\ 12\%,\ 4) + 1\ 000 \times (P/F,\ 12\%,\ 4)$

$= 100 \times 3.037\ 3 + 1\ 000 \times 0.635\ 5$

$= 939.23$（元）

该债券的价格必须低于939.23元时才能进行投资。

（二）一次还本付息的单利债券估价模型

我国很多债券属于一次还本付息、单利计算的存单式债券，其估价模型为：

$$V = \frac{F \cdot (1+i \times n)}{(1+K)^{n}}$$

$$=F\cdot(1+i\cdot n)\cdot(P/F,K,n)$$

公式中符号含义同前式。

【例 6-2】 某公司拟购买一种债券，该债券面值为 1 000 元，期限 4 年，票面利率 10%，单利计息，到期一次还本付息，当前市场利率为 8%，问该债券发行价格为多少时，该公司才能购买？

解：$V=1\ 000\times(1+10\%\times4)\times(P/F,8\%,4)$

$=1\ 400\times0.735$

$=1\ 029$（元）

该债券的价格必须低于 1 029 元时才适宜购买。

（三）零息债券的估价模型

零息债券是指到期只能按面值收回、期内不计息的债券，也称为“纯贴现债券”，其估价模型为：

$$P=\frac{F}{(1+K)^{n}}$$

$$=F\cdot(P/F,K,n)$$

公式中的符号含义同前式。

【例 6-3】 某债券面值 1 000 元，期限 3 年，期内不计息，到期按面值偿还，市场利率 6%，问价格为多少时，企业才能购买？

解：$V=1\ 000\times(P/F,6\%,3)=1\ 000\times0.839\ 6=839.6$（元）

该债券的价格只有低于 839.6 元时，企业才能购买。

五、债券的投资收益率

债券的投资收益是指债券投资的净收益，即全部现金流入与现金流出之间的差额，通常包括利息收益和价差收益两部分。衡量债券收益水平的尺度为债券收益率，决定债券收益率的因素主要有债券票面利率、期限、面值、持有时间、购买价格和出售价格。

（一）债券收益率衡量指标

衡量债券收益率的指标主要有票面收益率、到期收益率等。

债券票面收益率又称名义收益率或票息率，是债券票面上的固定利率，即年利息收入与债券面额之比率。

到期收益率又称最终收益率，是投资购买债券的内部收益率，即可以使投资购买债券获得的未来现金流量的现值等于债券当前市价的贴现率，到期收益率计算标准是债券市场定价的基础，也是本书重点介绍的内容。

（二）债券收益率的计算

1. 一般债券收益率的计算

$$V=I\cdot(P/A,K,n)+F\cdot(P/F,K,n)$$

$$=\sum_{t=1}^{n}\frac{I}{(1+K)^{t}}+\frac{F}{(1+K)^{n}}$$

式中 V——债券的购买价格；

I——每年获得的固定利息；

F——债券到期收回的本金或中途出售收回的资金；

K——债券的投资收益率；

n——投资期限。

由于无法直接计算收益率，必须采用逐步测试法及内插法来计算，即先设定一个贴现率代入上式，如计算出的 V 正好等于债券买价，该贴现率即为收益率；如计算出的 V 与债券买价不等，则须继续测试，再用内插法求出收益率。

【例 6-4】 某公司 2005 年 1 月 1 日用平价购买一张面值为 1 000 元的债券，其票面利率为 8%，每年 1 月 1 日计算并支付一次利息，该债券于 2010 年 1 月 1 日到期，按面值收回本金，计算其到期收益率。

第一步，计算票面利息。

$I=1\ 000\times 8\%=80$（元）

第二步，用逐步测试法计算债券价值。

设收益率 $i=8\%$，则：

$V=80\times(P/A,\ 8\%,\ 5)+1\ 000\times(P/F,\ 8\%,\ 5)=1\ 000$（元）用 8%计算出来的债券价值正好等于债券买价，所以该债券的收益率为 8%。可见，平价发行的每年复利计息一次的债券，其到期收益率等于票面利率。

如该公司购买该债券的价格为 1 100 元，即高于面值，则该债券收益率应为多少？第一步，计算票面利息。

$I=1\ 000\times 8\%=80$（元）

第二步：用逐步测试法计算债券价值。

要求出收益率，必须使下式成立：$1\ 100=80\times(P/A,\ I,\ 5)+1\ 000\times(P/F,\ i,\ 5)$，通过前面计算已知，$i=8\%$时，上式等式右边为 1 000 元。由于利率与现值呈反向变化，即现值越大，利率越小。而债券买价为 1 100 元，收益率一定低于 8%，所以应当降低贴现率进一步试算。

用 $i_1=6\%$试算：

$V_1=80\times(P/A,\ 6\%,\ 5)+1\ 000\times(P/F,\ 6\%,\ 5)=80\times 4.212\ 4+1\ 000\times 0.747\ 3$
$=1\ 084.29$（元）

由于贴现结果仍小于 1 100 元，还应进一步降低贴现率试算。用 $i_2=5\%$试算可得：

$V_2=80\times(P/A,\ 5\%,\ 5)+1\ 000\times(P/F,\ 5\%,\ 5)$

$=80\times 4.329\ 5+1\ 000\times 0.783\ 5=1\ 129.86$（元）

第三步，用内插法计算收益率。

$$I=5\%+\frac{1\ 129.86-1\ 100}{1\ 129.86-1\ 084.29}\times(6\%-5\%)$$

$=5.66\%$

当债券的购买价格为 1 100 元时，债券的收益率为 5.66%。

2. 不考虑货币时间价值的短期债券收益率计算

在实务中，对于一些短期债券，因其期限较短，可以不用考虑货币时间价值因素，只需考虑债券价差及利息，将其与投资额相比，即可求出短期债券收益率。其基本计算公式为：

$$K=\frac{S_1-S_0+I}{S_0}$$

式中 S_0——债券购买价格；

S_1——债券出售价格；

I——债券利息；

K——债券投资收益率。

【例 6-5】 某企业于 2009 年 5 月 8 日以 920 元购进一张面值 1 000 元，票面利率 5%，每年付息一次的债券，并于 2010 年 5 月 8 日以 970 元的市价出售，问该债券的投资收益率是多少？

解 $K=(970-920+50)/920\times100\%=10.87\%$ 该债券的投资收益率为 10.87%。

债券的收益率是进行债券投资时选购债券的重要标准，它可以反映债券投资按复利计算的实际收益率。如果债券的收益率高于投资人要求的必要报酬率，则可购进债券，否则就应放弃此项投资。

六、债券投资的优缺点

债券投资既有优点又有缺点。

（一）债券投资的优点

（1）收入稳定性强。进行债券投资一般可按时获得固定的利息收入，收益稳定。

（2）投资风险较低。相对于股票投资而言，债券投资风险较低。政府债券有国家财力作后盾，通常被视为无风险证券。而企业破产时企业债券的持有人对企业的剩余财产有优先求偿权，因而风险较低。

（3）市场流动性强。大企业及政府债券很容易在金融市场上迅速出售，流动性较强。

（二）债券投资的缺点

（1）没有经营管理权。债券投资者只能定期取得利息，无权影响或控制被投资企业。

（2）购买力风险较大。由于债券面值和利率是固定的，如投资期间通货膨胀率较高，债券面值和利息的实际购买力就会降低。

任务三　股票投资

投资者将资金投资于股票以获取利益的间接投资行为，即为股票投资。进行股票投资的目的主要有两种：一是获利，即作为一般的证券投资，获取股利收入及股票买卖价差；二是控股，即通过购买某一企业的大量股票达到控制该企业的目的。要正确地做出股票投资决策，规避投资风险，就必须了解股票投资，对股票投资的收益和风险做出客观的分析和评价。

一、股票的基本概念

(一) 股票

股票是股份公司发给股东的所有权凭证，是股东借以取得股利的一种有价证券。股票的持有者即为该公司的股东，对该公司的财产享有要求权。

(二) 股票价格

股票价格又叫股票行市，是指股票在证券市场上买卖的价格。股票本身是没有价值的，仅是一种凭证。它之所以有价格，可以买卖，是因为它能给持有人定期带来收益。一般来说，公司第一次发行时，要规定发行总额和每股金额，一旦股票发行后上市买卖，股票价格就与原来的面值分离。这时的价格主要由预期股利和当时的市场利率决定，即股利的资本化价值决定了股票价格，此外，股票价格还受整个经济环境变化和投资者心理等复杂因素的影响。

股市上的价格分为开盘价、收盘价、最高价和最低价等，投资人在进行股票估价时主要使用收盘价。

(三) 股利

股利是股息和红利的总称。股利是公司从其税后利润中分配给股东的，是公司对股东投资的一种报酬，它是股东所有权在分配上的体现。

(四) 股票的预期报酬率

评价股票价值使用的报酬率是预期的未来的报酬率，包括两部分：预期股利收益率和预期资本利得收益率，其中资本利得收益是指股票持有者持股票到市场上进行交易，当股票的市场价格高于买入价格时，卖出股票所赚取的差价收益。只有股票的预期报酬率高于投资者要求的最低报酬率时，投资人才肯投资。

二、股票的分类

(一) 按股东所享有的权利分类

股票按照股东的权利可以分为普通股和优先股。

(1) 普通股。普通股是指在公司的经营管理和盈利及财产的分配上享有普通权利的股份。普通股是股份有限公司的最重要、最基本的一种股份，它是构成股份公司股东的基础。普通股股东具有经营参与权、收益分配权、认股优先权和剩余资产分配权。

(2) 优先股。优先股是指股份有限公司在筹集资本时给予认购者某些优先条件的股票。和普通股相比，优先股股东有股利优先分配权和优先清偿剩余资产权，但其表决权受限制，无经营参与权和选举权，且一般不能上市交易。

(二) 按投资主体的性质

股票可划分为国家股、法人股和社会公众股。

(1) 国家股是指有权代表国家投资的部门或机构以国有资产向公司投资形成的股份。

(2) 法人股是指企业法人或具有法人资格的事业单位和社会团体以其依法可经营的资产向公司非上市流通股权部分投资所形成的股份。

(3) 社会公众股是指我国境内个人和机构投资可上市流通股票所形成的股份。内部职工股和转配股也属于社会公众股。

（三）按上市地点分类

我国上市公司股票可分为A股、B股、H股、N股、S股等。

（1）A股即人民币普通股，是由我国境内公司发行，供境内机构、组织或个人（不含台、港、澳投资者）以人民币认购和交易的普通股股票。

（2）B股即人民币特种股票，是以人民币标明面值，以外币认购和买卖，在上海和深圳两个证券交易所上市交易的股票。它的投资人为境外投资者及港澳台投资者。

（3）H股即在内地注册，在香港上市的外资股，香港的英文是Hong Kong，取其字首，即为H股，依此类推，在纽约上市的股票为N股，在新加坡上市的股票为S股。

三、股票投资的特点

股票投资与债券投资都属于证券投资，与其他投资相比，证券投资普遍具有高风险、高收益、易于变现等特点。但股票投资相对于债券投资而言又具有以下特点：

（一）股票投资是权益性投资

股票投资与债券投资虽然都是证券投资，但投资的性质不同：股票投资是权益性投资，股票是代表所有权的凭证，持有人作为发行公司的股东，有权参与公司的经营决策。

（二）股票投资的风险大

投资者购买股票后，不能要求股份公司偿还本金，只能在证券市场上转让。因此股票投资者至少面临两方面的风险：一是股票发行公司经营不善所形成的风险；二是股票市场价格变动所形成的价差损失风险。

（三）股票投资的收益率高

由于投资的高风险性，股票作为一种收益不固定的证券，其收益率一般高于债券。

（四）股票投资的收益不稳定

股票投资的收益主要是公司发放的股利和股票转让的价差收益，相对于债券而言，其稳定性较差。

（五）股票价格的波动性大

股票价格既受发行公司经营状况影响，又受股市投机等因素的影响，波动性极大。

四、股票估价

股票的价值又称股票的内在价值，是进行股票投资所获得的现金流入的现值。股票带给投资者的现金流入包括两部分：股利收入和股票出售时的资本利得。因此股票的内在价值由一系列的股利和将来出售股票时售价的现值所构成，通常当股票的市场价格低于股票内在价值才适宜投资。

（一）股票估价的基本模型

$$V = \sum_{t=1}^{n} \frac{d_t}{(1+K)^t} + \frac{V_n}{(1+K)^n}$$

式中V——股票内在价值；

d_t——第t期的预期股利；

K——市场利率或投资人要求的必要收益率；

V_n——未来出售时预计的股票价格；

n——预计持有股票的期数。

【例 6-6】 某公司拟购买一种股票，预计 2 年后出售，可得收入每股 20 元，预计该股票第 1 年股利为每股 1 元，第 2 年为每股 1.5 元，投资者要求的必要收益率为 10%，则该股票的投资价值为：

$V=1\times(P/F,\ 10\%,\ 1)+1.5\times(P/F,\ 10\%,\ 2)+20\times(P/F,\ 10\%,\ 2)$

$=0.9091+1.5\times0.8264+20\times0.8264=18.68$（元）

即该股票的价格低于或等于 18.68 元时，投资者就可以购买。

（二）股利零增长、长期持有的股票价值模型

$$V=d/K$$

式中 V——股票内在价值；d——每年固定股利；K——市场利率或投资人要求的必要收益率。

【例 6-7】 某公司拟投资购买并长期持有 A 企业股票，该股票预期每年分配股利 2 元，必要收益率为 10%，该股票价格为多少时适合购买？

解：$V=d\div K=2\div10\%=20$（元）

股票价格低于 20 元时才适合购买。

（三）长期持有股票，股利固定增长的股票价值模型

$$V=\frac{d_0(1+g)}{k-g}=\frac{d_1}{k-g}$$

式中：V——股票内在价值；

d_0——上年股利；

d_1——本年股利；

g——每年股利增长率；

K——市场利率或投资人要求的必要收益率。

【例 6-8】 某公司拟投资 S 企业股票，该股票上年每股股利为 2 元，预计以后每年以 5%的增长率增长，该公司要求的必要投资报酬率为 10%，试计算该股票的价值。

$V=d_0(1+g)/(K-g)=2\times(1+5\%)/(10\%-5\%)=42$（元）

该股票的价值为 42 元。

（四）非固定成长股票的价值

有些公司的股票在一段时间里高速增长，在另一段时间里又正常固定增长或固定不变，这样我们就要分段计算，才能确定股票的价值。

【例 6-9】 某企业持有 A 公司股票，其必要报酬率为 12%，预计 A 公司未来三年股利高速增长，成长率为 20%，此后转为正常增长，增长率为 8%。公司最近支付的股利是 2 元，计算该公司的股票价值。

首先，计算非正常增长期的股利现值，见表 6-1。

表 6-1

年份	股利（元）	现值因素	现值（元）
1	2× 1.2=2.4	0.892 9	2.143 0
2	2.4× 1.2=2.88	0.797 2	2.295 9
3	2.88× 1.2=3.456	0.711 8	2.460 0
合计（3 年股利现值）			6.898 9

其次，按固定股利成长模型计算固定增长部分的股票价值。

$$V_3=\frac{d_3\times(1+g)}{K-g}=\frac{3.456\times1.08}{0.12-0.08}=93.312\text{（元）}$$

由于这部分股票价值是第三年年底以后的股利折算的内在价值，需将其折算为现值，计算过程如下：

$V_3\times(P/F,\ 12\%,\ 3)=93.312\times0.711\ 8=66.419$（元）

最后，计算股票目前的内在价值。

$V=6.898\ 9+66.419=73.32$（元）

五、股票的投资收益率

股票的投资收益率即股票的内部收益率，是使得股票未来现金流入现值等于现金流出现值的贴现率。只有股票的投资收益率高于投资者要求的最低报酬率时，投资人才会投资。

（一）一般情况下的股票投资收益率计算

$$V=\sum_{t=1}^{n}\frac{d_t}{(1+K)^t}+\frac{V_n}{(1+K)^n}$$

式中 V——股票的买价；

d_t——第 t 期的股利；

K——投资收益率；

Vn——股票出售价格；

n——持有股票的期数。求出上式中的 K 即为股票的内部收益率，也就是股票的投资收益率。

【例 6-10】某公司以每股 12 元的价格购入某种股票，预计该股票的年股利为每股 0.4 元，并且将一直保持稳定，若打算 5 年后出售，预计 5 年后股票价格可以翻番，试计算该股票的投资收益率。

解：$12=0.4\times(P/A,\ K,\ 5)+24\times(P/F,\ K,\ 5)$ 用逐步测试法计算，先用 16%的收益率进行测算，可得：

$V=0.4\times(P/A,\ 16\%,\ 5)+24\times(P/F,\ 16\%,\ 5)=0.4\times3.274\ 3+24\times0.476\ 1\approx12.74$（元）

由于 12.74 元比 12 元大，再用 18%测试，可得：

$V=0.4\times(P/A,\ 18\%,\ 5)+24\times(P/F,\ 18\%,\ 5)=0.4\times3.1272+24\times0.4371$
$=11.74$（元）

然后用内插法计算如下：

$$\frac{12.74-12}{12.74-11.74}=\frac{16\%-K}{16\%-18\%}$$

$K=16\%+2\%\times0.74=17.48\%$

该股票的投资收益率为 17.48%。

（二）股利零增长、长期持有的股票收益率计算

由零增长股利的股票价值模型，我们知道 $V=d/K$，将公式移项整理，求 K，可得到零增长股利的股票收益率的计算模型：

$$K=d\ /\ V$$

式中 V——股票内在价值；d——每年固定股利；K——市场利率或投资人要求的必要收益率。

（三）股票长期持有，股利固定增长的收益率计算

由固定增长股利的股票价值模型，我们知道 $V=d_0(1+g)/(k-g)=d_1/(k-g)$

将公式移项整理，求 K，可得到股利固定增长收益率的计算模型：

$$K=d_1/V+g$$

式中 V——股票内在价值；$d1$——本年股利；g——每年股利增长率；K——市场利率或投资人要求的必要收益率。

【例 6-11】 有一只股票的价格为 20 元，预计下一期的股利是 2 元，该股利将以大约 5%的速度持续增长，问该股票的预期收益率为多少？

解：$K=2\div20+5\%=15\%$该股票的收益率为 15%。

（四）不考虑货币时间价值的股票收益率计算

在实务中，如果企业购买的股票在一年内出售，可以不考虑货币时间价值，其投资收益主要包括股票投资价差及股利两部分，收益率计算公式如下：

$$K=(S_1-S_0+d)\div S_0\times100\%=(S_1-S_0)\div S_0+d\div S_0$$

=预期资本利得收益率+股利收益率

式中 K——短期股票收益率；S_1——股票出售价格；S_0——股票购买价格；d——股利。

【例 6-12】 2009 年 3 月 10 日，某公司购买 D 企业每股市价为 20 元的股票，2010 年 1 月，该公司每股获现金股利为 1 元。2010 年 3 月 10 日，该公司将该股票以每股 22 元的价格出售，问投资收益率应为多少？

解：$K=(22-20+1)/20\times100\%=15\%$ 该股票的收益率为 15%。

六、股票投资的优缺点

股票投资既有优点又有缺点。

（一）股票投资的优点

（1）投资收益高。股票投资风险大，收益也高，只要选择得当，就能取得优厚的投资收益。

（2）购买力风险低。与固定收益的债券相比，普通股能有效地降低购买力风险。因为通货膨胀率较高时，物价普遍上涨，股份公司盈利增加，股利也会随之增加。

（3）拥有经营控制权。普通股股票的投资者是被投资企业的股东，拥有一定的经营控制权。

（二）股票投资的缺点

（1）收入不稳定。普通股股利的有无、多少，须视被投资企业经营状况而定，很不稳定。

（2）价格不稳定。股票价格受众多因素的影响，极不稳定。

（3）求偿权居后。企业破产时，普通股投资者对被投资企业的资产求偿权居于最后，其投资有可能得不到全额补偿。

任务四　基金投资

基金投资是一种间接的证券投资方式。中小投资者通常资金量小，利用业余时间进行投资，无论在信息、技术、经验及专门知识方面都不及专业投资者，通过投资基金，可以将广大中小投资者分散性的资金，转变为由专门机构持有的大资金，发挥专业投资机构熟悉业务，具有经验，能够进行理性投资的优势，为中小投资者获取相对稳定的收益，吸引广大中小投资者投资于证券市场，支持证券市场规模，同时能够减少投机性炒作，有利于证券市场的稳定。

一、基金的相关概念

（一）基金

从广义上说，基金是指为了某种目的而设立的具有一定数量的资金。例如，信托投资基金、单位信托基金、公积金、保险基金、退休基金、各种基金会的基金。

投资基金，是一种利益共享、风险共担的集合投资方式，即通过发行基金股份或受益凭证等有价证券聚集众多的不确定投资者的出资，交由专业投资机构经营运作，以规避投资风险并谋取投资收益的证券投资工具，是适应市场发展和社会财富增长对专业化理财服务需求的产物。

（二）基金份额

基金份额是指基金发起人向投资者公开发行的，表示持有人按其所持份额对基金财产享有收益分配权、清算后剩余财产取得权和其他相关权利，并承担相应义务的凭证。

（三）基金参与者

通常情况下，基金一般涉及基金发起人、基金投资人、基金管理人、基金托管人等参与者。

基金发起人是指发起设立基金的机构，它在基金的设立过程中起着重要作用。基金发起人制定有关法律文件并向主管机关提出设立基金的申请，筹建基金，并认购或持有一定数量的基金份额。当基金不能成立时，基金发起人须承担基金募集费用，将已募集的资金并加计银行活期存款利息在规定时间内退还基金投资人。

基金投资人是指通过购买等方式持有基金份额或基金股份的自然人和法人。

基金管理人是指凭借专门的知识与经验，运用和管理基金资产的机构。它根据法律、法规及基金章程或基金契约的规定，按照科学的投资组合原理进行投资决策，谋求所管理的基金资产不断增值，并使基金投资人获取尽可能多收益，是负责基金的具体投资操作和日常管理的机构。

基金托管人是投资人权益的代表，是基金资产的名义持有人或管理机构。为充分保障基金投资者的权益，保证基金资产的安全，基金应按照资产管理和保管分开的原则进行运作，由专门的基金托管人对基金管理机构的投资操作进行监督和对基金资产进行保管。

（四）基金运作流程

基金运作流程如图 6-1 所示。

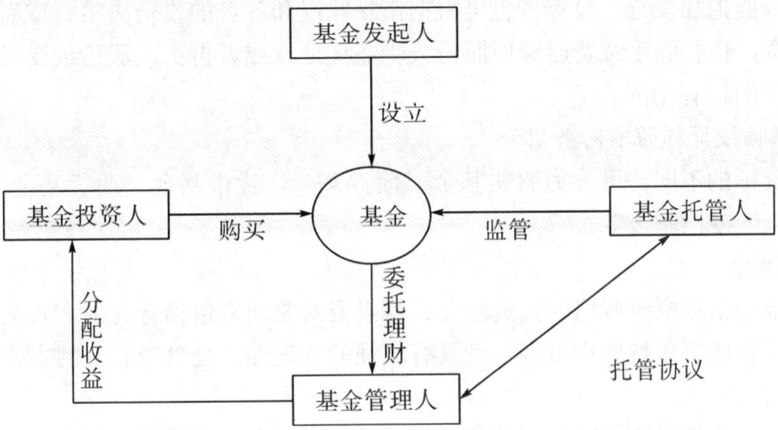

图 6-1 基金运作流程

发行人通过发起设立基金，集中投资者的资金，交由基金托管人托管，由基金管理人管理，根据设定的投资目标，将资金分散投资于特定的资产组合，投资收益归投资者所有。基金投资人出资并享有收益，承担风险，基金管理人受托负责理财，基金托管人负责保管资金。基金的参与者通过基金契约的方式确立相应的责权。

二、投资基金的种类

（一）根据组织形态的不同来划分

根据组织形态的不同，可分为契约型基金和公司型基金。

1. 契约型基金

契约型基金又称为单位信托基金，是指把受益人（投资者）、管理人、托管人三者作为基金的当事人，由管理人与托管人通过签订信托契约的形式发行受益凭证而设立的一种基金。契约型基金由基金管理人负责基金的管理操作；由基金托管人作为基金资产的名义持有人，负责基金资产的保管和处置，对基金管理人的动作实行监督。

2. 公司型基金

公司型基金，是按照公司法以公司形态组成的，它以发行股份的方式募集资金，一般投资者购买该公司的股份即为认购基金，也就成为该公司的股东，凭其持有的基金份额依法享有投资收益。

（二）根据变现方式的不同来划分

根据变现方式的不同，可分为封闭式基金和开放式基金。

1. 封闭式基金

封闭式基金，是指基金的发起人在设立基金时，限定了基金单位的发行总额，筹集到这个总额后，基金即宣告成立，并进行封闭，在一定时期内不再接受新的投资。基金单位的流通采取在交易所上市的办法，通过二级市场进行竞价交易。

2. 开放式基金

开放式基金，是指基金发起人在设立基金时，基金单位的总数是不固定的，可视经营策略和发展需要追加发行。投资者也可根据市场状况和各自的投资决策，或者要求发行机构按现期净资产值扣除手续费后赎回股份或受益凭证，或者再买入股份或受益凭证，增加基金单位份额的持有比例。

（三）根据投资标的不同来划分

根据投资标的不同，可分为股票基金、债券基金、货币基金、期货基金、期权基金、认股权证基金、专门基金等。

1. 股票基金

股票基金是指投资于股票的投资基金，其投资对象通常包括普通股和优先股，其风险程度较个人投资股票市场要小得多，且具有较强的变现性，是投资基金的主要种类。

2. 债券基金

债券基金，是指投资管理公司为稳健型投资者设计的，投资于政府债券、市政公债、企业债券等各类债券品种的投资基金。债券基金一般情况下定期派息，其风险和收益水平通常较股票基金低。

3. 货币基金

货币基金，是指由货币存款构成投资组合，协助投资者参与外汇市场投资，赚取较高利息的投资基金。其投资工具包括银行短期存款、国库券、政府公债、公司债券、银行承兑票据及商业票据等，这类基金的投资风险小，投资成本低，安全性和流动性较高，在整个基金市场上属于低风险的安全基金。

4. 期货基金

期货基金，是指投资于期货市场以获取较高投资回报的投资基金。由于期货市场具有高风险和高回报的特点，因此投资期货基金既可能获得较高的投资收益，同时也可能面临着较大的风险。

5. 期权基金

期权基金，是指以期权作为主要投资对象的基金期权交易，是期权购买者向期权出售者支付一定费用后，取得在规定时间内的任何时候，以事先确定好的协定价格，向期权出售者购买或出售一定数量的某种商品合约的权利的一种买卖。

6. 认股权证基金

认股权证基金，是指以认股权证为主要投资对象的基金。认股权证，是指由股份有限公司发行的、能够按照特定的价格在特定的时间内购买一定数量该公司股票的选择权凭证。由于认股权证的价格是由公司的股份决定的，一般来说，认股权证的投资风险较通常的股票大得多。因此，认股权证基金也属于高风险基金。

7. 专门基金

专门基金由股票基金发展演化而成，属于分类行业股票基金或次级股票基金，包括：黄金基金、资源基金、科技基金、地产基金等，这类基金的投资风险较大，收益水平较易受到市场行情的影响。

三、投资基金的特点

（一）集合理财、专业管理

基金将众多投资者的资金集中起来，委托基金管理人进行共同投资，表现出一种集合理财的特点，通过汇集众多投资者的资金，积少成多，有利于发挥资金的规模优势，降低投资成本。基金由基金管理人进行投资管理和运作。基金管理人一般拥有大量的专业投资研究人员和强大的信息网络，能够更好地对证券市场进行全方位的动态跟踪与分析。将资金交给基金管理人管理，使中小投资者也能享受到专业化的投资管理服务。

（二）组合投资、分散风险

为降低投资风险，我国《证券投资基金法》规定，基金必须以组合投资的方式进行基金的投资运作，从而使“组合投资、分散风险”成为基金的一大特色。中小投资者由于资金量小，一般无法通过购买不同的股票分散投资风险。基金通常会购买几十种甚至上百种股票，投资者购买基金就相当于用很少的资金购买了一揽子股票，某些股票下跌造成的损失可以用其他股票上涨的盈利来弥补。因此可以充分享受到组合投资、分散风险的好处。

（三）利益共享、风险共担

基金投资者是基金的所有者，基金投资人共担风险，共享收益。基金投资收益在扣除由基金承担的费用后的盈余全部归基金投资者所有，并依据各投资者所持有的基金份额比例进行分配。为基金提供服务的基金托管人、基金管理人只能按规定收取一定的托管费、管理费，并不参与基金收益的分配。

（四）严格监管、信息透明

为切实保护投资者的利益，增强投资者对基金投资的信心，中国证监会对基金业实行比较严格的监管，对各种有损投资者利益的行为进行严厉的打击，并强制基金进行较为充分的信息披露。在这种情况下，严格监管与信息透明也就成为基金的一个显著特点。

（五）独立托管、保障安全

基金管理人负责基金的投资操作，本身并不经手基金财产的保管。基金财产的保管由独立于基金管理人的基金托管人负责。这种相互制约、相互监督的制衡机制为投资者的利益提供了重要的保护。

四、基金估价

（一）基金单位净值

基金的内涵价值是指基金投资所能带来的现金净流量。但是，基金内涵价值的具体确定依据与股票、债券等其他证券又有很大的区别，由于投资基金不断变换投资组合，未来收益较难预测，再加上资本利得是投资基金的主要收益来源，变幻莫测的证券价格使得对资本利得的准确预计非常困难，因此基金的价值主要由基金资产的现有市场价格去决定，即基金的价值取决于基金净资产的现在价值。

基金的单位净值，也称为单位净资产值或单位资产净值。基金单位净值是在某一时点每一基金单位（或基金股份）所具有的市场价值，是评价基金价值的最直观指标。基金单位净值的计算公式为：

基金单位净值=基金净资产价值总额基金单位总份数

式中，基金净资产价值总额等于基金资产总值减去负债总额；基金负债包括以基金名义对外融资借款以及应付给投资者的分红、基金应付给基金经理公司的首次认购费、应付给基金管理人的经理费等各项基金费用。

相对来说，基金的负债金额是固定的，基金净资产的价值主要取决于基金总资产的价值。这里，基金总资产的价值并不是指资产总额的账面价值，而是指资产总额的市场价值。

【例 6-13】某基金持有的某三种股票的数量分别为 10 万股、50 万股和 100 万股，每股的市价分别为 30 元、20 元和 10 元，银行存款为 1 000 万元，该基金负债有两项：对托管人或管理人应付未付的报酬 500 万元、应付税金 500 万元，已售出的基金单位为 2 000 万，试计算基金单位净值。

解：基金单位净值=（300 +1 000 +1 000 +1 000-500-500）/ 2 000=1.15（元）

（二）基金的报价

基金的价值决定了基金的价格，基金的交易价格是以基金单位净值为基础的，基金单位净值高，基金的交易价格也高。

封闭型基金在二级市场上竞价交易，其交易价格由供求关系和基金业绩决定，围绕着基金单位净值上下波动。开放型基金的柜台交易价格则完全以基金单位净值为基础，通常采用两种报价形式：认购价（卖出价）和赎回价（买入价），开放型基金柜台交易价格的计算方式为：

基金认购价=基金单位净值+首次认购费

基金赎回价=基金单位净值-基金赎回费

基金认购价也就是基金经理公司的卖出价，卖出价中的首次认购费是支付给基金经理公司的发行佣金。

基金赎回价也就是基金经理公司的买入价，赎回价低于基金单位净值是由于抵扣了基金赎回费，以此提高赎回成本，防止投资者的赎回，保持基金资产的稳定性。收取首次认购费的基金，一般不再收取赎回费。

五、基金的收益率

基金收益率是反映基金增值情况的指标，它通过基金净资产的价值变化来衡量。基金净资产的价值是以市价计量的，基金资产的市场价值增加，意味着基金的投资收益增加，基金投资者的权益也随之增加。其计算公式为：

基金的收益率=（年末持有数×基金单位净值年末数－年持有数×基金单位净值年初数）/（年初持有数×基金单位净值年初数）

式中：持有数是指基金单位的持有份数。如果年末和年初基金单位的持有数相同，基金收益率就简化为基金单位净值在本年内的变化幅度。年初的基金单位净值相当于是购买基金的本金投资，基金收益率也就相当于一种简便的投资报酬率。

【例 6-14】某基金公司发行的是开放基金，2017 年的相关资料见表 6-2。

表 6-2　　**2017 年的相关资料**　　单位：万元

项目	年初	年末
基金资产账面净值	1 000	1 200
负债账面净值	300	400
基金市场账面价值	1 500	2 200
基金单位	500 万单位	600 万单位

假设公司收取首次认购费，认购费为基金净值的 5%，不再收取赎回费。要求如下。

（1）计算年初的下列指标：①该基金公司基金净资产价值总额；②基金单位净值；③基金认购价；④基金赎回价。

（2）计算年末的下列指标：①该基金公司基金净资产价值总额；②基金单位净值；③基金认购价；④基金赎回价。

（3）计算 2010 年基金的收益率。解：

（1）计算年初的有关指标。

①基金净资产价值总额=基金资产市场价值－负债总额=1 500－300=1 200（万元）

②基金单位净值=1 200÷500=2.4（元）

③基金认购价=基金单位净值+首次认购费=2.4+2.4×5%=2.52（元）

④基金赎回价=基金单位净值－基金赎回费=2.4（元）

（2）计算年末的有关指标。

①基金净资产价值总额=2 200－400=1 800（万元）

②基金单位净值=1 800÷600=3（元）

③基金认购价=3+3×5%=3.15（元）

④基金赎回价=基金单位净值－基金赎回费=3（元）

（3）2010 年基金收益率=（600×3－500×2.4）/500÷2.4=50%

六、基金投资的优缺点

基金投资既有优点又有缺点。

（一）基金投资的优点

（1）投资基金具有专家理财的优势；

（2）投资基金具有资金规模的优势。

（二）基金投资的缺点

（1）无法获得很高的投资收益。投资基金在投资组合过程中，在降低风险的同时，也丧失了获得巨大收益的机会。

（2）在大盘整体大幅度下跌的情况下，投资人可能承担较大的风险。

综合实训

一、单项选择题

1. 按照证券体现的权益关系可将证券分为（　　）。

A. 政府证券、金融证券和公司证券

B. 所有权证券、信托投资证券和债权证券

C. 原生证券和衍生证券

D. 固定收益证券和变动收益证券

2. 进行长期债券投资的主要目的是（　　）。

A. 合理利用暂时闲置资金　　B. 获得稳定的收益

C. 调节现金余额　　D. 参与被投资企业的经营管理

3. 下列说法不正确的是（　　）。

A. 证券是代表财产所有权或债权的一种信用凭证或金融工具

B. 按照债券募集方式的不同，可分为公募债券和私募债券

C. 通常债券属于固定收益证券

D. 短期证券风险小、变现能力强，收益率相对较高

4. 某公司发行的股票，预期报酬率为 20%，最近刚支付的股利为每股 1 元，估计股利年增长率为 10%，则该种股票的价格为（　　）元。

A. 20　　B. 24

C. 11　　D. 18

5. 某企业于 2008 年 4 月 1 日以 10 000 元购得面额为 10 000 元的新发行债券，票面利率为 12%，两年后一次还本，每年支付一次利息，该公司若持有该债券至到期日，其到期收益率为（　　）。

A. 12%　　B. 16%

C. 8%　　D. 10%

6. 下列各项中，不属于证券投资系统风险的是（　　）。

A. 政策风险　　B. 购买力风险

C. 违约风险　　D. 利率风险

7. 一般而言，证券风险最小的是（　　）。

A. 政府证券　　B. 金融证券

C. 公司证券　　D. 股票

8. 投资于国库券时可不必考虑的风险是（　　）。

A. 利率风险　　B. 违约风险

C. 购买力风险　　D. 再投资风险

9. 按照组织形态不同，可以将基金分为（　　）。

A. 契约型基金和公司型基金　　B. 开放式基金和封闭式基金

C. 股票基金和债券基金　　D. 期权基金和期货基金

10. 投资基金的收益率是通过（　　）的变化来衡量的。

A. 基金净资产的价值　　B. 基金认购价

C. 基金赎回价　　D. 基金资产的价值

二、多项选择题

1. 在复利计息，到期一次还本的情况下，债券票面利率与到期收益率不一致的情况有（　　）。

A. 债券平价发行，每年付息一次　　B. 债券平价发行，每半年付息一次

C. 债券溢价发行，每年付息一次　　D. 债券折价发行，每年付息一次

2. 下列各项中，能够影响债券内在价值的因素有（　　）。

4. 与股票投资相比，债券投资的主要缺点有（　　）。

A. 购买力风险大　　B. 变现力较弱

C. 没有经营管理权　　D. 投资收益不稳定

5. 与股票内在价值呈同方向变化的因素有（　　）。

A. 股利年增长率　　B. 年股利

C. 预期报酬率　　D. 都呈同方向变化

6. 下列各项中，属于基金投资优点的有（　　）。

A. 具有专家理财优势　　B. 具有资金规模优势

C. 不可能承担很大风险　　D. 可能获得很高的投资收益

7. 债券到期收益率是（　　）。

A. 能够评价债券收益水平的指标之一

B. 是指购进债券后，一直持有该债券至到期日所获取的收益率

C. 是指复利计算的收益率

D. 是指能使未来现金流入现值等于债券买入价格的贴现率

8. 证券投资收益包括（　　）。

A. 证券交易的现价　　B. 证券交易的原价

C. 证券交易现价与原价的差　　D. 定期的股利或利息

9. 若按年支付利息，则决定债券投资收益率高低的因素有（　　）。

A. 债券面值　　B. 票面年利率

C. 购买价格　　　　　　　　　　　　D. 偿还年限

10. 关于基金投资的说法正确的有（　　）。

A. 利益共享　　　　　　　　　　　　B. 风险共担

C. 可以规避投资风险　　　　　　　　D. 投资者不确定

三、判断题

1. 债券的票面利率是评价债券收益的标准。（　　）

2. 固定收益证券与变动收益证券相比，能更好地避免购买力风险。（　　）

3. 短期债券与长期债券相比，利率风险大。（　　）

4. 企业进行股票投资就是为了控制被投资企业。（　　）

5. 股票投资的系统风险是无法避免的，不能用投资组合来回避，而只能靠更高的报酬率来补偿。（　　）

6. 基金价值与股票价值一样都是指能够给投资者带来的未来现金流量的现值。（　　）

7. 基金净资产价值=基金资产总额-基金负债总额，基金的负债金额是相对固定的，所以基金净资产的价值主要取决于基金资产总额的账面价值。（　　）

8. 企业进行短期债券投资的目的主要是为了合理利用暂时闲置资金，调节现金余额，获得稳定收益。（　　）

9. 债券的票面利率是指债券发行者预计今后向投资者支付的利息与债券票面金额之比。（　　）

10. 股票带给持有人的现金流入有两部分，一是股利收入，二是资本利得。一般投资者最为关心的是前者。（　　）

四、计算分析题

1. 某公司发行公司债券，面值为1 000元，票面利率为10%，期限为5年。已知市场利率为8%。要求计算并回答下列问题：

（1）债券为按年付息、到期还本，发行价格为1 020元，投资者是否愿意购买?

（2）债券为单利计息、到期一次还本付息债券，发行价格为1 010元，投资者是否愿意购买?

（3）债券为零息债券，到期归还本金，发行价为700元，投资者是否愿意购买?

2. 甲公司以1 050元的价格购入债券A，债券A的面值为1 000元，票面利率为8%。请分别回答下列问题：

（1）计算该债券的票面收益率；

（2）如果该债券为按年付息，两年后到期，计算该债券的到期收益率。

五、案例分析

新天地公司对外投资

新天地公司是一家大型家电企业。2010年年初，公司领导召开会议，集体通过了利用手中多余资金 1 500 万元对外投资，以获投资收益的决定。经分析、整理调研资料，拟定可供公司选择的投资对象如下：

（1）世诚公司以每张 1 020 元的价格发行利随本清的企业债券。该债券的面值为 1 000元，期限为 3 年，票面年利率为 10%，不计复利。市场年利率为 8%，不考虑所得税。

（2）丰庆公司 5 年期债券的票面利率为 9%，债券的面值为 1 000 元，每年付息一次，到期还本，债券发行价格为 1 041 元；市场年利率为 8%，不考虑所得税。

（3）佳宝公司股票现行市场价为每股 9 元，上年每股股利为 0. 15 元。预计以后每年以 6%的增长率增长，投资必要报酬率为 8%。

分析提示：

证券投资是企业投资的重要组成部分，科学地进行证券投资管理，有利于财务管理目标的实现。

证券投资是为获取收益的一种投资行为，是否进行投资，应按照投资目的，着重分析证券收益状况，通过估价，确定内在投资价值，只有证券的价值大于购买价格时，才值得投资，同时，还应充分考虑风险因素，在综合分析的基础上做出投资决定。

实训技能：

1. 请考虑新天地公司是否应进行上述对外投资？

2. 能说明原因吗？

项目七 营运资本管理

学习目标

通过本章教学，学生可了解营运资本的概念、特点及管理的基本要求，理解企业持有现金的原因和成本，了解最佳现金持有量的成本分析模式。掌握最佳现金持有量的存货分析模式、应收账款成本与信用政策的内容，掌握应收账款信用条件优化的定量计算方法及存货管理的经济批量模型。

导入案例

个人电脑行业诞生于1981年，随后以惊人的速度发展，但由于该行业制造厂商间的价格竞争十分激烈，因此导致了该行业盈利能力普遍较低。这一点从IBM和惠普在个人电脑业的糟糕表现就可以看出。但同为同行的戴尔，却以卓越的业绩“鹤立鸡群”，2006年总资本回报率竟然达到令人难以置信的65.2%，显示出了超强的盈利能力。究其原因正是由于戴尔公司成功实施了低成本竞争战略，而其中很重要的一点就是戴尔多年来极低的营运资本成本。

戴尔公司开发了一个能使公司迅速安装并运行计算机的生产系统，一般接到订单5天内就能完成整个过程，公司不必持有大量的零部件和安装完成的计算机存货，大大降低了存货水平，节省了大量营运资本成本。同时，戴尔公司通过鼓励客户在购买时使用信用卡支付或在购买后立即使用电子汇款支付的方式，将其应收账款收账期缩短到行业最低水平，但其应付账款的周转天数却远远高于应收账款。如此一来，戴尔公司实际上是通过利用供应商的资金来“垫付”自身的营运资本，使得各年现金转化周期均为负数，无疑极大降低了戴尔公司的营运资本成本。

戴尔公司关于营运资本的控制向世人证明戴尔是个不折不扣的营运资本管理高手。凭借这一优势，戴尔公司得以迅速发展，盈利能力不断增强。那么，究竟企业的营运资本管理包括哪些内容？如何计算和控制营运资本所产生的成本呢？

任务一　营运资本概述

一、营运资本的概念

营运资本又称营运资金，是指企业生产经营活动中占用在流动资产上的资金。关于营运资本的含义有广义和狭义之分，广义的营运资本有时被称作毛营运资本，是指在生产经营活动中占用的流动资产；狭义的营运资本被称为净营运资本，是流动资产减去流动负债后的余额。流动资产是指可以在一年以内或超过一年的一个营运周期内变现或运用的资产，主要包括现金、短期投资、应收预付账款、存货等；流动负债则是指在一年或超过一年的一个营业周期内必须清偿的债务，主要包括短期借款、应付票据、应付预收账款、应交税费等。从财务管理的角度看，流动资产与流动负债存在一定的对应关系，但流动资产一般大于流动负债，说明企业的流动资产占用的资金除了通过流动负债筹集外，还要通过长期负债和所有者权益筹集。

二、营运资本的特点

营运资本的特点可以根据流动资产和流动负债的特点体现出来。

流动资产有以下几个特点：

（一）投资回收期短，变现能力强

投资于流动资产的资金一般在一年或一个营业周期内收回，回收期相对较短。同时，流动资产很容易变卖或转让，且价值一般不会有很大损失。如果企业急需资金，流动资产变现能力很强。

（二）获利能力较弱，投资风险较小

相对于固定资产，流动资产的获利能力较弱，投资风险也较小。企业在流动资产中保留大量投资，会降低由于存货不足而影响生产经营和不能按时偿债的可能性，也就降低了企业的投资风险，但也会降低企业的整体投资效益。因此，流动资产投资应保持一个适当的水平。

（三）数量波动很大

流动资产的数量不是一个常数，随着企业供产销的变化，其数量波动很大。季节性生产的企业表现更明显。对于流动资产管理来说，要尽量使得流动资产的数量变动与企业生产经营波动保持一致，满足企业需要。

（四）占用形态经常变动

流动资产经过供产销阶段，其占用形态不断变化，按照现金→材料→在产品→产成品→应收账款→现金的顺序转化。企业的营业利润正是在这种周转中得以实现的，作为流动资产管理的重点就是要保证这种周转顺利迅速地进行，继而必须加强现金管理、应收账款管理和存货管理。

三、营运资本管理的基本要求

营运资本的管理就是对流动资产和流动负债的管理。它总的要求就是既要保证有足够的资金满足生产经营的需要，又要保证按时按量偿还各种到期债务。

（一）合理确定并控制流动资产的需要量

企业流动资产的需要量取决于生产经营规模和流动资产的周转速度，同时会受到市场及供产销情况的影响。企业要综合考虑这些要素，合理确定并控制流动资产需要量，保证经营需要的同时不因过量而造成资金的闲置。

（二）合理确定流动资产的来源构成

企业要选择合适的筹资渠道和方式，力求以较小代价换回较大的经济收益，并考虑到筹资与日后偿债能力的配合问题。

（三）加快资金周转，提高流动资产使用效益

流动资产周转的速度越快，流动资产投资需要量越小，越能提高每一单位流动资产的利用效益。因此，企业应适度加快存货周转、缩短应收账款的收账周期，从而提高资产的使用效益。

任务二　现金管理

现金是指企业在生产经营过程中暂时停留在货币形态的资金，包括库存现金、银行存款和其他现金。在普通工业企业的总资产中，有接近 1.5%的部分是以现金的形式持有的。现金是企业流动性和变现能力最强的资产，因为它可以用于支付工人工资和原材料成本、购买固定资产、缴纳税款、偿还债务、支付股利等，因此具有普遍的可接受性。但同时它也被称为“无收益资产”，说明现金的盈利性很弱，几乎不能带来任何收益。

所以，现金管理的目标就是在保证企业生产经营所需资金的情况下，尽量降低现金的持有数量。具体而言，就是一方面现金持有量能满足企业各种业务往来的需要，另一方面将闲置资金减少到最低限度。

一、持有现金的动机和成本

（一）持有现金的动机

一般而言，企业持有现金有以下三个动机：

1. 交易动机

交易动机是指企业为了满足生产经营活动的需要而必须持有现金，如购买原材料、支付人工工资、缴纳税款等。企业经常得到货币收入，也经常发生货币支出，两者一般不可能同步同量，收入多于支出，形成留存；收入小于支出，需要填补，因此企业保留一定的现金余额才能使业务活动正常进行。企业出于交易动机而持有的现金量取决于销售额的多少。

2. 预防动机

预防动机是指企业为了应付意外的、紧急的情况而持有现金，如生产事故、自然灾害、客户违约等打破原先现金收支平衡的情况。企业出于预防动机而持有的现金量取决于：①企业临时筹措资金的能力；②企业对现金预测的可靠程度；③企业愿意承担风险的程度；④企业其他资产的变现能力。

3. 投机动机

投机动机是指企业为了能抓住转瞬即逝的市场机会获利而持有现金，如以超低价购入有价证券，再短期内抛售获利等。企业出于投机动机而持有的现金量取决于：①市场机会的多少；②企业对待风险的态度；

（二）现金的成本

企业拥有任何资产都有成本，而现金主要存在四种成本：持有成本、转换成本、短缺成本和管理成本。

1. 持有成本

持有成本是指企业因持有现金而放弃的再投资收益，这是一项机会成本。例如，企业持有现金 10 万元，若投资于有价证券，可以获得 10%的收益率，即现金的再投资收益为 1 万元。这项机会成本与现金持有数量是同方向变化的，即持有现金越多，机会成本越大。

2. 转换成本

转换成本是指企业用现金购入有价证券以及转化有价证券换取现金时付出的交易费用，如委托买卖的佣金、委托手续费、证券过户费等。严格地讲，转换成本要区分固定费用和变动费用。其中：变动费用如买卖佣金或手续费，通常是按照委托金额来计算的，因此，在证券总额一定的情况下，无论转换多少次，所需支付的佣金或手续费都是相同的，它与证券转换次数无关，属于和现金持有量决策无关的成本。只有那些与证券转换次数变动有关的固定费用才是决策相关成本。

3. 短缺成本

短缺成本是指因现金持有量不够而给企业造成的直接损失和间接损失。例如由于没钱购买原材料造成的停工损失，不能支付货款而造成的信誉损失等。短缺成本随现金持有量的增加而下降。

4. 管理成本

管理成本是指企业因持有现金而发生的管理费用，如出纳人员的工资费用，安全防盗设施的建造费用等。管理费用一般是固定费用。

二、最佳现金持有量的确定

如前所述，企业出于交易、预防和投机的动机，必须持有一定量的现金，但持有太多或太少都会对企业产生不利的影响。因此，确定最佳现金持有量具有重要意义。所谓最佳现金持有量就是使现金相关成本之和最小的持有数额，主要有成本分析模式和存货分析模式两种方法。

（一）成本分析模式

成本分析模式是在不考虑现金转换成本的情况下，通过分析现金的持有机会成本、短缺成本和管理成本，测算各相关成本之和最小的现金持有量的一种方法。

机会成本随着现金持有量的增大而增大，我们一般按年现金持有量平均值与有价证券收益率的乘积来计算。计算公式为：

机会成本=现金平均持有量×有价证券收益率

管理成本由于基本属于固定成本，不随现金持有量而变化，对决策不会造成影响。

短缺成本随着现金持有量的增加而减少，当现金达到一定数量时，短缺成本就不存在了。

我们可以用图解的方式来说明成本分析模式。如图 7-1 所示。机会成本是条由原点出发向右上方的射线，管理成本是一条水平线，短缺成本是一条由左上方向右下方的直线或上凹的曲线，它会与横轴相交，说明当现金的数量达到比较大时就不存在短缺成本。总成本曲线由各项成本纵坐标相加后得到，是一条上凹的曲线，总成本最低点对应的横坐标 Q 就是我们要求的最佳现金持有量。

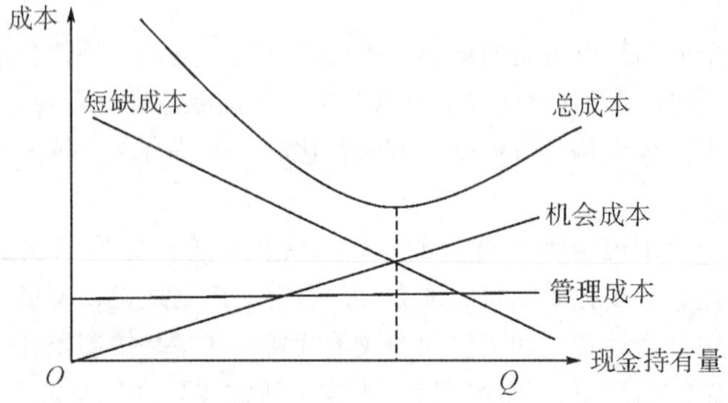

图 7-1　持有现金的总成本

在实际工作中，成本分析模式下的最佳现金持有量可以通过编制现金持有量成本分析表来确定。

【例 7-1】大成公司有四种现金持有方案，其相关成本资料如表 7-1 所示：

表 7-1　　现金持有量及相关成本表　　单位：元

项目 方案	A	B	C	D
现金持有量	200 000	230 000	250 000	280 000
机会成本率	10%	10%	10%	10%
管理费用	2 000	2 000	2 000	2 000
短缺成本	12 000	6 000	3 000	1 500

根据表 7-1，可编制最佳现金持有量成本分析表，如表 7-2 所示。

表 7-2　　　　最佳现金持有量成本分析表　　　　单位：元

方案	机会成本	管理费用	短缺成本	总成本
A	20 000	2 000	12 000	34 000
B	23 000	2 000	6 000	31 000
C	25 000	2 000	3 000	30 000
D	28 000	2 000	1 500	31 500

比较各方案可知，C 方案总成本最低，该企业最佳现金持有量应为 250 000 元。

（二）存货分析模式

存货模式是 1952 年由美国经济学家威廉·鲍曼（William Baumol）首先提出的，它认为最佳现金持有量与存货经济批量的确定很相似，因此，可以用存货模式来确定最佳现金持有量。存货分析模式的使用有如下假设条件：

（1）企业在某一段时期内一共需要的现金量为已知条件，并以短期有价证券形式持有。

（2）企业对现金的需求是均匀、稳定的，可通过分批抛售有价证券取得现金。

（3）短期有价证券的利率可知。

（4）每次将有价证券变现的交易成本可知。

在存货分析模式中相关成本只考虑现金的机会成本和转换成本，而不考虑管理成本和短缺成本。主要因为：①在一定范围内，管理成本和现金持有量没有关系，属于决策无关成本；②短缺成本具有不确定性，往往不宜计量，所以也不予考虑。

我们知道，如果企业平时持有现金较少，出现现金短缺的次数就会比较多，因此出售有价证券来换回现金的频率就比较高，那些与交易次数有关的转换成本也就相应地比较高了，这些转换成本会随着现金余额的增加而减少。但另一方面，较少的现金持有量会使企业的机会成本非常低。这些机会成本会随着现金余额的增加而增加，因为企业放弃了越来越多可以赚钱的利息，如图 7-2 所示。

在图 7-2 中，现金的机会成本和转换成本是随现金持有量呈不同方向发展的。两线交叉点对应的现金持有量，即相关总成本最低的持有量。它可以用存货分析模式求出。

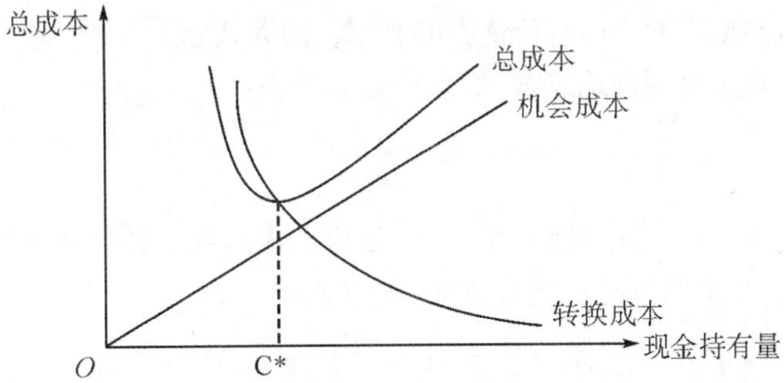

图 7-2　持有现金的成本

我们通过举例来说明存货分析模式的应用。假设某企业现金使用量是均衡的，每周资金净流出量为 15 万元。若该企业第 0 点开始持有现金 30 万元，那么这些资金够企业支付两周，在第 2 周结束时现金余额将降低到 0。这两周现金的平均持有量就是期初持有量（30 万元）+期末持有量（0 万元）再除以 2，即 15 万元。第 3 周开始时，企业就需要将 30 万元的有价证券转换为现金以备支付；第 4 周结束时，企业现金持有量又降低到 0，这 2 周现金平均持有量仍为 15 万元。如此循环，企业一段时间内的现金持有情况就表现为图 7-3 所示。

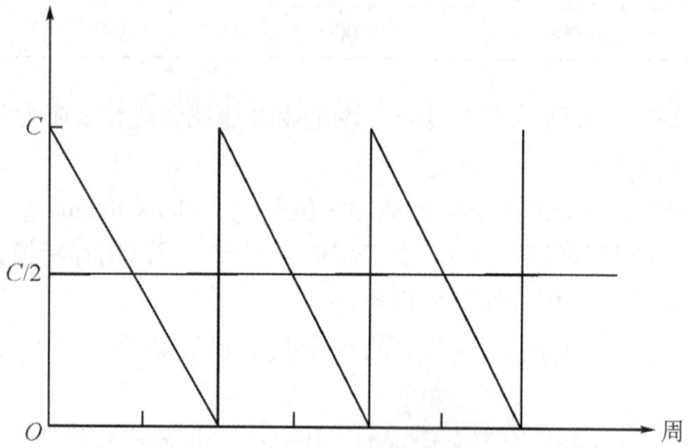

图 7-3　企业一定时期内的现金持有情况

图 7-3 中，每两周代表一个现金使用循环周期，C 代表循环期之初的现金持有量，以 $C/2$ 代表循环期现金平均持有量。

如果企业将 C 定得高一些，比如每次持有现金 60 万元，以企业每周 15 万元的净流出量，这些资金够支付 4 周，企业可以在 4 周之后再出售有价证券，这样减少了转换成本，但企业现金平均持有量达到了 30 万元，增加了很多机会成本；如果将 C 定得低些，定为 15 万元，资金将在每周就使用完，这样必然增加转换成本，但现金平均持有量下降为 7.5 万元，降低了机会成本。

于是，企业需要确定合理的 C，使得现金相关总成本最低。解决该问题，需要事先确定三件事：

一定期间内的现金需求量，用 T 表示。

每次出售有价证券所需的转换成本，用 F 表示。

持有现金的机会成本率，即有价证券的利率，用 K 表示

这样企业持有现金的相关总成本 TC 就可以表示为：

$$TC = \frac{C}{2} \cdot K + \frac{T}{C} \cdot F$$

从图 7-2 中已知，最佳现金持有量 C^* 应是机会成本线与转换成本线的交叉点对应的现金持有量，因此 C^* 应当满足：机会成本=转换成本，即

$$\frac{C^*}{2} \cdot K = \frac{T}{C^*} \cdot F$$

整理得出：$C^* = \sqrt{\frac{2TF}{K}}$，此时的 $TC = \sqrt{2FTK}$

【例 7-2】某企业预计一个月内经营所需现金约 200 万元，准备用短期有价证券变现取得，证券每次交易的固定成本为 100 元，证券市场年利率为 12%。要求：计算最佳现金持有量及最小相关总成本。

解：最佳现金持有量：

$$C^* = \sqrt{\frac{2 \times 100 \times 2\,000\,000}{12\% \div 12}} = 200\,000\text{（元）}$$

最小相关总成本：

$$TC = \sqrt{2 \times 100 \times 2\,000\,000 \times 12\% \div 12} = 2\,000\text{（元）}$$

三、现金的日常管理

企业不仅应该确定最佳现金持有量，而且应该采取各种措施加强现金的日常管理，以确保现金的使用效率。

（一）现金收入的管理

现金收入的管理重在缩短收款时间，收款延误对企业是不利的。因此，在其他情况不变的条件下，企业要采取一些措施来加速收账，以缩短收账时间。企业收账一般要历经如下过程，如图 7-4 所示。

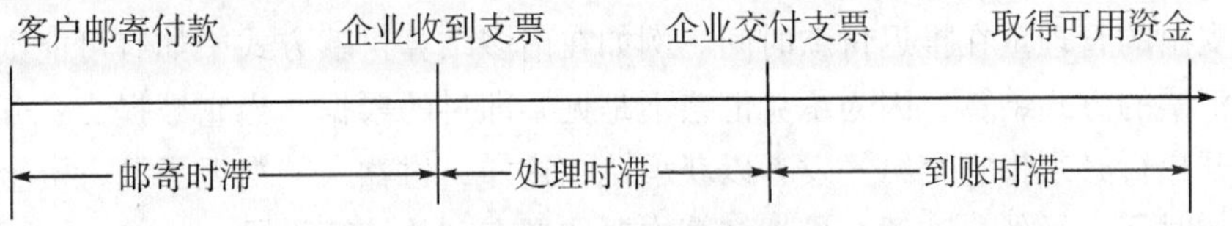

图 7-4　现金收账过程

以上过程现金在每一个阶段的时滞长短，取决于企业、客户和银行所在的位置以及企业在现金收账上的效率。在实际工作中，缩短邮寄时滞和处理时滞的方法一般有锁箱法、集中银行法等，缩短转账时滞可用最快的转账结算方式。下面以锁箱法为例介绍。

所谓锁箱法是指企业在各个主要客户所在地承租专门的邮政信箱，并在当地开立分行存款账户，授权当地银行每日开启信箱，在取得客户支票后立即予以结算，并通过电汇方式将汇款拨给企业总部。其流程如图 7-5 所示。

采用锁箱法缩短了邮寄时间，因为支票是在附近的邮局收到，而不在企业总部。同时，锁箱法也降低了处理时间，因为企业不必再打开信封，并将支票存入银行。总而言之，银行锁箱使企业收账的处理、存入和结算，比支票在总部收到，再自己送到银行存入和结算要快很多。现在，很多企业已采用“电子锁箱”来替代传统锁箱，效率更高了。

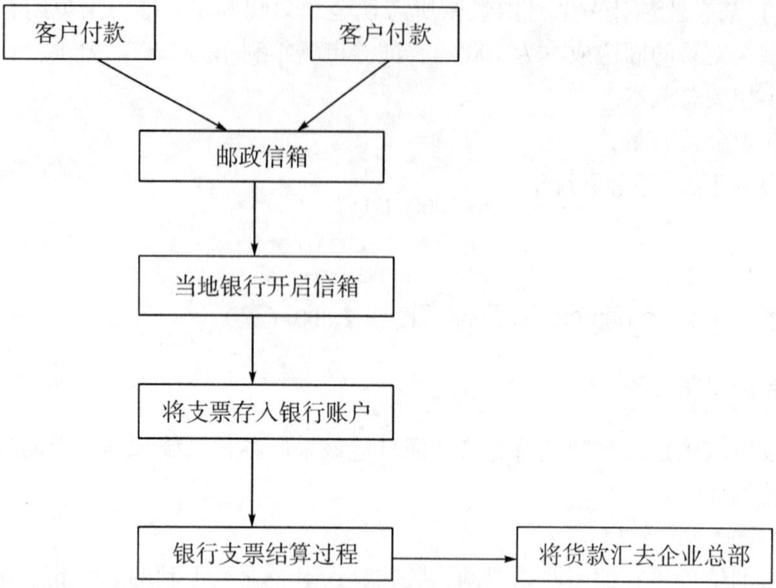

图 7–5　锁箱过程

（二）现金支出的管理

现金支出的管理重在推迟付款时间。例如在诸多结算付款方式中如有可能则要优先考虑用承兑汇票的方式结算，因为承兑汇票不是见票即付的票据，当它被提交各开票方开户银行时，开户行必须将它交给签发者以获承兑，这样，付款人就推迟了调入资金支付汇票实际所需的时间。另外，注意在异地结算中要选择有利的结算手段。

（三）闲置现金的利用

1. 合理利用现金“浮游量”

由于企业从开出支票到从开户银行实际划出这笔款项总会有一定的时间间隔，从而形成企业现金账户余额与银行账户中的存款余额有一定的差额，我们称之为现金“浮游量”。只要把握和控制好时间，“浮游量”是可以利用的。

2. 利用闲置资金进行短期有价证券投资

因为多种原因，企业会有暂时性的现金剩余，比如对企业的季节性和周期性活动的筹资等。上述情况如果估算准确，又熟悉证券市场情况，企业就能利用闲置资金进行短期有价证券投资而获利。由于企业资金流量大，虽说证券投资期短，也能获得可观的收益。从财务管理角度来说，应该是一种生财的手段。

任务三　应收账款管理

应收账款是企业由于对外赊销产品、材料或赊销劳务等原因，应向购货或接受劳务的单位收取的款项。在当代经济中，商业信用的使用越来越多，应收账款已成为企业流动资产中的重要项目。

一、应收账款的功能及成本

（一）应收账款的功能

1. 促进销售

在现销和赊销两种销售方式下，企业都倾向于以现金的方式销售，而不是以赊销的方式，但是竞争的压力迫使大多数企业不得不以赊销的方式出售商品，因此也形成了应收账款。赊销的促销作用是十分明显的，客户一方面可以在不付款的情况下得到自己需要的商品；另一方面在一定时期内减少自己资金的占用。所以，适时灵活地运用赊销方式能得到客户的青睐，增加销售。

2. 减少存货

由于赊销方式能增加销售，自然也就带来企业库存产品的减少，使存货转化为应收账款。减少存货能降低仓储、保险费等管理费用的支出，防止存货变质损失，有利于资金的加速周转。

（二）应收账款的信用成本

应收账款意味着赊销方企业向赊购方企业提供了一种商业信用，赊销方企业势必要为此付出一定代价，增加相关成本。

1. 机会成本

应收账款的机会成本是指企业资金被应收账款占用而不能进行其他投资所丧失的潜在收益，它通常与企业维持赊销业务所需资金数量以及资本成本有关。计算公式为：

应收账款的机会成本＝维持赊销业务所需的资金×资本成本

其中，资本成本一般按照有价证券的收益率（利率）计算。

维持赊销业务所需的资金＝应收账款平均余额×变动成本率

应收账款平均余额＝赊销收入净额÷应收账款周转率

应收账款周转率＝360÷应收账款周转期

应收账款周转期相当于应收账款平均收账期，如果平均收账期不明确的话，可用信用期近似代替。

变动成本率＝变动成本÷销售收入＝单位变动成本÷单价＝1－边际贡献率

2. 管理成本

应收账款的管理成本是指企业对应收账款进行管理而发生的一系列开支。主要包括：对客户信用调查费用、应收账款记录分析费用、催收账款费用等。在应收账款一定数额范围内，管理成本通常为固定成本。

3. 坏账成本

坏账成本是指应收账款不能收回而给企业造成的损失。只要存在应收账款就难以避免坏账的发生，这样会对企业生产经营活动的稳定性带来不利影响，企业应按规定以应收账款余额的一定比例提取坏账准备。坏账成本一般与企业应收账款的数额大小、拖欠时间长短有关。

二、信用政策的制定

信用政策又称为应收账款的管理政策，一般由信用标准、信用条件和收账政策三部分组成。

（一）信用标准

信用标准是指企业同意向客户提供商业信用而要求客户必须具备的条件。如果客户达不到信用标准，虽然仍然可以购买商品，不过不能享受信用优惠或必须遵守更为严格的信用条件。信用标准越高，企业坏账损失越少，机会成本与管理成本也能越低，但却不利于企业扩大销售，影响企业的市场竞争力；信用标准越低，随着企业销售增加，也会增加坏账风险和相关成本。制定客户的信用标准往往先要评估客户的资信程度，一般通过“5C”系统来进行。所谓“5C”系统主要包括五个方面：

1. 品质（character），即客户的信誉，包括以往是否有故意拖欠账款和赖账的行为，有无因商业行为不端而受到司法判处的前科，与其他供货企业的关系是否良好等。

2. 能力（capacity），即客户的偿债能力。一般客户的流动资产越多，其转换为现金支付货款的能力越强。同时，还要注意客户流动资产的质量，看是否有存货过多、过时或质量下降，影响其变现能力和支付能力的情况。

3. 资本（capital），是指客户的财务实力和财务状况，表明客户偿还债务的背景。

4. 抵押（collateral），是指当客户拒付或无力支付货款时能用作抵押的资产，这一点对于不知底细或信用状况有争议的客户尤为重要。

5. 经济状况（conditions），是指可能影响客户付款能力的经济环境，包括一般经济发展趋势和某些地区的特殊发展情况。当客户的经济状况向不利方向发展时，给其提供商业信用应十分谨慎。

（二）信用条件

信用条件是指企业向客户提供商业信用时要求其支付款项的条件，具体包括信用期限、现金折扣等。信用条件是否优惠对企业的产品销售具有很大的影响。

1. 信用期限

信用期限是企业允许客户最迟付款的天数。信用期限在不同行业中有很大的差别，但是几乎介于30~120天。一般来说，信用期限长，容易吸引客户，但增加销售的同时会引起机会成本、管理成本和坏账成本的增加；信用期限短，不足以吸引客户，不利于企业扩大销售。因此，信用期限优化的重点在于：延长信用期限增加的销售利润是否能超过增加的信用成本。

【例7-3】大成公司目前采用的赊销信用期限为30天，销售量达到100 000件，拟将信用期限延长到60天，预计销售量能达到120 000件。假定企业投资报酬率为15%，产品单位售价为5元，其他条件如表7-3所示。

表 7-3　　　　　　　　　　　　信用期限有关资料

信用期	30 天	60 天
销售额（每件 5 元）	500 000	600 000
变动成本（每件 4 元）	400 000	480 000
可能发生的收账费用（元）	3 000	4 000
可能发生的坏账损失（元）	5 000	9 000

要求：确定该企业应延长信用期限还是维持原有信用期限。

解：若信用期限为 30 天时。

信用成本前的收益 = 赊销收入净额 - 变动成本 = 500 000 - 400 000 = 100 000（元）

$$机会成本 = \frac{500\ 000}{360} \times 30 \times \frac{400\ 000}{500\ 000} \times 15\% \approx 5\ 000（元）$$

管理成本 = 3 000（元）

坏账成本 = 5 000（元）

信用成本后的收益 = 信用成本前的收益 -（机会成本 + 管理成本 + 坏账成本）

= 100 000 -（5 000 + 3 000 + 5 000）= 87 000（元）

信用期限延长到 60 天时：

信用成本前的收益 = 600 000 - 480 000 = 120 000（元）

$$机会成本 = \frac{600\ 000}{360} \times 60 \times \frac{480\ 000}{600\ 000} \times 15\% \approx 12\ 000（元）$$

管理成本 = 4 000（元）

坏账成本 = 9 000（元）

信用成本后的收益 = 120 000 -（12 000 + 4 000 + 9 000）= 95 000（元）

由计算可知，延长信用期限至 60 天时信用成本后的收益最大，该企业应该延长信用期限。

2. 现金折扣

企业为了既扩大销售，又能尽早收回款项，往往在给客户规定一定的信用期限的同时推出现金折扣条款。现金折扣是企业给予客户在规定时期内提前付款就能在货款支付上享受折扣的优惠政策，它包括折扣期限和折扣率两个要素。例如，（2/10，*n*/30），表示信用期限为 30 天，如果客户能在 10 天内付款，可享受 2% 现金折扣，超过 10 天，则应在 30 天内付清全款。其中 10 天表示折扣期限，2% 为折扣率。在信用条件优化选择中，我们要考虑到现金折扣能降低机会成本、管理成本和坏账成本，但同时也需要付出一定的代价，即现金折扣成本（少收的部分货款）。现金折扣的政策有时还会影响销售额（比如有些客户就是冲着现金折扣来购买商品的），造成销售利润的改变。那么在存在现金折扣的情况下，信用条件优化的要点就是：增加的销售利润能否超过增加的机会成本、管理成本、坏账成本和现金折扣成本之和。其中：

现金折扣成本 = 赊销净额 × 折扣期内付款的销售额比例 × 现金折扣率

【例 7-4】 沿用【例 7-3】的资料，假如该企业在放宽信用期限的同时，为了吸引客户尽早付款，提出了（2/30，*n*/60）的现金折扣条件，估计有占销售额比重一半的客户将享受现金折扣优惠。要求：判断该企业是否应放宽信用期限，并向客户提供现金折扣。

解：提供现金折扣。

信用成本前的收益＝600 000−480 000＝120 000（元）

应收账款的周转期＝30×50%+60×50%＝45（天）

$$机会成本=\frac{600\ 000}{360}\times 45\times \frac{480\ 000}{600\ 000}\times 15\% \approx 9\ 000（元）$$

管理成本＝4 000（元）

坏账成本＝9 000（元）

现金折扣＝600 000×50%×2%＝＝6 000（元）

信用成本后的收益＝120 000−（9 000+4 000+9 000+6 000）＝92 000（元）

由计算可知，该企业应放宽信用期限，但不提供现金折扣。

（三）收账政策

收账政策是指客户违反信用条件，拖欠甚至拒付款项时企业应采取的收账策略。

首先，作为债权人的企业具有要求债务人偿还账款的法定权利，但并不意味着一旦发生逾期款项就要付诸法律，因为每个客户拖欠拒付的原因是不同的，如果客户只是一时资金周转不灵所致，通过法律手段追回款项的同时会失去合作伙伴，得不偿失。另外，通过法律途径往往需要花费较长的时间和高额的诉讼费。因此，我们应具体原因具体处理。例如，对于逾期较短的客户，不要过多地打扰，以免失去市场；对逾期稍长的客户，可措辞婉转地写信催款；对逾期较长的客户，频繁的信件催款并电话催询；对逾期很长的客户，可在催款时措辞严厉，必要时就要提请有关部门仲裁或提起法律诉讼等。

其次，无论采取何种方式，基本上都要付出一定代价，即收账费用。在一定范围内，随着收账费用的增加，坏账损失会逐渐减少，但收账费用不是越多越好，因为收账费用增加到一定程度，坏账损失就不再减少。所以，收账费用投入多少，要在权衡增加的收账费用和减少的坏账损失后作出决定。

三、应收账款的日常管理

对于多数企业来说，存在应收账款是十分正常的事，甚至有些企业应收账款的总额还比较大。因此，对企业应收账款的日常管理是十分必要的，必须采取相应的措施进行分析控制。

（一）应收账款的监控分析

企业对于应收账款监控的重要手段就是对应收账款进行账龄分析。企业平时应落实专人做好备查记录，编制应收账款账龄分析表，对不同账龄的应收账款进行分类列示，以便对其收回情况进行监督。如表 7-4 所示。

表 7-4　　应收账款账龄分析表

应收账款账龄	账户数量	金额（万元）	比重（%）
信用期内	150	90	37.5
逾期 1 个月以内	60	50	20.83
逾期 3 个月以内	50	40	16.67
逾期半年以内	40	30	12.50
逾期 1 年以内	30	20	8.34
逾期 1 年至 3 年	20	5	2.08
逾期 3 年以上	10	5	2.08
合计	360	240	100

从账龄分析表可以看到企业的应收账款在信用期内及超过信用期各时间档次的金额及比重，即账龄结构。一般来讲，应收账款逾期拖欠时间越长，收回的难度越大，也越可能形成坏账。通过账龄结构分析，做好信用记录，可以调整并制定新的信用政策和收账政策。

（二）建立坏账准备金制度

市场经济条件下，坏账损失难以避免。根据会计制度权责发生制和谨慎性的要求，企业需要对坏账发生的可能性进行预计，并计提相应的坏账准备金。坏账准备金计提的比例应与应收账款的账龄存在一定联系（账龄越长，计提比例越高）或者可按应收账款余额的3‰~5‰计提坏账准备金。

（三）确定合理的收账程序

催收账款的程序一般为：信函通知、电报电话传真催收、派人面谈、诉诸法律，在采取法律行动前应考虑成本效益原则，遇以下几种情况则不必起诉：诉讼费用超过债务求偿额；客户抵押品折现可冲销债务；客户的债款额不大，起诉可能使企业运行受到损害；起诉后收回账款的可能性有限。

（四）确定合理的讨债方法

若客户确实遇到暂时的困难，经努力可东山再起，企业帮助其渡过难关，以便收回账款，一般做法为进行应收账款债权重整：接受欠款户按市价以低于债务额的非货币性资产予以抵偿；改变债务形式为“长期应收款”，确定一个合理利率，同意客户制定分期偿债计划；修改债务条件，延长付款期，甚至减少本金，激励其还款；在共同经济利益驱动下，将债权转变为对客户的“长期投资”，协助启动亏损企业，达到收回款项的目的。如客户已达到破产界限的情况，则应及时向法院起诉，以期在破产清算时得到部分清偿。针对故意拖欠的讨债，可供选择的方法有：讲理法；疲劳战法；激将法；软硬兼施法等。

任务四　存货管理

存货是指企业在生产经营过程中为了销售或耗用而储备的物资，主要包括企业材料（原材料、辅助材料、包装物等）、在产品和库存商品三类。和应收账款一样，存货在许多企业中都是一笔庞大的投资。对于典型的制造业，存货经常超过资产的15%，对于零售商，存货可能会超过资产的25%。存货的管理目标是：在保证满足日常经营活动所需存货量的基础上，将存货的相关成本降到最低。

一、存货的成本

（一）取得成本

取得成本是指为了取得某种存货而发生的支出，它主要包括存货的进价成本和订货成本两方面。

进价成本，又称购置成本，即存货的买价，是存货采购量与单价的乘积。一定时期内采购量是根据生产部门的需要而制定的，因此在不存在商业折扣的情况下，一定时期的购置成本与每次的采购数量的多少没有关系，是存货决策的无关成本。但在存在商业折扣的情况下，购置成本与每次的采购数量的多少有关系，每次的采购数量越多，价格越优惠，是存货决策的相关成本。

订货成本，又称进货费用，是指企业为组织进货而支付的有关费用。订货成本中有一部分与采购次数无关的固定成本，如常设采购机构的基本开支等，属于决策无关成本。而订货成本中另一部分变动成本，如差旅费、邮资费等，是与采购次数有关的，属于决策相关成本。

（二）储存成本

储存成本是企业持有存货而在储存过程中发生的费用支出。储存成本中也有一部分成本是固定的，如仓库折旧费、仓库员工工资等，这类成本与存货储存量没有密切关系，是决策的无关成本。储存成本中另一部分是与存货储存量成正比的变动成本，比如存货资金占用的机会成本、保险费用等，这类成本属于决策相关成本。

（三）缺货成本

缺货成本是指由于存货不足而给企业造成的损失，如材料供应中断造成的停工损失、产成品库存短缺造成的延迟发货的信誉损失以及丧失销售机会的有形和无形的损失。当企业允许缺货时，缺货成本随平均存货的减少而增加，是存货决策的相关成本。不过缺货成本因其计量十分困难而常常不予考虑，如果缺货成本能够计量时，在存货决策中应予考虑。

二、存货管理的技术

存货管理的目标告诉我们，存货管理的重点在于降低存货的相关成本，这也是存货管理技术的价值体现。

（一）基本经济批量模型（ECQ 模型）

基本经济批量模型是准确建立最优存货水平的一个很有名的方法。图7-6说明了该模型的基本观念。图中画出了不同存货水平（横轴）下，与持有存货相关的不同成本（纵轴）。通过前面分析得出，存货决策相关总成本只有两项成本构成：变动性订货成本和变动性储存成本。

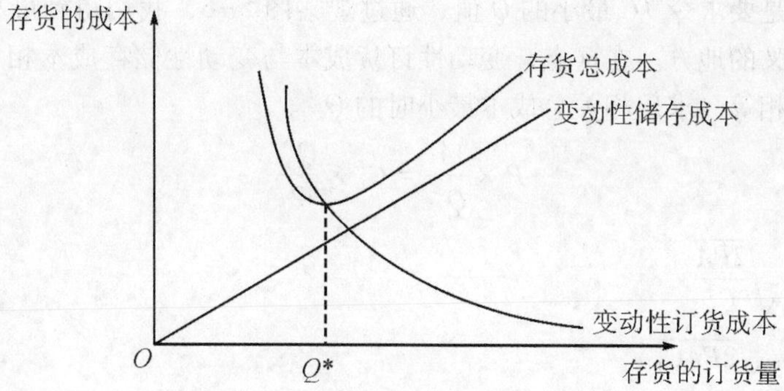

图 7-6　存货的成本线

如图所示，当存货持有水平增加时，存货变动性储存成本就上升，变动性订货成本就下降。反之，则正好相反。而存货总成本则保持向上的曲线。在这个模型中，我们需要求出的是能使存货相关总成本达到最小时的存货订货量（Q^*），这个点就是存货的经济批量。

注意：在一定时期内存货所需的总量是由销售量来决定的，是企业给定的数字，我们这里分析的是企业在任何特定的时间应该持有多少存货。更确切地说，我们试图确定的是企业每次订购的订单应该是多大规模。

经济批量模型的分析需要基于若干基本假设，主要包括：存货单价不变；不允许缺货；存货的消耗均匀；订货能瞬间一次到达；每次订货时的变动性订货成本和单位储存成本都不变等。

在这些假设之下，我们设某企业一年的存货需用量为 A 件，目前持有存货 Q 件，全部销售完毕需要 3 周时间，第 3 周结束时，企业再订购 Q 件，从头再来。这种销售和再订购过程会产生一个锯齿状的存货持有状态，如图 7-7 所示。

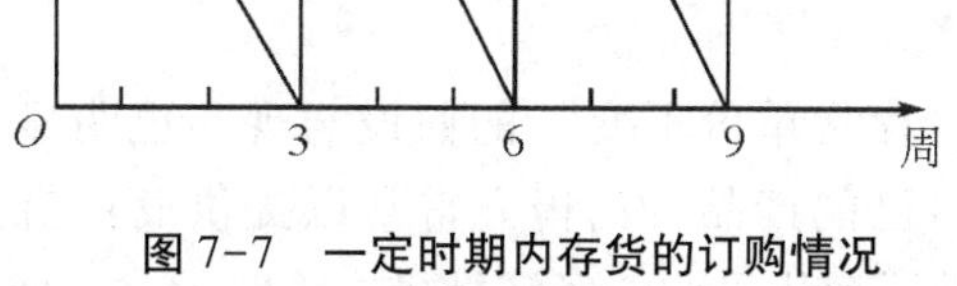

图 7-7　一定时期内存货的订购情况

这样企业总是从 Q 件存货开始，一直到全部卖完到 0 为止，那么平均存货就是 $Q/2$ 件了。企业每次订货的变动性订货成本是 P，存货年平均单位变动性储存成本为 C_1。则该企业存货的年相关总成本 TC 为：

$$TC = P \times \frac{A}{Q} + C_1 \times \frac{Q}{2}$$

我们的目的是要求令 TC 最小的 Q 值，通过观察图 5-6，我们得到最小值这点就发生在两条成本线交叉的地方。在这点，变动性订货成本与变动性储存成本相等。因此，我们就使这两种成本相等，求出相关总成本最小时的 Q^*。

$$P \times \frac{A}{Q^*} = C_1 \times \frac{Q^*}{2}$$

可得：$Q^* = \sqrt{\frac{2PA}{C_1}}$

这时：$TC^* = \sqrt{2PAC_1}$

【例 7-5】企业全年耗用甲种材料 14 400 千克，该材料单价 10 元，年单位储存成本 2 元，一次订货成本 400 元。要求：确定①经济订货批量；②最小相关总成本；③最佳订货次数；④最佳订货周期；⑤最佳存货资金占用额。

解：依上述资料计算

①经济批量 $= \sqrt{\frac{2 \times 14\,400 \times 400}{2}} = 2\,400$（千克）

②最小相关总成本 $= \sqrt{2 \times 14\,400 \times 400 \times 2} = 4\,800$（元）

③最佳订货次数 $= 14\,400 \div 2\,400 = 6$（次）

④最佳订货周期 $= 360 \div 6 = 60$（天）

⑤最佳存货资金占用额 $= 10 \times \frac{2\,400}{2} = 12\,000$（元）

（二）基本模型的拓展

1. 采购需要时间

在基本经济批量模型中，我们都假设企业的存货在“订购时能瞬间一次到达”，事实上这一点很难在实际中做到。因此，我们必须允许运送时间，在存货达到一定水平时，就要订货。再订购点（reorder point）就是企业真正下订单时的库存量。它等于采购需要的时间与每日平均需要量的乘积。在这种情况下，经济批量并没有发生变化，只是采购时间需要提前。

例如，某企业每日需要材料 100 千克，采购该材料需要时间为 10 天，则该材料的再订购点为 1 000 千克，即当该材料尚有 1 000 千克时就应当组织采购，等到下批采购的甲材料到达时，原材料库存刚用完。

2. 存在商业折扣

关于经济批量模型中“存货单价不变”的假设与现实也明显不符。在市场经济条件下，为了鼓励客户多购买自己的产品，销售方常常以提供商业折扣的方式吸引客户。此时，作为购买方的企业在进行存货采购的经济批量决策时，一定要考虑采购数量对采购价格的影响，此时的购置成本成为决策的相关成本。这时的经济批量决策程序应是：①按基本经济批量模型求出无折扣下的订货批量及其总成本；②考虑享受商业折扣情况下的最低批量的相关总成本；③比较各相关总成本并选择相关总成本较低的采购方案。

【例 7-6】大成公司全年需要甲零件 1 800 件。每次变动性订货成本为 25 元，每件甲零件年平均变动性储存成本为 4 元。当采购量小于 200 件时，单价为 10 元；当采购量大于或等于 200 件，但又小于 300 件时，单价为 9 元；当采购量大于 300 件或等于 300 件时，单价为 8 元。要求：计算最优采购批量及全年最小相关总成本。

解：先计算基本经济批量。

$$Q_1 = \sqrt{\frac{2 \times 1\ 800 \times 25}{4}} = 150（件）$$

这时甲零件单价为 10 元，相关总成本 $TC_1 = 10 \times 150 + \sqrt{2 \times 25 \times 1\ 800 \times 4} = 2\ 100$（元）

当单价为 9 元时，$Q_2 = 200$（件）

$$TC_2 = 9 \times 200 + 25 \times \frac{1\ 800}{200} + 4 \times \frac{200}{2} = 2\ 425（元）$$

当单价为 8 元时，$Q_3 = 300$（件）

$$TC_3 = 8 \times 300 + 25 \times \frac{1\ 800}{300} + 4 \times \frac{300}{2} = 3\ 150（元）$$

由上面计算可知，本例最优采购批量为 150 件，全年最少相关总成本为 2 100 元。

（三）存货 ABC 管理法

19 世纪意大利经济学家巴雷特首创了 ABC 管理法，存货的 ABC 分类管理就是这种方法在存货管理中的具体应用。它的基本理念是把存货分成 3 类（或更多类）。所依据的道理是从数量上讲占很小比例的存货，从价值上讲占的比例可能很大。例如，对于使用相当昂贵、高科技零件和一些相当便宜的基础材料来生产产品的制造商而言，这种情况就会存在。

通常情况下，A 类存货品种数量占整个存货品种数量的 5%~20%，但金额却占整个存货金额比重的 60%~80%，因此该类存货应受到密切管理，严格控制；C 类存货例如螺钉和螺母这种基本存货数量占整个存货数量的 60%~70%，金额却只占到整个存货金额的 5%~15%，这类存货只对其进行总量控制和管理即可。B 类存货数量与金额都介于 A 类与 C 类之间，具体管理可视具体情况，部分参照 A 类存货，部分参照 C 类存货。

当企业存货品种繁多，单价高低悬殊，存量多寡不一时，使用 ABC 管理法可以分清主次、抓住重点、区别对待、使存货管理效率更高。

（四）分级归口管理

分级归口管理是指按照使用资金和管理资金相结合、物资管理和资金管理相结合的原则，将存货资金定额按各职能部门所涉及的业务归口管理，各职能部门再将资金定额计划层层分解落实到车间、班组以至个人，实行分级管理。

（五）适时制（just-in-time，JIT）存货管理

这种管理方法起源于日本，是许多日本制造业管理的基本部分，一般被用来管理引致需求存货。所谓的引致需求存货是指企业对某种存货的需求来自或依赖于对其他存货的需要。例如，汽车制造商对轮胎、电池、前灯以及其他零部件等存货项目的需求完全取决于计划的汽车数量。JIT 的管理目标就是要使这些引致需求存货最小化，完全根据经营需求保有刚好足够的存货数量，以满足立即生产的需要，从而使周转率最大化，有效降低存货资金的占用，提高资金的使用效率。

综合实训

一、单项选择题

1. 持有现金通常会发生四种成本，其中（　　）是一项机会成本。

A. 持有成本　　B. 转换成本
C. 管理成本　　D. 短缺成本

2. 在存货分析模式下最佳现金持有量出现在（　　）时。

A. 机会成本大于转换成本　　B. 机会成本小于转换成本
C. 机会成本等于转换成本　　D. 机会成本和转换成本之和最大

3. 在一定时期，当现金需要量一定时，同现金持有量成反比的成本是（　　）。

A. 管理成本　　B. 资金成本
C. 短缺成本　　D. 机会成本

4. 信用标准是（　　）的重要内容。

A. 收账政策　　B. 信用期限
C. 信用条件　　D. 信用政策

5. 下列项目中，不属于判断客户资信程度高低的5C因素的是（　　）。

A. 客户的信用品质　　B. 客户的偿付能力
C. 客户的资本大小　　D. 客户的名称

6. 下列各项中不属于企业应收账款信用成本内容的是（　　）。

A. 机会成本　　B. 管理成本
C. 短缺成本　　D. 坏账成本

7. 某企业本年销售收入为20 000元，应收账款周转率为4次，期初应收账款余额为3 500元，则期末应收账款余额为（　　）元。

A. 4 000　　B. 5 000
C. 6 000　　D. 6 500

8. 存货控制法中，A类存货属性是（　　）。

A. 金额大、数量多　　B. 金额小、数量多
C. 金额大、数量少　　D. 金额小、数量少

9. 要获得商业折扣模型的最优解，必须先计算（　　）的订货批量。

A. 基本经济批量模型　　B. 陆续到货模型
C. 最小单价段　　D. 最大单价段

10. （　　）是存货决策中的一项无关成本。

A. 订货成本　　B. 储存成本
C. 购置成本　　D. 缺货成本

二、多项选择题

1. 企业的现金包括（　　）。
   A. 银行存款　　B. 其他货币资金
   C. 库存现金　　D. 应收账款
2. 企业持有现金的动机有（　　）。
   A. 预防动机　　B. 交易动机
   C. 投资动机　　D. 投机动机
3. 最佳现金持有量确定的成本分析模式涉及（　　）。
   A. 持有成本　　B. 管理成本
   C. 转换成本　　D. 短缺成本
4. 应收账款的信用政策包括（　　）。
   A. 信用标准　　B. 信用条件
   C. 收账政策　　D. 账龄分析
5. 应收账款机会成本的大小与（　　）有关。
   A. 资本成本　　B. 应收账款平均余额
   C. 现金持有量　　D. 变动成本率
6. 企业如果延长信用期限，可能导致的结果有（　　）。
   A. 扩大当期销售　　B. 延长平均收账期
   C. 增加坏账损失　　D. 增加收账费用
7. 应收账款现金折扣成本是下列项目（　　）的乘积
   A. 赊销净额　　B. 现金折扣率
   C. 平均收账期　　D. 折扣期内付款的销售额比例
8. 基本经济批量模型的假设包括（　　）。
   A. 存货单价不变　　B. 订货瞬时到达
   C. 存货消耗均匀　　D. 不允许缺货
9. 存货的管理技术有（　　）。
   A. 商业折扣模型　　B. 分级归口管理
   C. 适时性管理　　D. 基本经济批量模型
10. 存货成本中与订货的批量紧密相关的项目是（　　）。
   A. 购置成本　　B. 变动成本
   C. 储存成本　　D. 订货成本

三、判断题

1. 营运资本的特点是变现能力与获利能力都比较强。（　　）
2. 持有现金的成本包括机会成本、转换成本、短缺成本与管理成本。（　　）
3. 由于现金是企业正常生产经营所必需的，因此其持有量越多越好。（　　）
4. 应收账款的主要功能是增加销售和存货。（　　）

5. 增加收账费用可以减少坏账损失，当收账费用增加到一定程度时，就不再发生坏账损失。 ( )

6. 企业是否延长信用期限，应将延长信用期后增加的利润与增加的机会成本、管理成本、坏账成本进行比较。 ( )

7. 催收应收账款的最佳选择是通过法律途径。 ( )

8. 存货 ABC 管理法中，A 类存货是指数量少、价值少的那类存货。 ( )

9. 适时制存货管理主要针对引致需求存货进行管理的一种技术。 ( )

10. 利用存货模式确定最佳现金持有量，必须考虑机会成本、转换成本和短缺成本。 ( )

四、计算分析题

1. 某企业预计全年需要现金 100 000 万元，现金与有价证券的转换成本为每次 200 元，有价证券的收益率为 10%。

要求：确定最佳现金持有量以及最小的相关总成本。

2. 假设某企业预测的年度赊销额为 3 000 000 元，应收账款平均收账天数为 60 天，变动成本率为 60%，有价证券投资收益率为 10%.

要求：计算应收账款的机会成本。

3. 某企业采用赊销的方式销售 A 产品，该产品单位售价为 20 元，单位成品的变动成本是 15 元，固定成本总额为 400 000 万元，当企业没有对客户提供现金折扣时，该产品的年销售量为 100 000 件，应收账款的平均收账期为 45 天，坏账损失率为 2%。为增加销售，同时加速应收账款的回收。企业考虑给客户提供“2/10，*n*/60”的信用条件。估计采用新信用政策后，销售量增加 20%，有占销售额 70%的客户将在折扣期内付款，坏账损失率将降为 1%。另外市场利息率为 20%，该企业的生产能力尚有剩余。

要求：选择对企业最有利的信用条件。

4. 某企业产销甲产品，单位售价为 400 元，单位变动成本为 300 元。现接到某客户的追加订单 1 000 件，企业尚有能力接受该追加订单。但客户提出赊账期为 60 天的付款方式，假如在 30 天内付款能给予 2%的现金折扣，客户愿意有 20%的货款在折扣期内支付。根据信用调查，该客户坏账损失率达到 20%。该企业最低的投资报酬率为 15%，收账管理费用为赊销收入的 2%。

要求：计算并决策该企业是否应接受订单。

5. 某企业经销 A 产品，变动成本率为 70%，固定成本为 600 万元。企业的资金成本率为 8%。2011 年该企业有两种信用条件可供选择。

甲方案：给予客户 60 天信用期限（*n*/60），预计销售收入为 5 000 万元，货款将于第 60 天收到，其信用成本为 140 万元。

乙方案：信用条件为（2/10，1/20，*n*/90），预计销售收入为 5 400 万元；将有 30%的货款于第 10 天收到，20%的货款于第 20 天收到：其余 50%的货款于第 90 天收到，预计坏账损失率 2%，收账费用为 50 万元；

要求：（1）计算乙方案的下列指标：

① 应收账款平均收账天数；

② 应收账款平均余额；

③ 维持赊销业务所需的资金；

④ 应收账款的机会成本；

⑤ 现金折扣成本；

⑥ 坏账成本；

⑦采用乙方案的总信用成本。

（2）为该企业作出采取何种信用条件的决策，并说明理由。

6. 某企业所需某种材料的采购总量为 1 000 吨，材料单价为 5 000 元，每次采购费用 800 元，每吨材料平均保管费用为 40 元。

要求：计算经济采购批量及订货周期。

7. 某企业每年需耗用 A 材料 90 000 件，单位材料年存储成本 4 元，平均每次进货费用为 1 800 元，A 材料全年平均单价为 40 元。

要求：计算①基本经济进货批量；②年度最佳进货批数；③相关进货费用；④相关存储成本；⑤经济进货批量相关总成本；⑥经济进货批量平均占用资金。

8. 某企业全年需要 C 零件 1 000 件。当采购量小于 200 件时，单价为 50 元；当采购量达到 200 件时，单价为 48 元；当采购量达到 500 件时，单价为 46 元；当采购量达到 1 000 件时，单价为 45 元。每次订货的变动性订货成本为 20 元，每件 C 零件年变动性储存成本为 10 元。

要求：计算最优采购批量及最小相关总成本。

项目八 利润分配管理

学习目标

通过本章教学，学生可了解利润分配管理的原则和程序，清楚股利支付的方式和程序。掌握目标利润预测的方法，熟悉股利分配政策及其影响因素。

导入案例

驰宏锌锗高额股利分配政策案例

“A股历史上最大红包：驰宏锌锗10股送10股派30元”，2007年3月9日，中国证券网—上海证券报报道，“拟向全体股东每10股送红股10股，派发现金红利30元（含税），驰宏锌锗派发A股历史上最大的‘超级红包’。按该公司股本计算，此预案共计送红股1.95亿股，派现金红利5.85亿元。”驰宏锌锗宣告的股利分配预案是中国股市“史上最牛”的一次分配方案。

云南驰宏锌锗股份有限公司（以下简称驰宏锌锗），属于有色金属矿采选业。股票简称：驰宏锌锗，股票代码：600497，注册资本19 500万元。2000年7月18日，由云南会泽铅锌矿作为主发起人，以其拥有的铅、锌、锗生产与销售相关的生产经营性资产出资，联合云南富盛铅锌有限公司、云南省会泽县国有资产持股经营有限责任公司、云南省以礼河实业有限公司、云南北电电力实业有限公司、昆明理工大学以现金出资，共同发起设立云南驰宏锌锗股份有限公司，总股本9 000万股。

2003年7月，云南省财政厅将云南会泽铅锌矿持有的公司股份全部无偿划转给云南冶金集团总公司持有，云南北电电力实业有限公司将其持有的公司股份全部转让给云南省会泽县国有资产持股经营有限责任公司。2004年4月5日驰宏锌锗向证券市场投资者定价配售发行7 000万股人民币普通股，每股面值1.00元，发行价格每股5.72元。发行后公司总股本变更为16 000万股。公司于4月20日正式上市。2006年6月20日进行股权分置改革。驰宏锌锗的非流通股股东向流通股股东支付1 890万股股份作为股权分置改革的对价安排。对价支付完成后，公司的非流通股股东持有的非流通股股份即获得上市流通权。

2006 年 12 月 4 日定向发行新股收购云南冶金集团持有的昭通铅锌矿的100%权益。根据收购方案，驰宏锌锗以新增股份作为收购价款支付方式。定向发行对象为云南冶金集团，发行价格为 19.17 元/股，数量为 3 500 万股，云南冶金集团以昭通铅锌矿 100%权益认购新增的股份。

2007 年 3 月，驰宏锌锗的股利分配方案为：向全体股东每 10 股送红股 10 股派发现金红利 30 元（含税）。根据该公司现有股本计算，此方案共计送红股 1.95 亿股，派现金红利 5.85 亿元。

思考：股利分配的形式有哪几种？驰宏锌锗采用的是怎样的形式？股利分配政策通常有哪几种类型？你认为案例中驰宏锌锗采用的是哪种股利分配政策？你认为哪些因素促使驰宏锌锗的股利分配方案成为“史上最牛”？

任务一　利润预测的方法

利润预测是指在销售预测的基础上，根据企业未来发展目标和其他相关资料，对企业未来应当达到和有望实现的利润水平及其变动趋势作出的预计和测算。传统的利润预测就是根据事先预计的销售量、成本、价格水平测算有望实现的利润额，其计算公式与事后的实际利润计算并没有本质区别。尽管这种测算利润可以通过若干不同的模式表达出来，但其共性在于必须以销售量、成本、价格等因素为自变量测算出来的利润作为未来的奋斗目标，则其实质反映的不过是“以产销量”或“产品经济”的指导思想和经营方针，不利于加强财务管理。因此，测算利润不是利润预测的重点和终点，而应以目标利润的预测为中心，利润测算要为目标利润服务。

一、目标利润的原则

目标利润应体现如下原则：

（一）可行性

它应该反映未来企业可能实现的最佳利润水平，既先进又合理。

（二）客观性

为保证目标利润具有最大的可能性，在预测目标利润时必须以客观存在的市场环境、技术发展状况为背景，以实现参数为依据，不能脱离现实，单凭拍脑袋想当然乱定目标。

（三）严肃性

目标利润必须经过反复测算、验证调整后方能最终确定，确定后的目标利润应保持相对稳定不得随意更改。

（四）指导性

目标利润不应当是现有业务量、成本、价格的消极后果；相反，对上述因素的未来发展起着某种规定或约束作用，具有指导性。这一点体现在目标利润一经确定，就应及时组织落实为实现目标利润在产量、成本、价格等方面必须达到的各项指标和有关措施，并作为编制全面预算的基础。

二、目标利润的预测步骤

按上述原则，目标利润的预测步骤大致如下：

（一）调查研究，确定利润率标准

选择确定利润率的标准，必须注意从以下三个方面的结合上去考虑：第一，从可供选择的利润率的计算口径上看，主要包括销售利润率、产值利润率和资金利润率等；第二，从可供选择的利润率指标的时间特征上看，主要包括近期平均利润率、历史最高水平的利润率和上级指令性利润率；第三，从可供选择的利润率指标的空间特征上看，主要包括国际、全国、同行业、本地区和本企业的利润率。

利润率标准不宜定得过高或偏低，否则会挫伤企业各方面的积极性和主动性。

（二）计算目标利润率基数

将选定的利润率标准乘以企业预期应达到的有关业务量及资金指标，便可测算出目标利润基数。基本公式：

目标利润基数=有关利润率标准×相关预计指标

1. 如果按销售利润率计算，则目标利润为：

目标利润基数=预定的销售利润率×预计产品销售额

2. 如果按产值利润率计算，则目标利润应写为：

目标利润基数=预定的产值利润率×预计总产值

3. 如果按资金利润率计算，则目标利润应写为：

目标利润基数=预定的资金利润率×预计资金平均占有额

（三）确定目标利润修正值

目标利润修正值是对目标利润基数的调整额。一般可先将目标利润基数与测算利润（即按传统方式预测出来的利润额）进行比较分析，并按本量利分析的原理分项测算为实现目标利润基数而应采取的各项措施（包括单项措施和综合措施），即分别计算各因素的期望值，并分析其可能性。

若期望值与可能相差较大，则适当修改目标利润，确定目标利润修正值。这个过程可反复测算多次，直至各项因为期望值均具有实现可能性为止。

（四）最终下达目标利润、分解落实纳入预算体系

最终下达的目标利润应该为目标利润基数与修正值的代数和。它应反映或能适应预算期企业可望实现的生产经营能力、技术质量保证、物资供应、人力设备及资金流转水平、市场环境等约束条件。按调整措施修订后的诸因素测算的期望利润应与目标利润口径一致。

最终下达的目标利润=目标利润基数×目标利润修正值

目标利润一经确定就应立即纳入预算执行体系，层层分解落实，以此作为采取相应措施的依据。

【例 8-1】目标利润预测分析案例。

某企业只经营一种产品，单价为 100 万元/件，单位变动成本为 60 万元/件，固定成本为 300 000 万元。20×8 年实现销售 10 000 件，获得利润 100 000 万元。

企业按同行先进的资金利润率（20%）预测 20×9 年企业的目标利润基数，预计 20×9 年企业资金占用额为 800 000 万元。

20×9 年目标利润基数＝20%×800 000＝160 000（万元）

按本量利分析原理，可计算出 20×9 年为实现 160 000 万元利润应采取的单项措施（即在考虑某一因素变动时，假定其他因素不变）如下：

（1）增加销量 1 500 件，增长率达到 15%。

保利量＝（300 000+160 000）/（100－60）＝11 500（件）

销售变动量＝11 500－10 000＝1 500（件）

销售变动率＝（1 500）/10 000×100%＝15%

（2）降低单位变动成本 6 万元，降低率达到 10%。

保利单位变动成本＝100－（300 000+160 000）/10 000＝54（万元/件）

单位变动成本变动量＝54－60＝－6（万元/件）

单位变动成本变动率＝（－6）/60×100%＝－10%

（3）压缩固定成本开支 60 000 万元，降低率为 20%。

保利固定成本＝（100－60）×10 000－160 000＝240 000（万元）

固定成本变动额＝240 000－300 000＝－60 000（万元）

固定成本变动率＝（－60 000）/300 000×100%＝－20%

（4）提高单价 6 万元，增长率为 6%。

保利单价＝60+（300 000+160 000）/10 000＝106（万元/件）

单价变动额＝106－100＝6（万元/件）

单价变动率＝6/100×100%＝6%

可见，企业只要采取以上任何一项单项措施均可保证目标利润实现。若假定由于种种原因上述任何一项措施都无法实现，那么，还必须考虑采取综合措施。假定企业可考虑采取下列综合措施（计算过程略）：

（1）为提高产品质量，追加 2%的单位变动成本投入，可使售价提高 3%，则此时实现目标利润的销量期望值为 11 005 件。

（2）假定该产品价格弹性较大，降低价格 10%，可使市场容量增长 16%。若企业生产能力尚有潜力，可以满足市场需要，只要销售 15 334 件，就可实现目标利润。

（3）在市场容量不变的条件下，若追加 5 000 万元的约束性固定成本投入，可以提高自动化水平，提高人工效率，降低材料消耗。只要单位变动成本期望值达到 53.5 万元/件，企业也能实现目标利润。

但是上述综合措施所要求的条件假定仍然无法实现，经过反复测算比较，企业确定的目标利润基数与可能实现利润的测算数之间仍有一定差距（假定为 10 000 万元），目标太高，难以实现，可将目标利润修正值确定为－10 000 万元，则最确定下达的目标利润预测值应为：

160 000-10 000=150 000（万元）

事实上，在企业经营活动的实践过程中，很少是仅由单一因素变动产生影响的，常见的是多因素相互制约的综合性影响。例如，要增加产量，就有可能增加固定成本总额；要提高市场占有率，就必须降低价格；要降低人工成本，就要提高资本的有机构成，必然带来固定成本总额上升等。

任务二　利润分配的原则、程序和方式

利润分配管理是对企业利润与分配的主要活动及其形成的财务关系的组织与调节，是企业将一定时期内创造的经营成果合理地在企业内、外各利益相关者之间进行有效分配的过程。企业的利润分配有广义和狭义两个概念。广义的利润分配是指对企业的收入和净利润进行分配，包括两个层次：第一个层次是对企业收入的分配，这是对成本费用的补偿，是一种初次分配；第二个层次是对企业净利润的分配，这是一种再分配。狭义的利润分配仅仅是指对企业净利润的分配。本章采用的是广义的利润分配概念。

企业通过经营活动取得收入后，要按照补偿成本（费用）、缴纳所得税、提取公积金、向投资者分配利润等顺序进行利润分配。对于企业来说，利润分配不仅是资产保值、保证简单再生产的手段，同时也是资产增值、实现扩大再生产的工具。利润分配还可以满足国家政治职能与组织经济职能的需要，是处理所有者、债权人等各方面物质利益关系的基本手段。

一、利润分配管理的意义

利润与分配管理对于维护企业与各相关利益主体的财务关系、提升企业价值具有重要意义。具体来说，表现在以下三个方面：

（一）利润分配集中体现了企业所有者、债权人与职工之间的利益关系

企业所有者是企业权益资金的提供者，按照谁出资、谁受益的原则，其应得的利润须通过企业的利润分配来实现，而获得投资利润的多少取决于企业盈利状况及利润分配政策。通过利润分配，投资者能实现预期的利润，提高企业的信誉程度，有利于增强企业未来融通资金的能力。

企业的债权人在向企业投入资金的同时也承担了一定的风险，企业的利润分配应体现出对债权人利益的充分保护。除了按时支付到期本金、利息外，企业在进行利润分配时也要考虑对债权人未偿付本金的保障程度，否则将在一定程度上削弱企业的偿债能力，从而降低企业的财务弹性。

职工是创造企业收入和利润的源泉。通过薪资的支付以及各种福利的提供，可以提高职工的工作热情，为企业创造更多价值。因此，为了正确、合理地处理好企业各方利益相关者的需求，就必须对企业所实现的利润进行合理分配。

（二）利润分配是企业再生产的资金保障以及优化资本结构的重要措施

企业再生产过程中所投入的各类资金，随着生产经营活动的进行不断地发生消耗和转移，形成成本费用，最终构成商品价值的一部分。营业收入的取得，为企业成本费用的补偿提供了前提，为企业简单再生产的正常进行创造了条件。通过利润分配，企业能形成一部分可自行安排的资金，可以增强企业生产经营的财力，有利于企业适应市场需要扩大再生产。

此外，留存利润是企业重要的权益资金来源，利润分配的多少，影响企业积累的多少，从而影响权益与负债的比例，即资本结构。企业价值最大化的目标要求企业的资本结构最优，因而利润分配便成了优化资本结构、降低资本成本的重要措施。

（三）利润分配是企业承担社会责任，形成国家建设资金的重要来源之一

在企业正常的生产经营活动中，职工不仅为自己创造价值，还为社会创造了一定的价值，即利润。利润代表企业的新创财富，是企业收入的重要构成部分。除了满足企业自身的生产经营性积累外，通过利润分配，国家财政也能够集中一部分企业利润，由国家有计划地分配使用，实现国家政治职能和经济职能，发展能源、交通和原材料基础工业，为社会经济的发展创造良好条件。

二、利润分配管理的原则

利润分配作为一项重要的财务活动，应当遵循以下原则：

（一）依法分配原则

企业的利润分配必须依法进行。为了规范企业的利润分配行为，维护各利益相关者的合法权益，国家颁布了相关法规，规定了企业利润分配的基本要求、一般程序和重要比例。因此，要求企业的利润分配必须严格按照国家的法规进行。

（二）积累与分配并重原则

企业的利润分配必须坚持积累与分配并重的原则。企业通过经营活动获取利润，既要保证企业简单再生产的持续进行，又要不断积累扩大再生产的财力基础。恰当处理分配与积累之间的关系，留存一部分净利润以供未来分配之需，能够增强企业抵抗风险的能力，同时，也可以提高企业经营的稳定性与安全性。

（三）兼顾各方利益原则

企业的利润分配必须兼顾各方的利益。企业是经济社会的基本单元，企业的利润分配涉及国家、股东、债权人、职工等多方面的利益。正确处理各利益相关者之间的关系，协调其矛盾，对企业的生存、发展是至关重要的。企业在进行利润分配时，应当统筹兼顾，维护各利益相关者的合法权益。

（四）投资与利润对等原则

企业进行利润分配应当体现“谁投资谁受益”、受益大小与投资比例相对等的原则。这是正确处理投资者利益关系的关键。企业在向投资者分配利润时，应本着平等一致的原则，按照投资者投资额的比例进行分配，不允许任何一方随意多分多占，以从根本上实现利润分配中的公开、公平和公正，保护投资者的利益。

三、利润分配管理的内容

企业通过销售产品、提供劳务、转让资产使用权等活动取得收入，而这些收入的去向主要是两个方面：一是弥补成本费用，即为取得收入而发生的资源耗费；二是形成利润，即收入匹配成本费用后的余额。收入、成本费用和利润三者之间的关系可以简单表述为：

收入-成本费用=利润

可以看出，广义的利润分配首先是对企业收入的分配，即对成本费用进行弥补，进而形成利润的过程。然后，对其余额（即利润）按照一定的程序进行再分配。显然，收入的取得、成本费用的发生以及利润的形成与流向构成了利润分配的主要内容。因此，利润分配管理包括收入管理、成本费用管理和利润分配管理三部分。

（一）收入管理

收入是企业利润分配的首要对象。企业的收入多种多样，其中，销售收入是企业收入的主要构成部分，是企业在日常经营活动中，由于销售产品、提供劳务等所形成的货币收入，这是企业能够持续经营的基本条件。企业的再生产过程包括供应、生产和销售三个相互联系的阶段。企业只有把生产出来的产品及时销售出去，取得销售收入，才能保证再生产过程的继续进行。

销售收入的制约因素主要是销量和价格。科学的销售预测可以加速企业的资金周转，提高企业的经济效益。产品价格是企业获得市场占有率、提升产品竞争能力的重要因素。产品价格的制定直接或间接地影响着销售收入。一般来说，价格与销售量呈反向变动关系：价格上升，销量减少；反之，销量增加。企业可以通过不同的价格制定方法与策略来调节产品的销售量，进而影响销售收入。所以，销售预测分析与销售定价管理便构成了收入管理的主要内容。

（二）成本费用管理

企业取得的收入首先应当弥补成本费用，才可以保证企业简单再生产的继续进行。成本费用是商品价值中所耗费的生产资料的价值和劳动者必要劳动所创造的价值之和，在数量上表现为企业的资金耗费。成本费用管理对于提高经营效率、增加企业利润具有重要意义，主要的成本费用管理模式包括归口分级管理、成本性态分析、标准成本管理、作业成本管理和责任成本管理等。

（三）利润分配管理

利润分配是利润分配第二个层次的内容，也是狭义的利润分配。利润是收入弥补成本费用后的余额。由于成本费用包括的内容与表现的形式不同，利润所包含的内容与形式也有一定的区别。若成本费用不包括利息和所得税，则利润表现为息税前利润；若成本费用包括利息而不包括所得税，则利润表现为利润总额；若成本费用包括了利息和所得税，则利润表现为净利润。

本章所指的利润分配是指对净利润的分配。根据我国《公司法》及相关法律制度的规定，公司净利润的分配应按照下列顺序进行：

1. 弥补以前年度亏损

企业在提取法定盈余公积金之前，应先用当年利润弥补亏损。企业年度亏损可以用下一年度的税前利润弥补，下一年度不足弥补的，可以在五年之内用税前利润连续弥补，连续五年未弥补的亏损则只能用税后利润弥补。其中，税后利润弥补亏损可以用当年实现的净利润，也可以用盈余公积金。

2. 提取法定盈余公积金

根据《公司法》的规定，法定盈余公积金的提取比例为当年税后利润（弥补亏损后）的10%。当年法定盈余公积金的累积额已达注册资本的50%时，可以不再提取。法定盈余公积金提取后，根据企业的需要，可用于弥补亏损或转增资本，但企业用盈余公积金转增资本后，法定盈余公积金的余额不得低于转增前公司注册资本的25%。提取法定盈余公积金的目的是为了增加企业内部积累，以利于企业扩大再生产。

3. 提取任意盈余公积金

根据《公司法》的规定，公司从税后利润中提取法定盈余公积金后，为满足企业经营管理的需要，控制向投资者分配利润的水平，以及调整各年度利润分配的波动，经股东会或股东大会决议，还可以从税后利润中提取任意盈余公积金。

4. 向股东（投资者）分配股利（利润）

根据《公司法》的规定，公司弥补亏损和提取盈余公积金后所余税后利润，可以向股东（投资者）分配股利（利润）。其中，有限责任公司股东按照实缴的出资比例分取红利，全体股东约定不按照出资比例分取红利的除外；股份有限公司按照股东持有的股份比例分配，但股份有限公司章程规定不按照持股比例分配的除外。

【例8-2】大成公司开始经营的前八年实现的税前利润（亏损以“-”号表示）如表8-1所示。

表8-1 **大成公司前八年的税前利润表** 单位：万元

年份	1	2	3	4	5	6	7	8
利润	-100	-40	10	10	20	20	60	40

假设除弥补亏损以外没有其他纳税调整事项，企业所得税税率为25%，公司按规定享受连续五年的税前利润弥补亏损政策，按当年净利润（弥补亏损后）的10%提取法定盈余公积金。请回答以下问题：

1. 该公司第七年是否需要缴纳所得税？

2. 该公司第八年是否有利润用于提取法定盈余公积金？是否有利润可供股东分配？

解：1. 公司第1年的亏损100万元可以由五年内的税前利润弥补，但公司用第3~6年的税前利润弥补后尚有40万元亏损未能弥补，需用以后年度的税后利润弥补。公司第7年的利润60万元应弥补第二年发生的亏损40万元，弥补亏损后的利润20万元应缴纳所得税5万元，税后利润15万元还要弥补第一年的亏损，因此第7年应缴纳所得税，但不应提取法定盈余公积金。

2. 该公司第8年的利润40万元应首先缴纳所得税10万元，税后利润30万元弥补第一年的亏损25（40-15）万元后还剩余5万元，因此第8年应提取法定盈余公积金5 000元，剩余的45 000元可分配给股东。

四、股利支付的方式

股利支付方式有多种，常见的有以下几种。

（一）现金股利

现金股利是以现金支付的股利，是公司最常见的、也是最易被投资者接受的股利支付方式。现金股利减少了公司的所有者权益和现金，增加了公司的支付压力。因而公司支付现金股利除了要有累计盈余（特殊情况下可用弥补亏损后的盈余公积金支付）外，还要协调公司的股价、投资需要和股东要求之间的矛盾，并考虑以下因素。

1. 股东的意愿

股东是公司的所有者，对公司的重大经营决策拥有表决权，股利分配方案也必须经股东大会决议通过，因此，股东的意愿决定着公司股利的支付方式。不同类型的股东，其分配意愿不尽相同：有的愿意少分配现金股利，期待获得股票增值的利润；有的则喜欢现金股利。因此，公司在决定股利支付方式时必须充分考虑股东的意愿。

2. 公司投资的需要

投资需要的资金是由对外筹资解决还是通过内部盈余解决，需要考虑公司综合资本成本最低化、资本结构达到最佳化和对外筹资的风险。处于成熟期、经营稳定和信誉好的公司应当采取发放现金股利的方式；处于成长期或投资项目风险较大的公司应尽量不发或少发放现金股利。

3. 现金供应量

支付现金股利受公司现金供应量的限制。公司可供分配的利润不等同于可以用现金方式发放的股利额。公司是否发放现金股利需要考虑股东的意愿、公司的投资需要，还要考虑现金流出对公司生产经营的影响，更要考虑公司的现金供应量。

可用于投资、分派股利的现金=本期经营活动的现金收入+投资活动取得的现金收入+公司对外筹资额-偿还借款等现金支出-经营活动各项现金支出±非经常性项目现金净额

至于公司支付的现金股利占公司现金供应量的比例，国外公司一般控制在40%左右。

（二）股票股利

股票股利是公司以增发的股票作为股利的支付方式，是一种比较特殊的股利，它不会引起公司资产的流出或负债的增加，不改变每位股东的股权比例，只涉及股东权益内部结构的调整，将资金从留存利润账户转移到其他股东权益账户，因此不会引起股东权益总额的改变。

【例8-3】大成公司在发放股票股利前资产负债表上的股东权益账户如表8-1所示。

表8-1　　**发放股票股利前的股东权益账户**　　单位：万元

股本（普通股面值1元，已发行2 000万股）	2 000
资本公积	1 000
留存利润	5 000
股东权益合计	8 000

假定该公司宣布发放10%的股票股利，即股东每100股可得到10股增发的普通股，

公司共发放200万股普通股股利。当时股票的公开市价为每股15元。试列出发放股票股利对股东权益各项目的影响。

随着股票股利的发放，留存利润中有3 000万元（200×15）的资金要转移到股本和资本公积账户上，使之减少到3 000万元。转移到股本账户使股本增加200万元（200×1）而达到2 200万元，其余转移到资本公积账户上，使资本公积增加2 800万元（3 000-200）而达到3 800万元。所以股票股利发放对资产负债表中股东权益各账户的影响如表8-2所示。

表8-2 发放股票股利后的股东权益账户 单位：万元

股本（普通股面值1元，已发行2 000万股）	2 200
资本公积 留存利润 股东权益合计	3 800 2 000 8 000

公司发放股票股利，可能出于以下方面的考虑。

1. 保留现金

发放现金股利会使公司的现金大量减少，可能会使公司由于资金短缺而丧失投资良机或增加公司的财务负担；而发放股票股利，则不会减少公司现金持有量，又能使股东获得投资利润，有利于公司将更多的现金用于投资和扩展业务，减少对外部资金的依赖。

2. 避免股东增加税收负担

对股东而言，得到现金股利需要缴纳所得税，而股票股利则不需要纳税，即使将来出售需要缴纳资本利得税，其税率也较低。

3. 满足股东投资的意愿

股东投资的目的是为了获得投资报酬，一般难以忍受没有报酬的股票，而对于通过股票市场价格的变动获取价差利润的风险又难以承担，此时，发放股票股利可以使股东得到减轻税收负担的好处，又会使股东得到相当于现金股利的利润。

4. 降低公司的股价

发放股票股利可以增加公司流通在外的股份数，使公司股价降低至一个便于交易的范围之内。降低公司的股价有利于吸引更多的中小投资者，提高股票市场占有率，有助于减轻股市大户对股票的冲击，有利于公司进一步增发新股。

（三）财产股利

财产股利是以现金以外的资产支付的股利，主要是以公司所拥有的其他企业的有价证券，如债券、股票，作为股利支付给股东。具体有：①实物股利。发给股东实物资产或实物产品，多用于额外股利的股利形式。这种方式不增加货币资金支出，多用于现金支付能力不足的情况。实物股利的方式会引起公司资产净值的减少，这种形式不经常采用。②证券股利。最常见的财产股利支付方式，是以其他公司的证券代替货币资金发放给股东的股利。由于证券的流动性及安全性均较好，仅次于货币资金，股东愿意接受，对企业来说，把证券作为股利发给股东，既发放了股利，又实际保留了对其他公司的控制权，可谓一举两得。

（四）负债股利

负债股利是公司以负债支付的股利。具体有发行公司债券和开出商业票据支付给股东的两种方式。二者都是带息的票据并有一定的到期日。对股东来说，到期收到货币股利的时间很长，但可获得额外的利息收入；对公司来说，增加了支付利息的财务压力。所以它只是公司已宣布并必须立即发放股息而货币资金不足时采用的一种权宜之策。

财产股利和负债股利实际上是现金股利的替代。这两种股利方式目前在我国公司实务中很少使用，但并非法律所禁止。

五、股利分配的程序

股利分配的程序主要有以下几个阶段：

（一）确定股利分配方案

各国《公司法》规定，公司分配股利，首先由公司董事会根据公司盈余情况和股利政策，拟定股利分配方案（包括配股方案），然后提交股东大会审议通过。只有经股东大会审议通过的股利分配方案才具有法律效力，才能向社会公布；未经股东大会审议通过的分配方案不具有法律效力，不能向社会公布。

（二）股利分配方案宣布和股权登记

股利分配方案经股东大会审议通过后，公司必须及时予以公开宣布，宣布的内容包括：股利分配金额、股利宣告日、股权登记日、除权除息日、实际支付日（派息日）、派息方式（现金或送股等）、配股数额、配股价、领取股利的地点、参加分配的资格等。

1. 股利宣告日

股利宣告日是指将公司股东会议决定的股利分配情况予以公告的日期。例如，大成公司 2010 年 4 月 26 日召开股东会议，宣布每股派现 0.5 元，5 月 7 日为股权登记日，5 月 17 日支付。

2. 股权登记日

股权登记日指有权领取股利的股东资格登记截止日期。只有这一天在公司股东名册上登记有名的股东，方有权领取最近一次发放的股利。在股权登记日以后购买股票的新股东无权参与本次分配。股权登记日一般在分配方案宣布后的 10~20 天内。

3. 除权除息日

除权除息日就是除去股利的日期，也就是领取股利的权利和股票相互分离的日期。在除息日前，股利包含在股票的价格之中，该股票称为含权股（含息股），持有股票就享有获取股利的权利。除息日开始，股利权与股票相互分离，股票价格会下降，此时，股票称为除息股或除权股。而在除息日当日或以后新购买股票的股东则不能享受这次股利。其原因是股票买卖之间的交接过户需要一定的时间，如果有股票的转让，公司可能不能够及时地获得股东变更的资料，只能以原登记的股东为股利支付对象。

例如，如大成公司以 6 月 7 日为股权登记日，则 6 月 8 日为除息日，因此，购买股票的人如果希望获取股利，就必须在 6 月 8 日以前购买，否则，股利仍属于原来的股东。

当公司的现金股利比较丰厚时，除息日对买卖双方就会显得特别重要。在不考虑股市波动的前提下，在除息日股票的价格会下降，下降的幅度与每股股利相当。接前例，大成公司每股派现0.5元，6月7日的收盘价为8.5元，则6月8日的开盘价将下降为8.0元。

4. 股利支付日

股利支付日就是公司向股东正式发放股利的日期。

（三）股利发放

从股利支付日起，公司将在几天内向已经登记在册的各个股东发放应得股利。我国目前的实际发放情况大致有三个渠道：①流通股利：通过证券交易所的各级清算网络直接划到各个入市者的资金账户中。②国有股股利：直接划到政府委托的部门。③法人股、内部职工股的股利：通过托管机构或证券登记机构等中介机构发放或由公司直接发放。

任务三　股利政策选择

一、影响股利政策的因素

（一）法律因素

为了保护债权人和股东的利益，许多国家的有关法规如《公司法》《证券法》和税收相关法律法规都对企业利润分配予以一定的硬性限制。这些限制主要体现在以下几个方面：

（1）资本保全约束。要求利润分配的客体不能来源于原始投资，也就是不能将资本（包括股本和资本公积）用于分配，目的在于使公司能有足够的资本以保护债权人的权益。

（2）股利出自盈利。规定公司年度累计净利润必须为正数时才可发放股利，以前年度亏损必须足额弥补。有税后净利润是股利支付的前提，但不管净利润是本年度实现，还是以前年度实现节余的。

（3）偿债能力约束。如果公司已经无力偿还债务或因发放股利将极大影响公司的偿债能力，则不准发放股利。

（4）资本积累约束。要求企业按照一定比例和基数提取盈余公积金，贯彻无利润不分配的原则。

（5）超额累积利润积累约束。股东接受股利缴纳的所得税高于其进行股票交易的资本利得税，于是许多国家规定公司不得超额累积利润，一旦公司的保留盈余超过法律认可的水平，将被加征额外税额。我国法律对公司累积利润尚未作出限制性规定。

（二）股东因素

股东从自身需要出发，对公司的股利分配往往产生一定的影响。

1. 稳定的收入和避税

一些依靠股利维持生活的股东，往往要求公司支付稳定的股利，若公司留存较多的利润将受到这部分股东的反对。另外，一些高股利收入的股东又出于避税的考虑（股利收入的所得税高于股票交易的资本利得税），往往反对公司发放较多的股利。

2. 控制权的稀释

公司支付较高的股利就会导致留存利润减少，这又意味着将来依靠发行股票等方式筹集资金的可能性增大；而发行新股，尤其是普通股，意味着企业控制权有旁落他人或其他公司的可能，因为发行新股必然稀释公司的控制权，这是公司持有控制权的原股东们所不愿看到的局面。因此，若他们拿不出更多的资金购买新股以满足公司的需要，宁肯不分配股利而反对募集新股。

（三）公司的因素

就公司的经营需要来讲，也存在一些影响股利分配的因素。

（1）盈余的稳定性。公司是否能获得长期稳定的盈余是其股利决策的重要基础。盈余相对稳定的公司有可能支付比盈余不稳定的公司较高的股利，而盈余不稳定的公司一般采取低股利政策。对于盈余不稳定的公司来讲，低股利政策可以降低因盈余下降而造成的股利无法支付、股价急剧下降的风险，还可将更多的盈余再投资，以提高公司权益资本比重，降低财务风险。

（2）资产的流动性。如企业资产的流动性较高，即持有大量的货币资金和其他流动资产，变现能力强，也就可以采取较高的股利率分配股利；反之就应该采取低股利率分配股利。一般来说，企业不应该也不会为了单纯地追求发放高额股利而降低企业资产的流动性，削弱企业的应变能力而去冒较大的财务风险。

（3）举债能力。具有较强举债能力的公司因为能够及时地筹措到所需的现金，有可能采取较宽松的股利政策；而举债能力弱的公司则不得不多滞留盈余，因而往往采取较紧的股利政策。

（4）投资机会。有着良好投资机会的公司需要有强大的资金支持，因而往往少发放股利，将大部分盈余用于投资；缺乏良好投资机会的公司，保留大量现金会造成资金的闲置，于是倾向于支付较高的股利。所以，处于成长中的公司常采取低股利政策，陷于经营收缩的公司则多采取高股利政策。

（5）资本成本。与发行新股相比，留存利润不需付出筹资费用，是一种比较经济的筹资渠道。所以，从资本成本考虑，如果公司有扩大资金的需要，也应当采取低股利政策。

（6）债务需要。具有较高债务偿还需要的公司可以通过举借新债、发行新股筹集资金偿还债务，也可直接用经营积累偿还债务。如果公司认为后者适当的话（比如，前者资本成本高或受其他限制难以进入资本市场）将会减少股利的支付。

（四）其他因素

（1）债务合同约束。公司的债务合同，特别是长期债务合同，往往有限制公司现金支付程度的条款，这使公司只能采取低股利政策。

（2）通货膨胀。在通货膨胀的情况下，公司折旧基金的购买力水平下降，会导致没有足够的资金来源重置固定资产。这时，盈余会被当做弥补折旧基金购买力水平下降的资金来源，因此在通货膨胀时期公司股利政策往往偏紧。

由于存在上述种种影响股利分配的因素，股利政策与股票价格就不是无关的，公司的价值或者说股票价格不会仅仅由其投资的获利能力所决定。

二、股利政策的类型

股利政策是企业就股利分配所采取的策略和方针，如设计多高的股利支付率、以何种形式支付股利、何时支付股利等问题。其目的主要是权衡公司与投资者之间、股东财富最大化与提供足够的资金以保证企业扩大再生产之间、企业股票在市场上的吸引力与企业财务负担之间的各种利弊，然后寻求股利与留存利润之间的比例关系。

支付给股东的盈余与留在企业的保留盈余存在此消彼长的关系。所以，股利分配既决定给股东分配多少红利，也决定有多少净利润留在企业。目前，主要的股利分配政策有以下四种。

（一）剩余股利政策

剩余股利政策就是在公司有着良好的投资机会时，根据一定的目标资本结构（最佳资本结构），测算出投资所需的权益资本，先从盈余当中留用，然后将剩余的盈余作为股利予以分配。采用剩余股利政策时，应遵循以下四个步骤：

（1）设定目标资本结构。即确定权益资本与债务资本的比率，在此资本结构下，加权平均资本成本将达到最低水平。

（2）确定目标资本结构下投资所需的股东权益数额。

（3）最大限度地使用保留盈余来满足投资方案所需的权益资本数额。

（4）投资方案所需权益资本已经满足后，若有剩余盈余，再将其作为股利发放给股东。

【例 8-4】大成公司现有盈利 1 800 000 元，可用于股利发放，也可用于留存。假定该公司的最优资本结构为 50%的负债和 50%的权益。公司现有三种投资方案，预计资本支出预算额分别为 1 500 000 元、2 400 000 元和 3 200 000 元，公司采用的利润分配政策是剩余政策，试计算出三种方案下的股利发放额。计算方法与计算过程见表 6-3。

表 8-3　　股利发放额计算表　　单位：元

项目	投资方案 1	投资方案 2	投资方案 3
（1）资本支出预算额	1 500 000	2 400 000	3 200 000
（2）现有留存利润额	1 800 000	1 800 000	1 800 000
（3）资本预算所需权益资金（1）×50%	750 000	1 200 000	1 600 000
（4）股利发放额（2）－（3）	1 050 000	600 000	200 000
（5）资本预算所需负债资金（1）－（3）	750 000	1 200 000	1 600 000

表 8-3 中资本预算所需权益资金（3）＝资本支出预算额（1）×最佳资本结构下权益资金比率（50%），如 750 000＝1 500 000×50%。

剩余政策的优点是能保持理想的资金结构，使综合资金成本最低。缺点是股利额随投资机会变动，不能与盈余较好地配合。

（二）固定股利政策

固定股利政策就是将每年发放的股利固定在某一水平上并在较长的时期内保持不变，只有当公司认为未来盈余会显著地不可逆转地增长时，才提高年度的股利发放额。

固定股利政策的主要目的是避免出现由于经营不善而削减股利的情况。采用这种股利政策的理由在于：①稳定的股利向市场传递着公司正常发展的信息，有利于树立公司良好形象，增强投资者对公司的信心，稳定股票价格。②稳定的股利额有利于投资者安排股利收入和支出，特别是对那些对股利有着很高依赖性的股东更是如此。而股利忽高忽低的股票则不会受这些股东的欢迎，股票价格会因此而下降。③稳定的股利政策可能会不符合剩余股利理论，但考虑到股票市场会受到多种因素的影响，其中包括股东的心理状态和其他要求，因此为了使股利维持在稳定的水平上，即使推迟某些投资方案或者暂时偏离目标资本结构，也可能要比降低股利或降低股利增长率更为有利。

（三）固定股利支付率政策

固定股利支付率政策就是公司确定一个股利占利润的比率，长期按此比率支付股利的政策。在这一股利政策下，各年股利额随公司经营的好坏而波动，获得盈余较多的年份股利额高，获得盈余少的年份股利额低。

主张实行固定股利支付率的人认为这样能使股利与公司盈余紧密地配合，以体现多盈多分、少盈少分、无盈不分的原则，才算真正公平地对待每一位股东。但是，在这种政策下各年的股利变动较大，极易给人造成公司不稳定的感觉，对于稳定股票价格不利。

固定股利比例政策的优点是充分体现了风险投资与风险利润的对等，缺点是容易使外界产生公司经营不稳定的印象，不利于股票价格的稳定与上涨，很少有公司采用这种政策。

（四）正常股利加额外股利政策

正常股利加额外股利政策就是公司一般情况下每年只支付固定的、数额较低的股利，在盈余多的年份，再根据实际情况向股东发放额外股利。但额外股利并不固定化，不意味着公司永久地提高了规定的股利率。

主张实行正常股利加额外股利政策的人认为：

（1）这种股利政策使公司具有较大的灵活性。当公司盈余较少或投资需用较多资金时，可维持设定的较低但正常的股利，股东不会有股利跌落感；而当盈余有较大幅度增加时，则可适度增发股利，把经济增长的部分利益分配给股东，使他们增强对公司的信心，这有利于稳定股票的价格。

（2）这种股利政策可使那些依靠股利度日的股东每年至少可以得到虽然较低但比较稳定的股利收入，从而吸引住这部分股东。

由于正常股利加额外股利政策的优点是具有较大的灵活性，在维持既定的股利发放水平的同时给企业较大的弹性，对企业和股东都比较有利，因而被很多公司采用。

以上各种股利政策各有所长，公司在分配股利时应结合其基本决策思想，制定适合自己实际情况的股利政策。

综合实训

一、单项选择题

1. 狭义的利润分配是指对（　　）进行的分配。

A. 收入　　B. 成本费用

C. 净利润　　D. 息税前利润

2. 以资源无浪费、设备无故障、产出无废品、工时都有效的假设前提为依据而制定的标准成本是（　　）。

A. 基本标准成本　　B. 理想标准成本

C. 正常标准成本　　D. 现行标准成本

3. 成本中心只对（　　）负责。

A. 固定成本　　B. 可控成本

C. 变动成本　　D. 生产成本

4. 自然利润中心的特征不包括（　　）。

A. 直接面向市场　　B. 具有价格制定权

C. 通常只计算可控成本　　D. 对外销售产品而取得收入

5. 下列关于投资中心的说法不正确的是（　　）。

A. 不对成本、收入和利润负责　　B. 对投资效果负责

C. 是最高层次的责任中心　　D. 承担最大的责任

6. 在投资中心的主要考核指标中，能使个别投资中心的利益与整个企业的利益统一起来的指标是（　　）。

A. 投资利润率　　B. 可控成本

C. 利润总额　　D. 剩余利润

7. 某企业甲责任中心将 A 产品转让给乙责任中心时，厂内银行按 A 产品的单位市场售价向甲支付价款，同时按 A 产品的单位变动成本从乙收取价款。据此可以认为，该项内部交易采用的内部转移价格是（　　）。

A. 市场价格　　B. 协商价格

C. 双重价格　　D. 以成本为基础的转移定价

8. 在确定企业的利润分配政策时，应当考虑相关因素的影响。下列属于应该考虑的股东因素的是（　　）。

A. 投资机会　　B. 资本保全

C. 资本成本　　D. 控制权的稀释

9. 下列股利支付形式中，与现金股利无关的是（　　）。

A. 现金股利　　B. 财产股利

C. 负债股利　　D. 股票股利

10. 如果上市公司以其应付票据作为股利支付给股东，则这种股利的方式称为（　　）。

A. 现金股利　　B. 股票股利
C. 财产股利　　D. 负债股利

二、多项选择题

1. 下列属于销售预测的定量方法有（　　）。
A. 趋势预测分析法　　B. 因果预测分析法
C. 产品寿命周期分析法　　D. 专家判断法
2. 就一般情况而言，下列关于成本差异责任归属的叙述，正确的是（　　）。
A. 材料用量差异的主要责任应由生产部门承担
B. 材料价格差异的主要责任应由采购部门承担
C. 直接人工效率差异的主要责任应由生产部门承担
D. 直接人工工资率差异的主要责任应由劳动人事部门承担
4. 可控成本需要具备的条件包括（　　）。
A. 可以预见　　B. 可以计量
C. 可以调节　　D. 可以控制
5. 利润中心包括两种形式（　　）。
A. 自然利润中心　　B. 投资中心
C. 人为利润中心　　D. 成本中心
6. 投资中心的考核指标有（　　）。
A. 投资利润率　　B. 剩余利润
C. 责任成本　　D. 边际贡献
7. 下列属于内部转移价格的有（　　）。
A. 市场价格　　B. 协商价格
C. 双重价格　　D. 成本转移价格
8. 下列关于利润分配的说法正确的有（　　）。
A. 企业的利润分配必须依法进行
B. 企业的利润分配是对投资者投入的资本所进行的分配
C. 企业进行利润分配时，应当统筹兼顾
D. 企业进行利润分配时，应当正确处理分配与积累的关系
9. 按照资本保全约束的要求，企业发放股利所需资金的来源包括（　　）。
A. 当期利润　　B. 留存利润
C. 原始投资　　D. 股本
10. 下列关于固定股利支付率政策的说法正确的有（　　）。
A. 传递的信息容易成为公司的不利因素
B. 从企业支付能力的角度看，这是一种不稳定的股利政策
C. 比较适用于那些处于稳定发展阶段且财务状况也较稳定的公司

D. 容易使公司面临较大的财务压力

三、判断题

1. 正常标准成本从数额上看，应当大于理想标准成本，但又小于历史平均成本水平。 （ ）

2. 变动制造费用效率差异=（实际产量下实际工时-实际产量下标准工时）×变动制造费用标准分配率，式中的工时指的是机器工时。 （ ）

3. 成本中心只对可控成本负责。 （ ）

4. 人为利润中心通常不仅要计算可控成本，而且还要计算不可控成本。 （ ）

5. 根据《公司法》的规定，法定盈余公积的提取比例为当年税后利润的10%。 （ ）

6. 从理论上说，债权人不得干预企业的资金投向和股利分配方案。 （ ）

7. 剩余股利政策，是指公司生产经营所获得的净利润首先应满足公司的全部资金需求，如果还有剩余，则派发股利；如果没有剩余，则不派发股利。 （ ）

8. 以发行公司债券的方式支付股利属于支付财产股利。 （ ）

9. 对于投资者来说，与现金股利相比，股票股利具有更大的灵活性。 （ ）

10. 在除息日之前，股利权利从属于股票；从除息日开始，新购入股票的投资者不能分享本次已宣告发放的股利。 （ ）

四、计算分析题

1. 大成公司2007—2010年的产品销售量资料如下：

年度	2007	2008	2009	2010
销售量（吨）	2 100	2 040	2 260	2 110
权数	0.1	0.2	0.3	0.4

要求：

（1）根据以上相关资料，用算术平均法预测2011年的销售量；

（2）根据以上相关资料，用加权平均法预测2011年的销售量；

（3）假设2010年预测的销售量为2 200吨，若平滑系数$\alpha=0.6$，要求用指数平滑法预测公司2011年的销售量。

2. 大成公司运用标准成本系统计算甲产品成本，有关资料如下：

（1）本期单位产品直接材料的标准用量为10千克，单位材料的标准价格为2元，单位产品的标准人工工时为5小时，预计标准总工时为2 500小时，标准工资总额为16 000元，标准制造费用总额为70 000元（其中变动制造费用为50 000元，固定制造费用为20 000元）。

（2）其他情况：本期产品的实际产量为490件，耗用直接人工2 400小时，支付工资16 620元，支付制造费用71 300元（其中变动制造费用54 000元，固定制造费用17 300

元)，采购原材料的价格为 2.2 元/千克，本期领用原材料 5 100 千克。

要求：

(1) 编制甲产品标准成本卡，填写下表：

甲产品标准成本卡　　金额单位：元

项目	用量标准	价格标准	单位标准成本
直接材料			
直接人工			
变动制造费用			
固定制造费用			
单位标准成本			

(2) 计算直接材料价格差异和直接材料用量差异，并分析它们产生的可能原因（每项差异说出两个因素即可）；

(3) 计算直接人工效率差异和直接人工工资率差异，并分析它们产生的可能原因(每项差异说出两个因素即可)；

(4) 计算变动制造费用效率差异、变动制造费用耗费差异、变动制造费用成本差异；

(5) 计算固定制造费用成本差异、固定制造费用耗费差异、固定制造费用能量差异、固定制造费用产量差异和固定制造费用效率差异。

3. 某集团公司下设 A、B 两个投资中心。A 中心的投资额为 500 万元，投资利润率为 12%，剩余利润为 10 万元；B 中心的投资利润率为 15%，剩余利润为 30 万元。集团公司决定追加投资 200 万元，若投向 A 中心，每年增加利润 25 万元；若投向 B 中心，每年增加利润 30 万元。

要求计算下列指标：

(1) 追加投资前 A 中心的最低投资利润以及集团公司规定的最低投资利润率；

(2) 追加投资前 B 中心的投资额；

(3) 追加投资前集团公司的投资利润率；

(4) 若 A 公司接受追加投资，其剩余利润和投资利润率；

(5) 若 B 公司接受追加投资，其投资利润率和剩余利润；

(6) 从集团公司看，应向谁追加投资，并说明理由；

(7) 计算追加投资后的集团公司的投资利润率。

4. 某公司成立于 2009 年 1 月 1 日，2009 年度实现的净利润为 1 000 万元，分配现金股利 550 万元，提取盈余公积 450 万元（所提盈余公积均已指定用途）。2010 年实现的净利润为 900 万元（未计提盈余公积）。2011 年计划增加投资，所需资金为 700 万元。假定公司目标资本结构为自有资金占 60%，借入资金占 40%。

要求：

(1) 在保持目标资本结构的前提下，计算 2011 年投资方案所需的自有资金额和需要从外部借入的资金额；

（2）在保持目标资本结构的前提下，如果公司执行剩余股利政策。计算2010年度应分配的现金股利；

（3）在不考虑目标资本结构的前提下，如果公司执行固定股利政策，计算2010年度应分配的现金股利、可用于2011年投资的留存利润和需要额外筹集的资金额；

（4）不考虑目标资本结构的前提下，如果公司执行固定股利支付率政策，计算该公司的股利支付率和2010年度应分配的现金股利；

（5）假定公司2011年面临着从外部筹资的困难，只能从内部筹资，不考虑目标资本结构，计算在此情况下2010年度应分配的现金股利。

项目九 财务预算

学习目标

通过本章的学习，学生可了解财务预算的含义及其特征，了解财务预算的作用及其在全面预算中的地位，了解财务预算的工作组织。熟悉各种财务预算编制方法的优缺点及适用范围，掌握财务预算的编制程序与编制方法，掌握预计财务报表的编制方法。

案例导入

桂南公司的财务副总经理王林主要负责在2013年年末编制该企业2014年的全面预算。由于他是第一次接手该项工作，所以有许多问题不甚明确。2013年年底已经迫近，王林只能先行进入工作状态，一面进行全面预算的编制，一面对操作中的错误予以纠正。以下是他进行预算组织工作的详细记录。

(1) 12月10日，为全公司各生产部门和职能部门下达编制全面预算的任务，预算的编制顺序为“两下两上”，即先由基层单位编制初稿，上交公司统一汇总、协调，然后再返还基层单位修改，修改后再次上交总公司以调整、确认。

(2) 12月11日，发专门文件说明预算的本质是财务计划，是预先的决策。

(3) 12月12日，专门指定生产部门先将生产计划编制出来，提前上交，因为生产部门的生产计划是全部预算的开端。

(4) 12月15日，设计预算编制程序如下：①成立预算委员会，由公司董事长任主任；②确定全面预算只包括短期预算；③由预算委员会提出具体生产任务和其他任务；④由各部门负责人自拟分项预算；⑤上报分项预算给公司预算委员会，汇总形成全面预算；⑥由董事会对预算进行审查；⑦将预算下达给各部门实施。

(5) 12月20日，截止到该日，已上交的营业预算有：销售预算、生产预算、直接人工预算、直接材料采购预算、制造费用预算、销售费用预算、预计利润表。王林认为营业预算已经基本上交完毕。资本支出预算也刚刚交来，被归入营业预算中。其主要内容是关于 2014 年购买厂房和土地的问题。

(6) 12 月 21 日，收到的现金预算中有以下几项内容：现金收入、现金支出、现金结余。王林把现金预算归入销售预算内，因为销售是企业现金的主要来源。

(7) 12 月 22 日，交来的预计资产负债表被王林退回，认为它不在预算之列。

(8) 12 月 25 日，王林强行要求所有与生产成本相关的预算都以零基预算的方式进行。基层单位负责人反映该企业为方便业绩考核，前任财务经理对生产成本一直实施滚动预算，况且重新搜集成本资料支出过大，时限过长。

(9) 12 月 28 日，生产经理的基本职责有两方面：生产控制和成本控制。公司要求生产经理作固定预算，生产经理强烈反对，认为只有弹性预算才能把生产控制和成本控制分开，便于考核业绩。

(10) 12 月 31 日，预计出下一期股利的支付政策和方案，并把它列入专门决策预算。

根据上述材料，请你指出王林在预算组织工作中存在的错误。请问，你知道什么是零基预算、滚动预算、弹性预算、固定预算吗？如果你是王林，在编制预算过程中应注意哪些问题？

任务一　财务预算概述

一、财务预算的含义及其特征

（一）财务预算的含义

预算是用货币形式表现的，用于控制企业未来经济活动的计划，是企业经营决策所确定的目标的货币表现。财务预算是一系列专门反映企业未来一定预算期内预计财务状况和经营成果，以及现金收支等价值指标的各种预算的总称，具体包括现金预算、财务费用预算、预计利润表、预计资产负债表和预计现金流量表等内容。财务预算的编制主要是由财务部门利用各业务、职能部门传递来的各项经营预算和资本支出预算资料来完成的，财务预算必须服从决策目标的要求，使决策目标具体化、系统化、定量化。

（二）财务预算的特征

财务预算属于企业计划体系的组成内容，是以货币表现的企业长期发展规划和近期经济活动的计划。同时，财务预算又是企业全面预算的一个重要方面，它与企业各业务预算（即产、销、存预算）相互联系、相辅相成，共同构成企业完整的全面预算体系。财务预算具有综合性和导向性特征。

1. 综合性

对于企业各业务预算而言，无论是生产预算还是销售预算，无论是流量预算还是存量预算，除涉及成本、价格等价值指标外，更重要的是产、销、存的数量、结构等实物性指标的预算。由于这些实物性指标的一个重要特征就是不能加总，而必须按不同产品分别计量，因而决定了业务预算具有相对性的特征。不仅如此，就成本、价格等价值性指标来说，也是一些分项目、分品种的具体性指标，如生产成本既要按品种编制单位成本计划，又要按成本项目编制直接材料预算、直接人工预算和制造费用预算；再如产品销售价格，不仅要按品种进行计划，而且还应按不同质量等级、不同销售渠道（即是内部转移还是对外销售）等分别予以制定。相比之下，财务预算，无论是损益预算还是现金预算，均是以货币为计量单位的价值预算。

由于价值的抽象性特征，决定了不同产品、不同经营项目以及不同财务事项的数量方面能够直接汇总成为综合性的财务指标。不仅如此，就财务预算指标的设置而言，为便于其与实际指标的对比分析，通常要求与财务报表项目的口径保持一致。而我们知道，财务报表的每一个项目均是企业经营及财务活动某一特定方面数量状况的综合反映，据此设置的财务预算指标无疑就具有综合性的特征。

2. 导向性

企业管理以财务管理为中心，而财务管理以财务目标为导向。这里，以财务目标为导向，就是企业的一切经济活动均应从企业的财务目标出发，体现实现企业财务目标的要求。作为以财务目标为起点进行层层分解所形成的控制指标体系，企业财务预算是财务目标的具体化。其中，财务预算中的损益预算指标是财务目标之收益目标的具体化，现金预算则是财务目标之风险控制目标的具体化。这两个方面综合起来，也就体现了收益与风险的最佳组合——企业价值最大化的目标要求。企业财务预算的这一属性决定了其对企业经济活动具有导向作用，它是财务目标导向作用的具体实现程序。如果说财务目标属于总体上的观念导向，那么财务预算则是具体层次上的行为导向。这种行为导向主要体现为，企业的一切经济活动均应以预算指标为控制依据，符合实现预算指标的要求。

二、财务预算的作用

财务预算的作用主要表现在以下几个方面：

（一）财务预算可以明确工作目标

财务预算是以各项业务预算和专门决策预算为基础，以价值尺度为指标编制的综合性预算，规定了企业一定时期的总目标以及各部门的具体财务目标。各部门根据自身的具体目标安排各自的经济活动，设想达到各目标拟采取的办法和措施，从而也就明确了自己的职责和努力的方向，同时也了解了本部门的经济活动与整个企业经营目标之间的关系，各部门如果都完成了自己的具体目标，企业的总体目标也就自然得以实现。

（二）财务预算可以实现企业内部各个部门之间的协调

从系统论的观点来看，局部计划的最优化，对全局来说不一定是最合理的。为了使各个职能部门向着共同的战略目标前进，它们的经济活动必须密切配合，相互协调，统筹兼顾，全面安排，搞好综合平衡。通过各部门预算的综合平衡，能促使各部门管理人员清楚地了解本部门在全局中的地位和作用，尽可能地做好部门之间的协调工作。各级各部门因其职责不同，往往会出现相互冲突的现象。各部门之间必须协调一致，才能最大限度地实现企业整体目标。例如，企业的销售、生产、财务等各部门可以分别编制出对自己来说最好的计划，而该计划在其他部门却不一定能行得通。销售部门根据市场预测提出了一个庞大的销售计划，生产部门可能没有那么大的生产能力。生产部门可能编制一个充分利用现有生产能力的计划，但销售部门可能无力将这些产品销售出去。销售部门和生产部门都认为应该扩大生产能力，财务部门却认为无法筹到必要的资金。财务预算经过综合平衡后可以提供解决各级各部门冲突的最佳办法、代表企业的最优方案，可以使各级各部门的工作在此基础上协调地进行。

（三）财务预算可以作为业绩考核的标准

财务预算作为企业财务活动的行为标准，使各项活动的实际执行有章可循，其预算标准可以作为各部门责任考核的依据。经过分解落实的预算规划目标能与部门、责任人的业绩考评结合起来，成为奖勤罚懒、评估优劣的准绳。

（四）财务预算可以控制各部门日常活动

财务预算在使企业各部门明确工作目标的同时，也为其日常工作提供了控制依据。预算进入实施阶段以后，各部门管理工作的重心也自然转入了日常控制，即设法使经济活动按预算进行。这就要求各部门应以各项预算为标准，通过计量对比，及时提供实际偏离预算的差异数，并分析原因，以便采取有效措施，挖掘潜力，巩固成绩，弥补不足，保证预算目标的顺利实现。

三、财务预算在全面预算中的地位

全面预算是指根据企业目标所编制的经营、资本、财务等年度收支总体计划，具体包括业务预算、专门决策预算与财务预算三大类。其结构如图 9-1 所示。

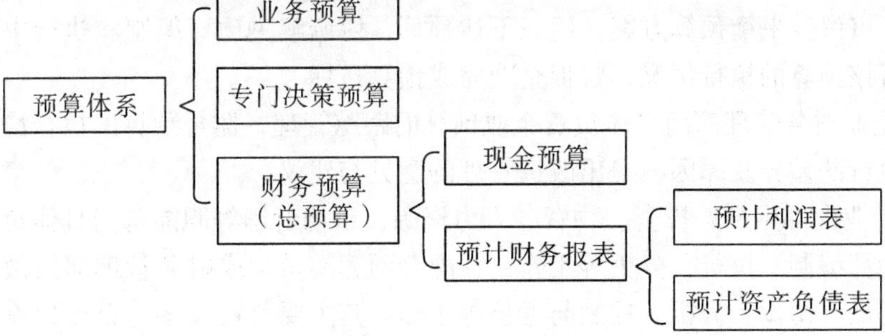

图 9-1　全面预算体系

（一）业务预算

业务预算，又称经营预算，是指与企业日常经营活动直接相关的经营业务的各种预算。它主要包括：销售预算、生产预算、直接材料预算、直接人工及其他直接支出预算、制造费用预算、产品生产成本预算、期末存货预算、销售费用预算、管理费用预算等。这类预算前后衔接，相互勾稽，通常与企业利润表的计算有关，大多以实物量指标和价值量指标分别反映企业收入与费用的构成情况。

（二）专门决策预算

专门决策预算，又称特种决策预算，是指企业为不经常发生的长期投资决策项目或一次性专门业务所编制的预算。具体包括资本支出预算和一次性专门业务预算。资本支出预算是根据经过审核批准的各个长期投资决策项目编制的，它实际上是决策选中方案的进一步规划。一次性专门业务预算是为了配合财务预算的编制，为了便于控制和监督，对企业日常财务活动中发生的一次性的专门业务，如筹措资金、投放资金及其他财务决策（发放股息、红利等）编制的预算。

（三）财务预算

财务预算作为全面预算体系中的最后环节，可以从价值方面总括地反映经营期专门决策预算与业务预算的结果，亦称为总预算。其他预算则相应被称为辅助预算或分预算。在现代企业财务管理中，财务预算必须服从决策目标的要求。同时，财务预算又能使决策目标具体化、系统化和定量化，能够明确规定企业有关生产经营人员各自的职责及相应的奋斗目标，做到人人事先心中有数。财务预算还有助于财务目标的顺利实现，通过财务预算，可以建立评价企业财务状况的标准，以预算数作为标准的依据，将实际数与预算数对比，及时发现问题和调整偏差，使企业的经济活动按预定的目标进行，从而实现企业的财务目标。由此可见，财务预算在全面预算体系中占有举足轻重的地位。

四、财务预算工作的组织

财务预算工作的组织包括决策层、管理层、执行层和考核层，具体如下：

（1）企业董事会或类似机构应当对企业预算的管理工作负总责。企业董事会或者经理办公会可以根据情况设立预算委员会或指定财务管理部门负责预算管理事宜，并对企业法人代表负责。

（2）预算委员会或财务管理部门主要拟订预算的目标、政策，制定预算管理的具体措施和办法，审议、平衡预算方案，组织下达预算，协调解决预算编制和执行中的问题，组织审计、考核预算的执行情况，督促企业完成预算目标。

（3）企业财务管理部门具体负责企业预算的跟踪管理，监督预算的执行情况，分析预算与实际执行的差异及原因，提出改进管理的意见与建议。

（4）企业内部生产、投资、物资、人力资源、市场营销等职能部门具体负责本部门业务涉及的预算编制、执行、分析等工作，并配合预算委员会或财务管理部门做好企业总预算的综合平衡、协调、分析、控制与考核等工作。其主要负责人参与企业预算委员会的工作，并对本部门预算执行结果承担责任。

（5）企业所属基层单位是企业预算的基本单位，在企业财务管理部门的指导下，负责本单位现金流量、经营成果和各项成本费用预算的编制、控制、分析工作，接受企业的检查、考核。其主要负责人对本单位财务预算的执行结果承担责任。

任务二　财务预算编制方法

财务预算的编制是一项专业性、技术性和操作性很强的工作。编制财务预算需采用专门的方法，企业可以根据不同的预算项目，分别采用固定预算、弹性预算、增量预算、零基预算、定期预算、滚动预算等方法进行编制。

一、固定预算与弹性预算

按业务量基础的数量特征不同，财务预算方法可分为固定预算方法和弹性预算方法。

（一）固定预算

1. 固定预算的含义

固定预算，又称静态预算，是指在编制预算时，只根据预算期内正常的、可实现的某一固定业务量（如生产量、销售量）水平作为唯一基础来编制预算的一种方法。一般来说，固定预算方法只能适用于固定费用后者数额比较稳定的预算项目。它是把企业预算期的业务量固定在某一预计水平上，并以此作为唯一的基础来编制预算。

固定预算的基本特征：

（1）不考虑预算期内业务活动水平可能发生的变动，而只以预算期内计划预定的某一共同的活动水平为基础确定相应的数据。

（2）将实际结果与按预算期内计划预定的某一共同的活动水平为基础所确定的预算数进行比较分析，并据以进行业绩评价、考核。

2. 固定预算的优缺点

固定预算的优点：简便易行。

固定预算的缺点：固定预算是根据预算期内一种可能达到的预计业务量水平编制的预算。一旦预计业务量与实际业务量水平相差甚远时，必然导致有关成本费用及利润的实际水平与预算水平因基础不同而失去可比性，不利于开展控制和考核。例如，某企业预计业务量为销售 100 000 件产品，按此业务量给销售部门的预算费用为 5 000 元。如果该销售部门实际销售量达到 120 000 件，超出了预算业务量，固定预算下的费用预算仍为 5 000元。

由于固定预算方法存有机械呆板、可比性差等缺点，因此对于那些未来业务量不稳定，其水平经常发生波动的企业来说，如果采用固定预算方法，就可能对企业预算的业绩考核和评价产生扭曲甚至误导作用。

（二）弹性预算

1. 弹性预算的含义

弹性预算，又称变动预算或滑动预算，是固定预算的对称。它是根据预算期内一系列可能达到的预计业务量水平而编制的能适应多种情况的预算。弹性预算的基本原理是将成本费用按照成本习性划分为固定成本和变动成本两大部分。编制弹性预算时对固定成本不予调整，只对变动成本进行调整。弹性预算能随业务量的变动而变动，使预算执行情况的评价和考核建立在更加客观可比的基础上，可以充分发挥预算在管理中的控制作用。由于未来业务量的变动会影响到成本、费用、利润等各个方面。因此，弹性预算方法从理论上讲适用于编制全面预算中所有与业务量有关的各种预算。但在实际工作中，弹性预算方法主要用于编制弹性成本费用预算和弹性利润预算等。编制弹性预算所依据的业务量可以是产量、销售量、直接人工工时、机器工时、材料消耗量和直接人工工资等。

2. 弹性预算的优缺点

弹性预算方法的优点：一是弹性预算方法能够适应不同经营活动情况的变化，扩大预算的范围，可以更好地发挥预算的控制作用，避免了在实际情况发生变化时对预算作频繁的修改；二是弹性预算方法能够使预算对实际执行情况的评价与考核建立在更加客观可比的基础之上。

弹性预算方法的缺点：相对于固定预算来说，编制方法相对比较复杂，工作量较大。

3. 弹性预算的编制方法

(1) 弹性成本预算的编制，可以采用公式法，也可以采用列表法。

①公式法。公式法是假设成本和业务量之间存在线性关系，成本总额、固定成本总额、业务量和单位变动成本之间的变动关系可以表示为：

$$Y=a+bx$$

其中 Y 是成本总额，a 表示不随业务量变动而变动的那部分固定成本，b 是单位变动成本，x 是业务量，某项目成本总额 Y 是该项目固定成本总额和变动成本总额之和。这种方法要求按上述成本与业务量之间的线性假定，将企业各项目成本总额分解为变动成本和固定成本两部分。

【例 9-1】 某企业的制造费用项目单位变动费用和固定费用资料如表 9-1 所示。

表 9-1　　**某企业制造费用项目单位变动费用和固定费用资料**

费用明细项目	单位变动费用（元/工时）	费用明细项目	固定费用（元）
变动费用：		固定费用：	
间接人工	0.5	维护费用	12 000
间接材料	0.6	折旧费用	30 000
维护费用	0.4	管理费用	20 000
水电费用	0.3	保险费用	10 000
机物料	0.2	财产税	5 000
小计	2.0	小计	77 000

假设该企业预算期可能的预算工时变动范围为 49 000~51 000 工时，制造费用弹性预算如表 9-2 所示。

表 9-2　　某企业制造费用弹性预算表（公式法）

工时变动范围：49 000~51 000 小时　　单位：元

项目	a	b
固定部分 维护费用 折旧费用 管理费用 保险费用 财产税	 12 000 30 000 20 000 10 000 5 000	 — — — — —
小计	77 000	—
变动部分 间接人工 间接材料 维护费用 水电费用 机物料	 — — — — —	 0.5 0.6 0.4 0.3 0.2
小计	—	2.0
总计	77 000	2.0

若预计生产工时为 50 000 小时：

则预计发生制造费用=77 000+50 000×2=177 000（元）

公式法的优点是在一定范围内预算可以随业务量变动而变动，可比性和适应性强，编制预算的工作量相对较小；缺点是按公式进行成本分解比较麻烦，对每个费用子项目甚至细目逐一进行成本分解，工作量很大。

②列表法。列表法是指通过列表的方式，将与各种业务量对应的预算数列示出来的一种弹性预算编制方法。

【例 9-2】假定有关资料同表 9-1。预算期企业可能的直接人工工时分别为 49 000 工时、49 500 工时、50 000 工时、50 500 工时和 51 000 工时。用列表法编制制造费用弹性预算如表 9-3 所示。

表 9-3　　某企业制造费用弹性预算表（列表法）　　单位：元

费用明细项目	单位变动费用	业务量				
		49 000	49 500	50 000	50 500	51 000
变动费用：						
间接人工	0.5	24 500	24 750	25 000	25 250	25 500
间接材料	0.6	29 400	29 700	30 000	30 300	30 600
维护费用	0.4	19 600	19 800	20 000	20 200	20 400
水电费用	0.3	14 700	14 850	15 000	15 150	15 300
机物料	0.2	9 800	9 900	10 000	10 100	10 200
小计	2.0	98 000	99 000	100 000	101 000	102 000

表9-3(续)

费用明细项目	单位变动费用	业务量				
		49 000	49 500	50 000	50 500	51 000
固定费用： 维护费用 折旧费用 管理费用 保险费用 财产税		 12 000 30 000 20 000 10 000 5 000	 12 000 30 000 20 000 10 000 5 000	 12 000 30 000 20 000 10 000 5 000	 12 000 30 000 20 000 10 000 5 000	 12 000 30 000 20 000 10 000 5 000
小计		77 000	77 000	77 000	77 000	77 000
制造费用合计		175 000	176 000	177 000	178 000	179 000

列表法的主要优点是可以直接从表中查得各种业务量下的成本费用预算，不用再另行计算，因此直接、简便；缺点是编制工作量较大，而且由于预算数不能随业务量变动而任意变动，弹性仍然不足。

（2）弹性利润预算的编制，可以采用因素法，也可以采用百分比法。

①因素法。该方法是根据利润与收入、成本的关系，列表反映这些因素变动时相应的预算利润水平。

【例9-3】预计某公司预算年度A产品的销售量的有效变动范围为8 000~12 000件，销售单价120元，单位变动成本80元，固定成本总额为80 000元。根据以上资料编制某公司弹性利润预算表如表9-4所示。

表9-4　**某公司弹性利润预算（因素法）**　单位：元

销售量/件	8 000	9 000	10 000	11 000	12 000
单价	120	120	120	120	120
单位变动成本	80	80	80	80	80
销售收入	960 000	1 080 000	1 200 000	1 320 000	1 440 000
减：变动成本	640 000	720 000	800 000	880 000	960 000
边际贡献	320 000	360 000	400 000	440 000	480 000
减：固定成本	80 000	80 000	80 000	80 000	80 000
营业利润	240 000	280 000	320 000	360 000	400 000

该方法适用于单一品种经营或采用分算法处理固定成本的多品种经营的企业。

②百分比法。百分比法也称销售百分比法，是指按不同项目占销售额的百分比，列表反映在销售业务量的有效变动范围内不同销售收入百分比相应的预算利润水平的一种方法。

【例9-4】某公司预算年度的销售业务量达到100%时的销售收入为1 200 000元，变动成本为800 000元，固定成本为80 000元。根据以上资料，按10%的间隔编制某公司弹性利润预算如表9-5所示。

表 9-5　　某公司弹性利润预算（百分比法）　　单位：元

销售收入百分比（1）	80%	90%	100%	110%	120%
销售收入（2）= 1 200 000×（1）	960 000	1 080 000	1 200 000	1 320 000	1 440 000
变动成本（3）= 800 000×（1）	640 000	720 000	800 000	880 000	960 000
边际贡献（4）=（2）-（3）	320 000	360 000	400 000	440 000	480 000
固定成本（5）	80 000	80 000	80 000	80 000	80 000
利润总额（6）=（4）-（5）	240 000	280 000	320 000	360 000	400 000

二、增量预算与零基预算

按编制成本费用预算出发点的特征不同，财务预算方法可分为增量预算方法和零基预算方法。

（一）增量预算

1. 增量预算的含义

增量预算，又称调整预算，是指以基期成本费用水平为基础，结合预算期业务量水平及有关影响成本因素的未来变动情况，通过调整有关原有费用项目而编制预算的一种方法。传统的预算编制方法基本上采用的是增量预算方法，即以基期的实际预算为基础，对预算值进行增减调整。

2. 增量预算的假定

这种方法的基本假定是：第一，现有的业务活动是企业所必需的。只有保留企业现有的每项业务活动，才能使企业的经营正常开展。第二，原有的各项开支都是合理的。既然现有的业务活动是必须的，那么原有的各项费用开支就一定是合理的，必须予以保留。第三，增加费用预算是值得的，未来预算期的费用变动是在现有费用的基础上调整的结果。

3. 增量预算的优缺点

增量预算方法的优点：比较简单。

增量预算方法的缺点：它以过去的水平为基础，实际上是承认过去发生的一切是合理的，无需改进，因循沿袭下去。如某企业上年的制造费用为 50 000 元，考虑到本年生产任务增大 10%，按增量预算编制的计划年度制造费用预算 = 50 000×（1+10%）= 55 000（元）。这样一方面可能使原来不合理的费用开支继续存在下去，造成预算的浪费；另一方面也可能造成预算的不足，不利于企业未来的发展。同时，也会滋长预算中的“平均主义”和“简单化”。采用此预算方法，容易鼓励预算编制人员凭主观臆断按成本项目平均削减预算或只增不减，不利于调动各部门降低费用的积极性。

（二）零基预算

1. 零基预算的含义

零基预算，又称零底预算。它是指在编制成本费用预算时，不考虑以往会计期间所发生的费用项目或费用数额，而是将所有的预算支出均以零为出发点，一切从实际需要与可能出发，像对待决策项目一样，逐项审议各项费用的内容及开支标准是否合理，在综合平衡的基础上编制费用预算的一种方法。该预算方法特别适用于产出较难辨认的服务性部门费用预算的编制。

零基预算方法是为克服增量预算法的不足而设计的。它是由美国德州仪器公司彼得·派尔在20世纪70年代提出来的，现已被西方国家广泛采用，成为管理间接费用的一种新的有效方法。

零基预算方法打破了传统的编制预算观念，它要求对各个业务项目需要多少人力、物力和财力逐个进行估算并说明其经济效果，在此基础上，按项目的轻重缓急性质分配预算经费，这种预算不再以历史资料为基础修修补补，而是一切以零为出发点，一切推倒重来，零基预算方法即因此而得名。

2. 零基预算的优缺点

零基预算方法的优点：①有利于提高员工的“投入—产出”意识。零基预算是以“零”为起点观察和分析所有业务活动，并且不考虑过去的支出水平，因此，需要动员企业的全体员工参与预算编制，这样使得不合理的因素不能继续保留下去，从投入开始减少浪费，通过成本—效益分析，提高产出水平，从而能使投入产出意识得以增强。②有利于合理分配资金。每项业务经过成本—效益分析，对每个业务项目是否应该存在、支出金额多少，都要进行分析计算，精打细算，量力而行，能使有限的资金流向富有成效的项目，所分配的资金能更加合理。③有利于发挥基层单位参与预算编制的创造性。零基预算的编制过程，企业内部情况易于沟通和协调，企业整体目标更趋明确，多业务项目的轻重缓急容易得到共识，有助于调动基层单位参与预算编制的主动性、积极性和创造性。④有利于提高预算管理水平。零基预算极大地增加了预算的透明度，预算支出中的人头经费和专项经费一目了然，各级之间争吵的现象可能缓解，预算会更加切合实际，会更好地起到控制作用，整个预算的编制和执行也能逐步规范，预算管理水平会得以提高。

零基预算方法的缺点：一切从零开始，需要对企业现状和市场进行大量研究，对现有资金使用效果和投入产出关系进行定量分析等，这势必耗费大量的人力、物力和财力，预算编制工作量大，其花费的时间和代价远比不太精确的预算过程高，有时甚至得不偿失。有的企业每隔若干年进行一次零基预算，以后几年内略做适当调整，这样既简化了预算编制的工作量，又能适当控制费用。

3. 零基预算的编制程序

（1）确定预算单位。预算单位有时称为“基本预算单位”，也可以定义为主要的基本建设项目、专项工作任务或者是主要项目。在实践中，通常由高层管理者来确定哪一级机构、部门或者项目为预算单位。

（2）提出相应预算方案。预算单位针对企业在预算年度的总体目标以及由此确定的各预算单位的具体目标和业务活动水平，提出相应的费用预算方案，并说明每一项费用开支的理由与数额。

（3）进行成本和效益分析。比较每一项费用及相应的效益，评价每项费用开支计划的重要程度，区分不可避免成本与可延缓成本。

（4）决定预算项目资金分配方案。将预算期可动用的资金在预算单位内各项目之间进行分配，对不可避免成本项目优先安排资金，对可延缓成本项目根据可动用资金情况，按轻重缓急、收益大小分配资金。

（5）编制明细费用预算。预算单位经协调后具体规定有关指标，逐项下达费用预算。

【例 9-5】某公司采用零基预算编制 2019 年销售及管理费用预算，其编制程序如下：

步骤一，由销售及管理部门的全体职工，根据预算期全公司的总体目标和本部门的具体目标，进行反复讨论，提出预算期可能发生的一些费用项目及金额，如表 9-6 所示。

表 9-6　　2019 年可能发生的销售及管理费用项目及金额　　单位：元

费用项目	开支费用
广告费	300 000
差旅费	200 000
培训费	100 000
业务招待费	200 000
保险费	140 000
办公费	160 000
合计	1 100 000

步骤二，经过充分论证，得出以下结论：上述费用项目中除了业务招待费和广告费以外都不能再压缩了，必须得到全部保证。根据历史资料对业务招待费和广告费进行成本—效益分析，得出以下结论：广告费投入成本 1 元，可获收益 10 元；业务招待费投入成本 1 元，可获收益 5 元。

步骤三，权衡上述各项成本费用开支的轻重缓急，排出层次和顺序：由于差旅费、培训费、保险费和办公费在预算期必不可少，需要得到全额保证，属于不可避免的约束性固定成本，所以列为第一层次；因为业务招待费和广告费可根据预算期间企业财力的情况增减，属于固定成本，而其中广告费用的成本—效益较大，应列为第二层次；业务招待费的成本相对较小，因此列为第三层次。

假定某公司预算年度对上述各项费用可安排的资金只有 900 000 元，根据以上排序分配资金，最终落实的预算金额如下：

（1）确定不可避免项目的预算资金：

200 000+100 000+140 000+160 000=600 000（元）

（2）确定可分配的资金数额：

900 000-600 000=300 000（元）

（3）按成本—效益比将可分配资金数额在广告费和业务招待费之间进行分配：

广告费可分配资金=300 000×10/（10+5）=200 000（元）

业务招待费可分配资金=300 000×5/（10+5）=100 000（元）

步骤四，编制销售及管理费用零基预算，如表 9-7 所示。

表 9-7　　2019 年某公司销售及管理费用预算　　单位：元

项目	差旅费	培训费	保险费	办公费	广告费	业务招待费	合计
预算额度	200 000	100 000	140 000	160 000	200 000	100 000	900 000

三、定期预算与滚动预算

按预算期的时间特征不同，财务预算方法可分为定期预算方法和滚动预算方法。

（一）定期预算

1. 定期预算的含义

定期预算是指在编制预算时以不变的会计期间（如日历年度）作为预算期的一种编制预算的方法。

2. 定期预算方法的优缺点

定期预算方法的优点：能使预算期与会计年度一致，便于实际数与预算数的比较，有利于预算执行情况和执行结果的分析和评价。

定期预算方法的缺点：①盲目性。由于定期预算往往是在年初甚至提前两三个月编制的，对于整个预算年度的生产经营活动很难作出准确的预算，尤其是对预算后期的预算只能进行笼统地估算，数据笼统含糊，缺乏远期指导性，给预算的执行带来很多困难，不利于对生产经营活动的考核与评价。②滞后性。由于定期预算不能随情况的变化及时调整，当预算中所规划的各种活动在预算期内发生重大变化时（如预算期临时中途转产），就会造成预算滞后过时，使之成为虚假预算。③间断性。由于受预算期间的限制，致使经营管理者们的决策视野局限于本期规划的经营活动，通常不考虑下期。例如，一些企业提前完成本期预算后，以为可以松一口气，其他事等来年再说，形成人为的预算间断。因此，按固定预算方法编制的预算不能适应连续不断的经营过程，从而不利于企业的长远发展。为了克服定期预算的缺点，在实践中可采用滚动预算的方法编制预算。

（二）滚动预算

1. 滚动预算的含义

滚动预算又称连续预算或永续预算，是指在编制预算时，将预算期与会计年度脱离，随着预算的执行，不断延伸补充预算，逐期向后滚动，使预算期永远保持为一个固定期间的一种预算编制方法。

滚动预算方法的理论依据是：第一，根据企业会计中持续经营的时间观，企业的生产经营活动是延续不断的。因此，企业的预算也应该全面地反映这一延续不断的过程，使预算方法与生产经营过程相适应；第二，企业的生产经营活动是复杂的，随着时间的变迁，它将产生各种难以预料的变化。滚动预算的基本做法是：每过一个季度（或月份），立即根据前一个季度（或月份）的预算执行情况，对以后季度（或月份）进行修订，并增加一个季度（或月份）的预算。这样以逐期向后滚动、连续不断的预算形式规划企业未来的经营活动。

2. 滚动预算的方式及其特征

滚动预算按其预算编制和滚动的时间单位不同，可分为逐月滚动、逐季滚动和混合滚动三种方式。逐月滚动方式是指在预算编制过程中，以月份为预算的编制和滚动单位，每个月调整一次预算的方法；逐季滚动方式是指在预算的编制过程中，以季度为预算的编制和滚动单位，每个季度调整一次预算的方法；混合滚动方式是指在预算编制过程中，同时使用月份和季度作为预算的编制和滚动单位的方法，它是滚动预算的一种变通方式，这种预算方法的理论依据是：人们对未来的把握程度不同，对近期的预计把握较大，远期的预计把握较小。为了做到长计划短安排，远略近详，在预算编制过程中，以对近期预算提出较高的精度要求，使预算内容相对详细；对远期预算提出较低的精度要求，使预算内容相对简单，这样就可以减少预算的工作量。滚动预算（以逐月滚动为例）的编制方式如图 9-2 所示。

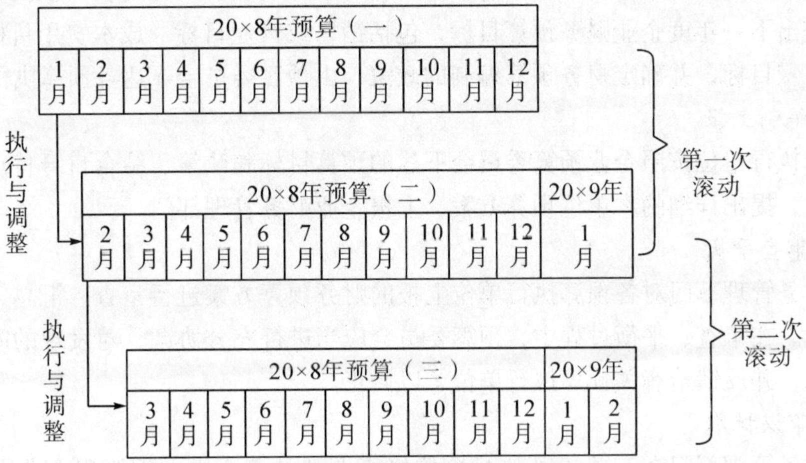

图 9-2　滚动预算的编制方式

逐月滚动编制的预算比较精确，但工作量太大；逐季滚动编制的预算比逐月滚动的工作量小，但预算精度较差；混合滚动预算克服了以上两种滚动预算方式的不足，是一种较理想的滚动预算编制方法。在实际工作中，采用哪一种滚动预算方式应视企业的实际需要而定。

3. 滚动预算方法的优缺点

滚动预算方法的优点：①保持了预算的连续性和完整性，能够从动态预算中把握企业的未来；②使各级管理人员始终保持对未来 12 个月甚至更远的生产经营活动作周详的考虑和全盘规划，保证企业的各项工作有条不紊地进行；③便于外界对企业经营状况的一贯了解；④及时性强。由于滚动预算能根据前期预算的执行情况，结合各种因素的变动影响，及时调整和修订近期预算，从而使预算更加切合实际，能够充分发挥预算的指导和控制作用。

滚动预算方法的缺点：预算工作量较大。

任务三　财务预算的编制

一、财务预算的编制程序

企业编制财务预算，一般应按照“上下结合、分级编制、逐级汇总”的程序进行。

（一）下达目标

企业董事会或经理办公会根据企业发展战略和预算期经济形势的初步预测，在决策的基础上，提出下一年度企业财务预算目标，包括销售或营业目标、成本费用目标、利润目标和现金流量目标，并确定财务预算编制的政策，由预算委员会下达各预算执行单位。

（二）编制上报

各预算执行单位按照企业预算委员会下达的预算目标和政策，结合自身特点以及预测的执行条件，提出详细的本单位预算方案，上报企业财务管理部门。

（三）审查平衡

企业财务管理部门对各预算执行单位上报的财务预算方案进行审查、汇总，提出综合平衡的建议。在审查、平衡过程中，预算委员会应当进行充分协调，对发现的问题提出初步调整意见，并反馈给有关预算执行单位予以修正。

（四）审议批准

企业财务管理部门在有关预算执行单位修正调整的基础上，编制出企业财务预算方案，报财务预算委员会讨论。对于不符合企业发展战略或者预算目标的事项，企业预算委员会应当责成有关预算执行单位进一步修订、调整。在讨论、调整的基础上，企业财务管理部门正式编制企业年度财务预算方案，提交董事会或经理办公会审议批准。

（五）下达执行

企业财务管理部门对董事会或经理办公室审议批准的年度总预算，一般在次年 3 月底以前，分解成一系列的指标体系，由预算委员会逐级下达各预算执行单位执行。

二、现金预算的编制

（一）编制现金预算的依据

现金预算亦称现金收支预算，它是以日常业务预算和特种决策预算为基础所编制的反应预算期现金收支情况的预算。这里的现金是指企业的库存现金和银行存款等货币资金。现金预算的内容包括现金收入、现金支出、现金余缺、现金筹措和使用以及现金期初余额、期末余额等。

现金收入主要指经营活动的现金收入，包括预算期间的期初现金余额加上本期预计可能发生的现金收入，其主要来源是销售收入和应收账款的收回，可以从销售预算中获得有关资料。

现金支出包括预算期间预计可能发生的一切现金支出，包括各项经营性现金支出，用于交纳税金、股利分配的支出，购买设备等资本性支出，可以从直接材料、直接人工、制造费用、经营费用、管理费及专门决策预算等中获得有关资料。

现金余缺是指将现金收入总额与现金支出总额相抵，如果收入大于支出即出现剩余；反之，则出现短缺。现金收支差额与期末余额均要通过协调资金筹措及运用来调整。应当在保证各项支出所需资金供应的前提下，注意保持期末现金余额在合理的限度内波动。因为现金储备过少会影响周转，现金储备过多又会造成浪费，所以现金余额既不是越大越好，也不是越小越好。因此，企业不仅要定期筹措到抵补收支差额的现金，还必须保证有一定现金储备。当收支差额为正值时，在偿还了利息和借款本金之后仍超过现金余额上限时，就应拿出一部分钱用于有价证券投资，一旦发现还本付息之后的收支差额低于现金余额下限，就应抛出一部分有价证券来补足现金短缺；如果现金收支差额为负值（即现金短缺），可采取暂缓还本付息、抛售有价证券或向银行借款等措施。

（二）现金预算的编制

现金预算实际上是其他预算有关现金收支部分的汇总，以及收支差额平衡措施的具体计划。它的编制要以其他各项预算为基础，或者说其他预算在编制时要为现金预算做好数据准备。因此，本书在现金预算编制这部分还详细介绍了其他预算的编制。

1. 销售预算的编制

销售预算是指为规划一定预算期内因组织销售活动而引起的预计销售收入而编制的一种日常业务预算。销售预算需要在销售预测的基础上，根据企业年度目标利润确定的预计销售量和销售价格等参数进行编制，它是整个预算的起点，其他预算的编制都以销售预算作为基础。

销售预算的编制程序如下：

（1）计算各种产品的预计销售收入。

（2）计算预算期所有产品的预计销售收入总额。

（3）预计在预算期发生的与销售收入相关的增值税和销项税税额。

（4）预计预算期含税销售收入。

为了便于编制财务预算，还应在编制销售预算的同时，编制与销售收入有关的经营现金收入预算表，以反映全年及各季销售所得的现销含税收入和回收以前期应收账款的现金收入。某预算期的经营现金收入的计算公式为：

某预算期经营现金收入=该期现销含税收入（该期含税收入×该期预计现销率）+该期回收以前期应收账款（本期期初应收账款×该期预计应收账款回收率）

公式中现销率和回收率通常为已知的经验数据。

此外，根据下列公式还可以计算出企业预算期末的应收账款余额：

预算期末应收账款余额=预算期初应收账款余额+该期含税销售收入−本期经营现金收入

【例 9-6】假定 K 公司只产销甲产品，其单位售价为 200 元/件。根据销售合同市场预测，预算年度（2019 年）销售量为 630 件，其中一季度 100 件，二季度 150 件，三季度 200 件，四季度 180 件。在每季度销售收入中，收到现金 60%，另外 40%现金到下季度才能收到。上年度（2018 年）应收账款余额 6 200 元在本年第一季度收回现金。

相提上述资料，可编制销售预算（见表9-8）。

表9-8　　K公司销售预算表　　单位：元

季度		一	二	三	四	全年
预计销售量		100	150	200	180	630
预计单价		200	200	200	200	800
销售收入		20 000	30 000	40 000	36 000	126 000
预计现金收入	上年应收账款	6 200	—	—	—	6 200
	第一季度（销售20 000）	12 000	8 000	—	—	20 000
	第二季度（销售30 000）	—	18 000	12 000	—	30 000
	第三季度（销售40 000）	—	—	24 000	16 000	40 000
	第四季度（销售36 000）	—	—	—	21 600	21 600
	现金收入合计	18 200	26 000	36 000	37 600	117 800

注：不考虑销售货物发生的增值税。

2. 生产预算

生产预算是为了规划预算期生产数量而编制的一种业务预算，它是在销售预算的基础上编制的，并可以作为编制材料采购预算和生产成本预算的依据。编制生产预算的主要依据是预算期各种产品的预计销售量及存货期初期末资料。具体计算公式为：

预计生产量=预计销售量+预计期末结存量-预计期初结存量

生产预算的要点是确定预算期的产品生产量和期末结存产品数量，前者为编制材料预算、人工预算、制造费用预算等提供基础，后者是编制期末存货预算和预计资产负债表的基础。

【例9-7】依上例，假定K公司预算期初有甲产品存货10件，预计期末存货20件，其他各季度末存货按下季度预计销售量的10%确定，编制K公司的生产预算（见表9-9）

表9-9　　K公司生产预算表　　单位：件

季度	一	二	三	四
预计销售量	100	150	200	180
加：预计期末存货	15	20	18	20
合计	115	170	218	200
减：预计期初存货	10	15	20	18
预计生产量	105	155	198	182

3. 材料采购预算

材料采购预算是为了规划预算期材料消耗情况及采购活动而编制的，用于反映预算期各种材料消耗量、采购量、材料消耗成本和材料采购成本等计划信息的一种业务预算。材料采购预算依据预计产品生产量和材料单位耗用量，确定生产需要耗用量，再根据材料的期初期末结存情况，确定材料采购量，最后根据采购材料的付款，确定现金支出情况。

某种材料采购量=某种材料耗用量+该种材料期末结存量-该种材料期初结存量

其中：某种材料耗用量=产品预计生产量×单位产品定额耗用量

材料采购预算的要点是反映预算期材料消耗量、采购量和期末结存数量，并确定各预算期材料采购现金支出。材料期末结存量的确定可以为编制期末存货预算提供依据，现金支出的确定可以为编制现金预算提供依据。

【例 9-8】 依前各例，假定 K 公司预算期期初存量预计为 300 千克，年末存量预计为 400 千克，其余各季末存量按下一季度的生产需要量的 20%计算，单位产品材料用量为 10 千克/件，计划单价为 5 元/件。另假定每季度的购料款当季付 50%，余款在下季度付讫，上年应付购料款余额 2 350 元将在预算期第一季度支付，编制 K 公司直接材料预算表（见表 9-10）。

表 9-10 K 公司直接材料预算表

季度		一	二	三	四	全年
预计生产量第一季度（采购 5 300 件）		105	155	198	182	640
单位产品材料用量（千克）		10	10	10	10	10
生产用量（千克）		1 050	1 550	1 980	1 820	6 400
加：预计期末存货（千克）		310	396	364	400	1 470
合计（千克）		1 360	1 946	2 344	2 220	7 870
减：预计期初存量（千克）		300	310	396	364	1 370
预计材料采购量（千克）		1 060	1 636	1 948	1 856	6 500
单价（元）		5	5	5	5	20
预计采购金额（元）		5 300	8 180	9 740	9 280	32 500
预计现金收入	上年应付账款（元）	2 350				2 350
	第一季度（采购 5 300 元）	2 650	2 650			5 300
	第二季度（采购 8 180 元）		4 090	4 090		8 180
	第三季度（采购 9 740 元）			4 870	4 870	9 740
	第四季度（采购 9 280 元）				4 640	4 640
	合计（元）	5 000	6 740	8 960	9 510	30 210

注：不考虑购进材料发生的增值税。

4. 直接人工预算

直接人工预算是一种既反映预算期内人工工时消耗水平，又规划人工成本开支的业务预算。这项预算是根据生产预算中的预计生产量以及单位产品所需的直接人工小时和单位小时工资率进行编制的。在通常情况下，企业往往要雇用不同工种的人工，必须按工种类别分别计算不同工种的直接人工小时总数；然后将算得的直接人工小时总数分别乘以各该工种的工资率，再予以合计，即可求得预计直接人工成本的总数。有关数据具体计算公式如下：

（1）预计产品生产直接人工工时总数：

某种产品直接人工总工时=单位产品定额工时×该产品预计生产量

产品定额工时是由产品生产工艺和技术水平决定的，由产品技术和生产部门提供定额标准；产品预计生产量来自生产预算。

（2）预计直接人工总成本：

某种产品直接人工总成本=单位工时工资率×该种产品直接人工工时总量

单位工时工资率来自企业人事部门工资标准和工资总额。

编制直接人工预算时，一般认为各预算期直接人工都是直接以现金发放的，因此不再特别列示直接人工的现金支出。另外，按照我国现行制度规定，应付福利费在实际支付时计入相应的成本费用。为简便，本处假定应付福利费已包括在直接人工总额中并已全部以现金支付。

直接人工预算的要点是确定直接人工总成本。

【例9-9】 依前例，假定K公司预算期内生产甲产品所需直接人工只有一个工种，单位产品的工时定额为10小时/件，单位工时的标准工资率为2元/小时，编制K公司直接人工预算（见表9-11）。

表9-11　　**K公司直接人工预算表**　　单位：元

季度	一	二	三	四	全年
预计产量（件）	105	155	198	182	640
单位产品工时（小时）	10	10	10	10	10
人工总成本（小时）	1 050	1 550	1 980	1 820	6 400
每小时人工成本（元）	2	2	2	2	2
人工总成本（元）	2 100	3 100	3 960	3 640	12 800

由于工资一般都要全部支付现金，因此，直接人工预算表中预计直接人工成本总额就是现金预算中的直接人工工资支付额。

5. 制造费用预算

制造费用预算是反映生产成本中除直接材料、直接人工以外的一切不能直接计入产品制造成本的费用的预算。这些费用必须按成本习性划分为固定费用和变动费用，分别编制变动制造费用预算和固定制造费用预算。

变动制造费用预算部分，应区分不同费用项目，逐一根据单位变动制造费用分配率和业务量（一般是直接人工总工时或机器工时等）确定各项目的变动制造费用预算数。其中：

$$\text{某项目变动制造费用分配率}=\frac{\text{该项目变动制造费用预算总额}}{\text{业务量预算总数}}$$

固定制造费用预算部分，也应区分不同费用项目，逐一确定预算期的固定费用预算。

在编制制造费用预算时，为方便现金预算编制，还需要确定预算期的制造费用预算的现金支出部分。为方便，一般将制造费用中扣除折旧费后的余额，作为预算期内的制造费用现金支出。

制造费用预算的要点是确定各个变动和固定制造费用项目的预算金额，并确定预计制造费用的现金支出。

【例 9-10】承前例，编制 K 公司制造费用预算表（见表 9-12）。

表 9-12　　K 公司制造费用预算表　　金额单位：元

季度	一	二	三	四	全年
变动制造费用：					
直接人工	105	155	198	182	640
间接材料	105	155	198	182	640
修理费	210	310	396	364	1 280
水电费	105	155	198	182	640
小计	525	775	990	910	3 200
固定制造费用：					
修理费	1 000	1 140	900	900	3 940
折旧	1 000	1 000	1 000	1 000	4 000
管理人员工资	200	200	200	200	800
保险费	75	75	110	190	450
财产税	100	100	100	100	400
小计	2 375	2 515	2 310	2 390	9 590
合计	2 900	3 290	3 300	3 300	12 790
减：折旧	1 000	1 000	1 000	1 000	4 000
现金支出的费用	1 900	2 290	2 300	2 300	8 790

6. 产品成本预算

产品成本预算，是生产预算、直接材料预算、直接人工预算、制造费用预算的汇总。其主要内容是产品的单位成本和总成本。单位产品的有关数据，来自直接材料预算、直接人工预算和制造费用预算。生产数量、期末存量来自生产预算，销售数量来自销售预算。生产成本、存货成本和销货成本等数据，根据单位成本和有关数据计算得出。

单位生产成本预算是反映预算期内各种产品生产成本水平的一种业务预算。产品成本预算是在生产预算、直接材料消耗及采购预算、直接人工预算和制造费用预算的基础上编制的，通常应反映某个产品的单位生产成本。

单位产品预计生产成本=单位产品直接材料成本+单位产品直接人工成本+单位产品制造费用

上述资料分别来自直接材料采购预算、直接人工预算和制造费用预算。

以单位产品成本预算为基础，还可以确定期末结存产品成本，公式如下：

期末结存产品成本=期初结存产品成本+本期产品生产成本-本期销售产品成本

公式中的期初结存产品成本和本期销售成本，应根据具体的存货计价方法确定。确定期末结存产品成本后，可以与预计直接材料期末结存成本一起，一并在期末存货预算中予以反映。本章中期末存货预算略去不作介绍，期末结存产品的预计成本合并在单位产品生产成本中列示。

单位产品生产成本预算的要点，是确定单位产品预计生产成本和期末结存产品预计成本。

【例9-11】 编制K公司产品单位成本预算、存货成本和销货成本预算表（见表9-13）。

表9-13　**K公司产品成本预算表**　单位：元

成本项目	单位成本			生产成本（640件）	期末存货（20件）	销售成本（630件）
	每千克或每小时	投入量	成本			
直接材料	5	10千克	50	32 000	1 000	31 500
直接人工	2	10小时	20	12 800	400	12 600
变动制造费用	0.5	10小时	5	3 200	100	3 150
固定制造费用	1.5	10小时	15	9 600	300	9 450
合计			90	57 600	1 800	56 700

其中：变动制造费用分配率=3 200/6 400=0.5

固定制造费用分配率=9 590/6 400≈1.5（根据表9-12计算）

7. 销售及管理费用预算

销售费用预算，是指为了实现销售预算所需支付的费用预算。它以销售预算为基础，分析销售收入、销售利润和销售费用的关系，力求实现销售费用的最有效使用，管理费用预算是企业一般管理费用的预算。在编制管理费用预算时，要分析企业业务成绩和一般经济状况，务必做到费用合理化。

【例9-12】 编制K公司的销售及管理费用预算合并表（见表9-14）。

表9-14　**K公司的销售及管理费用**　单位：元

项目	金额
销售费用	
销售人员工资	2 000
广告费	5 500
包装、运输费	3 000
保管费	2 700
管理费用：	
管理人员工资	4 000

表9-14(续)

项目	金额
福利费	800
保险费	600
办公费	1 400
合计	20 000
每季度支付现金（20 000/4）	5 000

8. 现金预算

【例 9-13】编制 K 公司现金预算表（见表 9-15）。

该例中，该企业需要保留的现金余额为 6 000 元，不足此数时需要向银行借款，假设银行借款的金额要求是 1 000 元的倍数，那么，第二季度借款额为：

借款额=最低现金余额+现金不足额=6 000+4 940=10 940（元）

所以，第二季度应向银行借款 11 000 元。

第三季度现金多余，可用于偿还借款。一般按每期期初借入，每期期末归还来预计利息，故该例借款期为 6 个月。假设借款利率为 10%，则应计利息为 550 元，即利息=11 000×10%×6/12

还款后，仍须保持最低现金余额，否则只能部分归还借款；现金预算的编辑，以各项营业预算和资本预算为基础，它反映各预算期的收入款项和支出款项，并可做对比说明，其目的在于资金不足时筹措资金，资金多余时及时处理现金余额，并且提供现金收支控制限额，发挥现金管理的作用。

表 9-15　　K 公司现金预算表　　单位：元

季度	一	二	三	四	全年
期初现金余额	8 000	8 200	6 060	6 290	8 000
加：销货现金收入（表 1）	18 200	26 000	36 000	37 600	117 800
可供使用现金	26 200	34 200	42 060	43 890	125 800
减各项支出：					
直接材料采购	5 000	6 740	8 960	9 510	30 210
直接人工工资	2 100	3 100	3 960	3 640	12 800
制造费用	1 900	2 300	2 300	2 300	8 800
销售及管理费用	5 000	5 000	5 000	5 000	20 000
所得税	4 000	4 000	4 000	4 000	16 000
购买设备		10 000			10 000
股利支付		8 000		8 000	16 000
现金支出合计	18 000	39 140	24 220	32 450	113 810

表9-15(续)

季度	一	二	三	四	全年
现金多余或不足	8 200	-4 940	17 840	11 440	11 990
向银行借款		11 000			11 000
还银行借款			11 000		11 000
借款利息			550		550
期末现金余额	8 200	6 060	6 290	11 440	11 440

四、预计财务报表的编制

(一) 预计利润表

预计利润表用来综合反映企业在计划期的预计经营成果，是企业最主要的财务预算表之一。编制预计利润表的依据是各业务预算、专门决策预算和现金预算。

【例9-14】 以前面所编制的各种预算为资料来源，编制K公司2019年度预计利润表(见表9-16)。

表9-16　　**K公司预计利润表**　　单位：元

项目	1季度	2季度	3季度	4季度	全年
营业收入	20 000	30 000	40 000	36 000	126 000
减：营业成本	9 000	13 500	18 000	16 200	56 700
销售及管理费用	5 000	5 000	5 000	5 000	20 000
财务费用			550		550
营业利润	6 000	11 500	16 450	14 800	48 750
减：所得税费用	4 000	4 000	4 000	4 000	16 000
净利润	2 000	7 500	12 450	10 800	32 750

(二) 预计资产负债表

预计资产负债表是指用于总括反映企业预算期末财务状况的一种财务预算，它与实际资产负债表在内容、格式上应基本一致。预计资产负债表中除年初数已知外，其余项目均应在前述各项业务预算和专门决策预算的基础上分析填列。

【例9-15】 编制K公司2019年预计资产负债表（见表9-17）。

表9-17　　**K公司预计资产负债表**　　单位：元

资产	期初数	期末数	负债及所有者权益	期初数	期末数
流动资产：			流动负债：		
货币资金	8 000	11 440	短期借款		
应收款项	6 200	14 400	应付款项	2 350	4 640

表9-17(续)

资产	期初数	期末数	负债及所有者权益	期初数	期末数
存货	900	1 800	应付股利	14 500	16 000
流动资产合计	15 100	27 640	流动负债合计	16 850	20 640
非流动资产：			长期负债		
固定资产原值	10 000	20 000	负债合计	16 850	20 640
减：累计折旧	2 000	4 000	所有者权益：		
固定资产净值	8 000	16 000	实收资本	50 000	50 000
固定资产合计	8 000	16 000	资本公积	1 000	1 000
在建工程	36 990	36 990	法定盈余公积	1 000	1 000
无形资产	12 000	12 000	未分配利润	3 240	19 990
非流动资产合计	56 990	64 990	所有者权益合计	55 240	71 990
资产总计	72 090	92 630	负债及所有者权益总计	72 090	92 630

综合实训

一、单项选择题

1. 下列预算中，属于专门决策预算的是（　　）。

A. 直接人工预算　　B. 资本支出预算

C. 现金预算　　D. 销售预算

2. 下列预算中，综合性较强的预算是（　　）。

A. 销售预算　　B. 生产预算

C. 资本支出预算　　D. 现金预算

3. 下列各项中，其预算期与会计期间脱节的预算方法是（　　）。

A. 固定预算法　　B. 弹性预算法

C. 增量预算法　　D. 滚动预算法

4. 可以保持预算的连续性与完整性，并能克服传统定期预算缺点的预算方法是（　　）。

A. 滚动预算法　　B. 零基预算法

C. 增量预算法　　D. 固定预算法

5. 下列各项中，只有实物量没有价值量的预算是（　　）。

A. 销售预算　　B. 生产预算

C. 直接材料预算　　D. 直接人工预算

6. 直接材料预算的主要编制基础是（　　）。

A. 生产预算　　B. 销售预算

C. 制造费用预算　　D. 产品成本预算

7. 某企业编制第四季度的直接材料预算，预计季初材料存量为400千克，季度生产需用量为3 000千克，预计期末存量为250千克，材料采购单价为10元，若材料采购货款有30%当季付清，另外70%在下季度付清，假设不考虑流转税的影响，则该企业预计资产负债表年末“应付账款”项目为（　　）元。

A. 8 550　　B. 12 800

C. 19 950　　D. 28 500

8. 企业编制全面预算的终点是（　　）。

A. 专门决策预算　　B. 现金预算

C. 预计利润表　　D. 预计资产负债表

二、多项选择题

1. 下列各项中，属于预算作用的有（　　）。

A. 通过引导和控制经济活动使企业经营达到预期目标

B. 可以显示实际与目标的差距

C. 可以作为业绩考核的标准

D. 可以实现企业内部各部门之间的协调

2. 下列各项中，属于总预算内容的有（　　）。

A. 销售预算　　B. 现金预算

C. 预计资产负债表　　D. 预计利润表

3. 下列预算中，属于业务预算的有（　　）。

A. 直接材料预算　　B. 直接人工预算

C. 销售费用预算　　D. 管理费用预算

4. 编制弹性预算所依据的业务量可能有（　　）。

A. 生产量　　B. 销售量

C. 机器工时　　D. 直接人工工时

5. 固定预算又称静态预算法，这种预算方法的缺点有（　　）。

A. 不必要开支合理化　　B. 适应性差

C. 可比性差　　D. 预算期与会计期相脱离

6. 下列预算中，能够既反映经营业务量又反映现金收支额内容的预算有（　　）。

A. 销售预算　　B. 生产预算

C. 直接材料预算　　D. 直接人工预算

7. 在编制生产预算时，计算某种产品预计生产量应考虑的因素包括（　　）。

A. 预计材料采购量　　B. 预计产品销售量

C. 预计期初产品结存量　　D. 预计期末产品结存量

8. 下列各项中，在销售预算表中可以反映的项目有（　　）。

A. 预计销售收入　　B. 各季度现销收入

C. 收回前期的应收账款　　D. 预计生产量

9. 在编制现金预算时，计算某期现金余缺必须考虑的因素有（　　）。

A. 当期现金收入　　B. 当期现金支出

C. 期初现金余额　　D. 期末现金余额

10. 下列各项中，可以纳入企业现金预算的有（　　）。

A. 制造费用　　B. 销售费用

C. 直接人工支出　　D. 资本性现金支出

11. 编制预计利润表的依据包括（　　）。

A. 现金预算　　B. 专门决策预算

C. 业务预算　　D. 预计资产负债表

12. 预算的编制程序包括（　　）。

A. 下达目标　　B. 编制上报

C. 审查平衡、审议批准　　D. 下达执行

三、判断题

1. 预算可以作为各部门责任考核的依据。（　　）

2. 为了克服定期预算法执行一定时期后管理人员可能会出现一些短期行为的缺点，人们设计了弹性预算。（　　）

3. 相对于增量预算法编制而言，零基预算法编制工作量更大。（　　）

4. 永续预算法能够使预算期间与会计期间相配合，便于考核预算的执行结果。（　　）

5. 弹性预算法适用于编制全面预算中所有与业务量有关的预算。（　　）

6. 编制直接人工预算时，一般都是认为各预算期直接人工都是直接以现金发放的。（　　）

7. 专门决策预算又称为资本支出预算，一般预算的数据要纳入日常业务预算和现金预算。（　　）

8. 在财务预算的编制过程中，编制预计财务报表的正确程序是：先编制预计资产负债表，然后再编制预计利润表。（　　）

9. 预算年度终了，各职能部门负责人应当向董事会或经理办公会报告预算执行情况。（　　）

四、计算分析题

1. 已知：某企业 2013 年 10～12 月实际销售额分别为 30 000 万元、35 000 万元和 40 000万元，预计 2014 年 1 月份销售额为 36 000 万元。每月销售收入中有 70%于当月收现，20%于次月收现，10%于第三个月收讫，不存在坏账。假定该企业销售的产品在流通环节只需缴纳消费税，税率为 10%，并于当月以现金缴纳。该企业 2013 年 12 月末现金余额为 72 万元，应付账款余额为 4 200 万元（需在 2014 年 1 月份付清），不存在其他应收应付款项。

2014 年 1 月份有关项目预计资料如下：采购材料 7 000 万元（当月付款 70%）；工资及其他支出 7 500 万元（用现金支付）；制造费用 7 800 万元（其中折旧等非付现费用为 4 000 万元）；销售费用和管理费用 900 万元（用现金支付）；预交所得税 1 710 万元；购买设备 10 800 万元（用现金支付）。现金不足时，通过向银行借款解决。2014 年 1 月末现金余额要求不低于 90 万元。

要求：根据上述资料，计算该企业 2014 年 1 月份的下列预算指标：

（1）经营性现金流入；

（2）经营性现金流出；

（3）资本性现金支出；

（4）现金余缺；

（5）应向银行借款的最低金额；

（6）1 月末应收账款余额。

2. 某企业 2013 年现金预算（简表）如下表所示。假定该企业发生现金余缺均由归还或取得流动资金借款解决，且流动资金借款利息可以忽略不计。除表中所列项目外，企业没有有价证券，也没有发生其他现金收支业务。预计 2013 年年末流动负债为 4 000 万元，需要保证的年末现金占流动负债的比率为 40%。

要求：根据所列资料，计算填列表中用字母表示的项目。

单位：万元

项目	一季度	二季度	三季度	四季度
期初现金余额	1 500	*	*	2 500
经营现金收入	32 000	34 000	E	38 500
可供支配的现金合计	33 500	36 500	*	41 000
经营性现金支出	30 000	C	37 000	42 000
现金余缺	A	2 000	3 000	G
资金筹措与运用	−1 000	1 500	F	I
取得（归还）短期借款	−1 000	1 500	*	*
期末现金余额	B	D	2 500	H

说明：上表中“*”表示省略的数据。

3. A 公司 2014 年 1 月份现金收支的预计资料如下：

（1）1 月 1 日的现金（包括银行存款）余额为 13 000 元，已收到未入账支票 36 000元。

（2）产品售价 7.2 元/件。2013 年 11 月销售 18 000 件，2013 年 12 月销售 27 000 件；2014 年 1 月预计销售 36 000 件，2 月预计销售 22 500 件。根据经验，商品售出后当月可收回货款的 60%，次月收回 30%，再次月收回 8%，另外 2% 为坏账。

（3）进货成本为 4.5 元/件，平均在 15 天后付款。编制预算时月底存货为次月销售的 10% 加 500 件。2013 年 12 月底的实际存货为 3 600 件，应付账款余额为 69 750 元。

(4) 1月份的费用预算为76 500元，其中折旧费为10 800元，其余费用须当月用现金支付。

(5) 预计1月份将购置设备一台，支出135 000元，须当月付款。

(6) 1月份预交所得税18 000元。

(7) 现金不足时可从银行借入，借款额为10 000元的整数倍，利息在还款时支付。期末现金余额不少于5 000元。

要求：编制2014年1月份的现金预算（分别列示各项收支金额）。

1月份现金预算

单位：元

项目	金额
期初现金	
现金收入：	
可使用现金合计	
现金支出：	
现金支出合计	
现金多余（或不足）	
借入银行借款	
期末现金余额	

项目十 财务控制

学习目标

通过本章的学习，学生可了解财务控制的含义及其特征；了解财务控制的具体分类；了解财务控制的重要性；了解财务控制的方式方法；掌握各责任中心的含义及其分类；掌握责任成本的含义和判别原则；掌握预算成本变动额和预算成本变动率的计算；掌握边际贡献、可控边际贡献和部门边际贡献的计算；掌握投资报酬率和剩余收益的计算。

案例导入

刘某，某国有集团控股公司的财务部经理，研究生学历，年富力强，精通业务。多年的财务经理身份，造就了他在企业管理中的核心地位，也在整个集团中具有一定的影响力和美誉度。然而，就是这样一位员工心目中的优秀财务经理，却在某一天，怀着悔恨与不安的心情，主动向企业递交了“关于挪用公款的悔过报告”，并被企业移交司法机关接受调查。安然公司，世界最大的能源交易商，2000 年的总收入高达 1 010 亿美元，曾位居世界 500 强第 7 位，连续六次被《财富》杂志评选为“美国最具有创造力”的公司，就是这样一个让世人瞩目的企业，却在持续多年的财务造假丑闻被曝光后，轰然倒下。看到或听到这些案例，你对企业内部财务控制有何思考？企业将如何加强财务控制？

任务一　财务控制的意义

一、财务控制的含义及其特征

（一）财务控制的含义

财务控制，是指按照一定的程序与方法，确保企业及其内部机构和人员全面落实和实现财务预算的过程。它是财务管理的重要环节或基本职能，与财务预测、财务决策、财务分析与评价一起成为财务管理的系统或全部职能。现代财务理论认为企业理财的目标以及它所反映的企业目标是股东财富最大化（在一定条件下也就是企业价值最大化）。财务控制总体目标是在确保法律法规和规章制度贯彻执行的基础上，优化企业整体资源综合配置效益，厘定资本保值和增值的委托责任目标与其他各项绩效考核标准来制定财务控制目标，是企业理财活动的关键环节，也是确保实现理财目标的根本保证，所以财务控制将服务于企业的理财目标。

我们可以从以下四个方面对财务控制的定义进行理解：

第一，财务控制绝不仅仅是财务部门的事情，也不仅仅是企业经营者的职责，而是整个管理体系内各组织结构共同参与的一项管理活动。一个健全的企业财务控制体系，实际上是完善的法人治理结构的体现。从控制的主体来看，财务控制可分为出资者财务控制、经营者财务控制和财务部门财务控制；从控制的对象来看，财务控制则可分为各责任中心财务控制。

第二，财务控制的目标是企业财务价值最大化，是代理成本与财务收益的均衡，是企业现实的低成本和未来高收益的统一，而不仅仅是传统控制财务活动的现实的合规性、有效性。

第三，财务控制的客体首先是人（经营者、财务经理等管理者、员工）以及由此形成的内外部财务关系，其次才应该是各种不同的企业财务资源（资金、技术、人力、信息）或现金流转。

第四，财务控制的实现方式应该是一系列激励措施与约束手段的统一。为了降低成本，实现财务目标，仅仅依靠建立一些管理制度是远远不够的，设计一套完善的激励和约束机制是非常必要的。

（二）财务控制的特征

财务控制具有以下特征：

（1）以价值控制为手段。财务控制以实现财务预算为目标。财务预算所包括的现金预算、预计利润表、预计资产负债表等，都是以价值形式来反映的。财务控制必须借助价值手段进行。

（2）以综合经济业务为控制对象。财务控制以价值为手段，可以将不同岗位、不同部门、不同层次的业务活动综合起来。

（3）以现金流量控制为日常控制内容。由于日常的财务活动过程表现为组织现金流量的过程，因此，控制现金流量成为日常财务控制的主要内容。

二、财务控制的种类

财务控制可以按照以下不同的标志分类。

（一）按照财务控制的内容分类

按照财务控制的内容可将财务控制分为一般控制和应用控制两类。一般控制，是指对企业财务活动赖以进行的内部环境所实施的总体控制，因而也称为基础控制或环境控制。应用控制，是指直接作用于企业财务活动的具体控制，也称为业务控制。

（二）按照财务控制的功能分类

按照财务控制的功能可将财务控制分为预防性控制、侦查性控制、纠正性控制、指导性控制和补偿性控制。判断一项控制措施到底属于哪种种类，主要是看采取这项控制措施的设计意图。

（三）按照财务控制的时序分类

按照财务控制的时序可将财务控制分为事先控制、事中控制和事后控制三类。事先控制，是指企业单位为防止财务资源在质和量上发生偏差，而在行为发生之前所实施的控制。事中控制，是指财务收支活动发生过程中所进行的控制。事后控制，是指对财务收支活动的结果所进行的考核及其相应的奖罚。

（四）按照财务控制的主体分类

按照财务控制的主体可将财务控制分为出资者财务控制、经营者财务控制和财务部门的财务控制三类。出资者财务控制，是为了实现其资本保全和资本增值目标而对经营者的财务收支活动进行的控制。经营者财务控制，是为了实现财务预算目标而对企业及各责任中心的财务收支活动所进行的控制。财务部门的财务控制，是财务部门为了有效地组织现金流动，通过编制现金预算，执行现金预算，对企业日常财务活动所进行的控制。

（五）按照财务控制的依据分类

按照财务控制的依据可将财务控制分为预算控制和制度控制两类。预算控制，是指以财务预算为依据，对预算执行主体的财务收支活动进行监督、调整的一种控制形式。制度控制，是指通过制定企业内部规章制度，并以此为依据约束企业和各责任中心财务收支活动的一种控制形式。

（六）按照财务控制的对象分类

按照财务控制的对象可将财务控制分为收支控制和现金控制（或货币资金控制）两类。收支控制，是对企业和各责任中心的财务收入活动和财务支出活动所进行的控制。现金控制，是对企业和各责任中心的现金流入和现金支出所进行的控制。

（七）按照财务控制的手段分类

按照财务控制的手段可将财务控制分为定额控制和定率控制，也可称为绝对控制和相对控制。定额控制，是指对企业和各责任中心采用绝对额指标进行控制。定率控制，是指对企业和各责任中心采用相对比率指标进行控制。

三、财务控制的重要性

（一）财务控制是实现企业理财目标的需要

企业理财目标是企业理财活动所要达到的目的，是评价企业财务活动是否合理的标准。财务活动的内容随环境的变化而变化，相应的理财目标也必然发生变化。因此，在确定企业的理财目标时，要考虑到企业的整体利益，处理好局部利益与全局利益的关系。

（二）财务控制是保证企业进行业绩考核的科学性和正确性的需要

企业进行业绩考核是十分重要和必要的，考核的科学性和正确性更直接影响到整个企业激励机制的有效运行。因此建立一套公正、公平、科学合理的考核体系和方法就显得十分重要了，而这套体系与方法的建立主要依赖于财务控制。

（三）财务控制是防范企业财务风险的需要

在企业的财务管理实践中，企业的财务活动无疑都存在着财务风险，如何防范、控制整个企业的财务风险是企业财务部门的重要职责，建立实施科学的企业财务控制体系是防范、控制整个企业财务风险的有力手段。

四、财务控制的方式方法

（一）建立有效的组织机构

建立有效的组织机构是保证财务控制得力的首要条件，没有有效的组织机构来管理和协调，财务控制就会无处下手，不会出现孤军奋战，孤立无援的局面，而导致失控。但如果就被控主体而言，为了确定财务预算就建立相应的监督、协调、仲裁机构；为了便于内部结算就建立相应的内部结算组织；为了考评预算的执行结果就建立相应的考评机构。这样不但使机构臃肿，人浮于事，浪费人力，而且机构众多，相互之间的协调与配合就必然会增加一定的难度。因此，可根据控制主体单位的大小，任务量的多少，根据相同或相近的职能进行合理合并，充分地精简机构。做到建立有效的组织机构与合理节约人力资源相统一。

而就被控制对象而言，最有效的方法就是建立能够将财务预算层层分解，层层落实的责任中心，其目的是为了实行有效的内部协调与控制，该责任中心是一个企业内部的组织体系，它是自上而下地逐级分解，逐级明确目标和任务的责任主体，它既可以是单独的组织机构，也可以是包含在其他组织机构中的承担特定目标和任务的责任岗位。只有将财务预算通过建立责任中心来分解落实企业内部的各个部门、各个层次、各个岗位、各个责任人，使企业的每一个职工都能够明确自己的职责和任务，这样才能实现最有效的财务控制。

（二）健全和完善内部控制制度

建立组织机构，明确责任主体和责任人，其目的是为了进行协调与管理，而有效的协调与管理是不能通过人制来实现的，必须依靠法制来完成。就企业的财务控制而言，就是必须依靠完善的内部控制制度来完成的，而不是靠人的权力。内控制度包括组织机构的设计和企业内部采取的所有相互之间协调与管理的方法和措施。这些方法和措施目的是保护企业的财产保值和增值，检查企业会计信息的准确性、可靠性，提高经营效率，促使有关人员遵循既定的管理方针。

内控制度的建立必须在广泛调研的基础上进行，建立后的内控制度必须在试行的过程中不断地修订和完善，这样的内控制度才能具有实用性和可操作性，才能发挥应有的效能。

（三）创建良好的内控环境

建立有效的内控制度，还必须要创建一个良好的内控环境。因为控制环境是推动控制工作的发动机，是所有内控组成部分的基础。它奠定组织的风纪和结构，并且涉及所有活动的核心——人，特别是人的控制觉悟。

控制环境中的要素有价值观，激励与诱导机制，精神指导，个人能力，管理哲学与组织结构，规章制度和人事政策等。

欲创建良好的控制环境首先，管理层必须要让企业的每一个组成人员都能够明确内控制度的目的和意义，使每一个人都能够具有控制觉悟和自觉的控制态度；其次，高级管理层进行内部控制的态度必须一定要积极主动；最后，必须充分考虑员工的能力与责任要相匹配。

（四）建立反应灵敏的信息反馈系统

财务控制是一个动态的控制过程，要确保财务预算的贯彻落实，就必须对预算的执行情况进行跟踪监控，及时发现问题，及时调整执行偏差。

（五）制定奖罚制度并严格执行

财务控制的最终效率取决于是否有切实可行的奖罚制度，以及是否严格执行奖罚制度。奖罚制度的制定必须结合责任中心的预算责任目标，充分体现公平、合理、有效的原则。

奖罚制度的执行依赖于考评机制，考评的正确与否直接影响到奖罚制度的效力。严格执行奖罚制度就必须要有严格的考评机制，严格的考评机制包括建立考评机构，确定考评程序，审查考评数据，依据制度考评和执行考评结果等一系列事务。奖罚的目的是为了实现有效的财务控制，财务控制是一个动态的过程，因此，奖罚的方式、方法不能太单一，可以是及时奖罚，可以是期间奖罚，也可以是两者的有机结合。

（六）控制必须严格按照步骤进行

财务控制是在财务管理过程中，运用有关的信息和特定的手段对企业财务活动所施加的影响或进行的调节。这种控制是一个动态的过程，这个过程不是杂乱无章的，是有一定程序和步骤的。步骤乱了控制就会失效。因此，财务控制必须严格按照步骤进行。财务控制一般分为以下三步：

第一步，合理制定控制标准，层层分解，落实责任；

第二步，实施追踪控制，及时调整误差；

第三步，认真分析执行情况，努力搞好考核奖惩。

（七）正确处理好各责任中心之间的关系

财务控制虽然是企业财务管理中的一种手段，但并不说明它仅仅是企业财务部门的事情，它涉及企业内部的各级组织机构，只是由于各自承担的责任不同，所尽的义务也就存在着一定的差异。也正是因为这一点，在涉及某一具体责任的承担问题时，各组织机构之间极易产生矛盾。这些矛盾将严重阻碍财务预算的贯彻执行。因此，正确处理好各组织机构之间的关系十分必要。

任务二　责任中心

现代企业，在财务控制过程中大多采用责任成本管理的方法，即将企业内部划分成不同的责任中心，明确责任成本，并根据各责任中心的权、责、利关系，来考核其工作业绩。其中，责任中心也叫责任单位，是指企业内部具有一定权力并承担相应工作责任的部门或管理层次。责任成本管理的流程如图 10-1 所示。

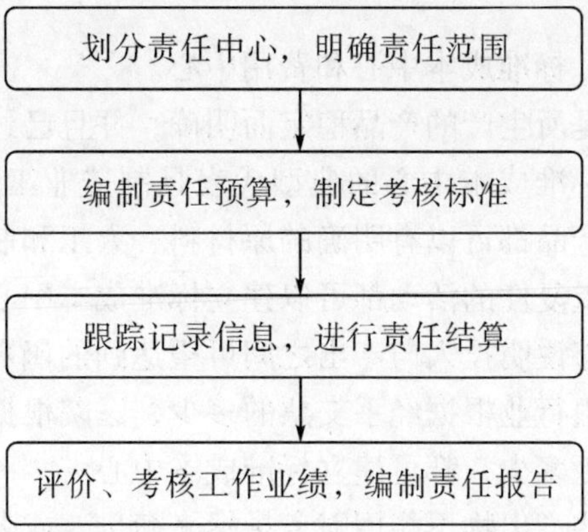

图 10-1　责任成本管理流程图

按照企业内部责任中心的权责范围以及业务活动的不同特点，责任中心一般可以划分为成本中心、利润中心和投资中心三类。每一类责任中心均对应着不同的决策权力及不同的业绩评价指标。

一、成本中心

（一）成本中心的含义及其分类

1. 成本中心的含义

一个责任中心，如果不形成或者不考核其收入，而着重考核其所发生的成本和费用，这类责任中心被称为成本中心。成本中心是责任中心中应用最为广泛的一种形式。

成本中心往往是没有收入的。例如，一个生产车间，它的产成品或半成品并不由自己出售，其没有销售职能，没有货币收入。有的成本中心可能有少量收入，但不能成为主要的考核内容。例如，生产车间可能会取得少量外协加工收入，但这不是它的主要职能，不是考核车间的主要内容。一个成本中心可以由若干个更小的成本中心所组成。又如，一个分厂是成本中心，它由几个车间所组成，而每个车间还可以划分为若干个工段，这些工段是更小的成本中心。任何发生成本的责任领域，都可以确定为成本中心，大的成本中心可能是一个分公司，小的成本中心可能是一台卡车和两个司机组成的单位。成本中心的职责，是用一定的成本去完成规定的具体任务。

成本中心具有以下特点：

（1）成本中心不考核收益，只考核成本。一般情况下，成本中心不能形成真正意义上的收入，故只需衡量投入，而不衡量产出，这是成本中心的首要特点。

（2）成本中心只对可控成本负责，不负责不可控成本。可控成本是指成本中心可以控制的各种耗费，它应具备三个条件：第一，该成本的发生是成本中心可以预见的；第二，该成本是成本中心可以计量的；第三，该成本是成本中心可以调节和控制的。

凡不符合上述三个条件的成本都是不可控成本。可控成本和不可控成本的划分是相对的。它们与成本中心所处的管理层级别、管理权限与控制范围大小有关。对于一个独立企业而言，几乎所有的成本都是可控的。

2. 成本中心的分类

成本中心有两种类型：标准成本中心和费用中心。

标准成本中心，必须是所生产的产品稳定而明确，并且已经知道单位产品所需要的投入量的责任中心。通常，标准成本中心的典型代表是制造业工厂、车间、工段、班组等。在生产制造活动中，每个产品都可以有明确的原材料、人工和制造费用的数量标准、价格标准。实际上，任何一种重复性的活动都可以建立标准成本中心，只要这种活动能够计量产出的实际数量，并且能够说明投入与产出之间可望达到的函数关系。因此，各个行业都可能建立标准成本中心。银行业根据经手支票的多少，医院根据接受检查或放射治疗的人数，快餐业根据售出的盒饭多少，都可建立标准成本中心。

费用中心，适用于那些产出物不能用财务指标来衡量，或者投入和产出之间没有密切关系的单位。这些单位包括一般行政管理部门，如会计、人事、劳资、计划等；研究开发部门，如设备改造、新产品研制等；某些销售部门，如广告、宣传、仓储等。一般行政管理部门的产出难以度量，研究开发和销售活动的投入量与产出量之间没有密切的联系。对于费用中心，唯一可以准确计量的是实际费用，由于无法通过投入和产出的比较来评价其效果 和效率，从而限制无效费用的支出，因此，有人称之为“无限制的费用中心”。

（二）成本中心的控制内容

1. 责任成本的含义

成本中心的控制内容主要是各成本中心的责任成本。责任成本是以具体的责任单位（部门、单位或个人）为对象，以其承担的责任为范围所归集的成本，也就是特定责任中心的全部可控成本。

可控成本是指在特定时期内、特定责任中心能够直接控制其发生的成本。其对称概念是不可控成本。

可控成本是针对特定责任中心来说的。一项成本，对某个责任中心来说是可控的，对另外的责任中心来说则是不可控的。例如，耗用材料的进货成本，采购部门可以控制，使用材料的生产单位则不能控制。有些成本，对于下级单位来说是不可控的，而对于上级单位来说则是可控的。例如，车间主任不能控制自己的工资（尽管它通常要计入车间成本），而他的上级则可以控制。

区分可控成本和不可控成本，还要考虑成本发生的时间范围。一般来说，在消耗或支付之前的成本是可控的，一旦消耗或支付就不再可控。有些成本是以前决策的结果，如折旧费、租赁费等，在添置设备和签订租约时曾经是可控的，而使用设备或执行契约时已无法控制。

从整个公司的空间范围和很长的时间范围来观察，所有成本都是人的某种决策或行为的结果，都是可控的。但是，对于特定的人或时间来说，则有些是可控的，有些是不可控的。

2. 责任成本的判别原则

计算责任成本的关键是判别每一项成本费用支出的责任归属。通常，可以按以下原则确定成本中心的责任成本：

一是，假如某责任中心通过自己的行动能有效地影响一项成本的数额，那么该中心就要对这项成本负责。

二是，假如某责任中心有权决定是否使用某种资产或劳务，那么该中心就应对这些资产或劳务的成本负责。

三是，某管理人员虽然不直接决定某项成本，但是上级要求他参与有关事项，从而对该项成本的支出施加了重要影响，则他对该成本也要承担责任。

3. 责任成本的考核指标

成本中心考核和控制主要使用的指标包括预算成本变动额和预算成本变动率。计算公式为：

预算成本变动额＝实际责任成本－预算责任成本

预算成本变动率＝预算成本变动额/预算责任成本×100%

计算结果，若预算成本变动额或变动率>0，说明预算成本超支；预算成本变动额或变动率<0，说明预算成本节约。

【例 10-1】某企业内部某车间为成本中心，生产甲产品，预算产量为 3 500 件，单位成本 150 元，实际产量为 4 000 件，单位成本 145 元，该成本中心的考核指标计算为：

预算成本变动额＝145×4 000－150×4 000＝－20 000（元）

预算成本变动率＝－20 000/（150×4 000）×100%＝－3. 33%

结果表明，该成本中心的预算成本变动额为 20 000 元，预算成本变动率为 3. 33%。

二、利润中心

（一）利润中心的含义及其分类

1. 利润中心的含义

成本中心的决策权力是有限的。标准成本中心的管理人员可以决定投入，但产品的品种和数量往往要由其他人来决定；费用中心为企业提供服务或进行某一方面的管理；收入中心负责分配和销售产品，不控制产品的生产；当某个责任中心被同时赋予生产和销售职能时，该中心的自主权就会显著增加，管理人员能够决定生产什么、如何生产，价格的高低、销售的办法以及生产资源如何在不同产品之间进行分配等。这种具有几乎全部经营决策权的责任中心，就可以被确定为利润中心或投资中心。若这个责任中心，能同时控制生产和销售，即既要对成本负责，又要对收入负责，但没有权力决定该中心资产投资的水平，那么这类中心就被称为利润中心。

2. 利润中心的分类

利润中心有两种类型：一种是自然的利润中心，它直接向公司外部出售产品，在市场上进行购销业务。例如，某些公司采用事业部制，每个事业部均有销售、生产和采购的职能，有很大的独立权力，这些事业部就是自然的利润中心。另一种是人为的利润中心，它主要在公司内部按照内部转移价格出售产品。例如，大型钢铁公司分成采矿、炼铁、炼钢、轧钢等几个部门，这些生产部门的产品主要在公司内部转移，它们只有少量对外销售，或者全部对外销售由专门的销售机构完成，这些生产部门可视为利润中心，并被称为人为的利润中心。例如，公司内部的辅助部门，包括修理、供电、供水、供气等部门，可以按固定的价格向生产部门收费，它们也可以被确定为人为的利润中心。

（二）利润中心的控制内容

1. 利润中心的考核指标

对利润中心进行考核的指标主要是利润。但是，也应当看到，任何一个单独的业绩衡量指标都不能够反映某个组织单位的所有经济效果，利润指标也是如此。因此，尽管利润指标具有综合性，利润计算具有强制性和较好的规范化程度，但仍然需要一些非货币的衡量方法作为补充，包括生产率、市场地位、产品质量、职工态度、社会责任、短期目标和长期目标的平衡等。

利润并不是一个十分具体的概念，在这个名词前边加上不同的定语，可以得出不同的概念。在评价利润中心业绩时，我们至少有三种选择：边际贡献、可控边际贡献、部门税前经营利润。相关公式为：

$$边际贡献=销售收入总额-变动成本总额$$

$$可控边际贡献=边际贡献-该中心负责人可控固定成本$$

$$部门边际贡献=可控边际贡献-该中心负责人不可控固定成本$$

其中：

边际贡献是将收入减去变动成本总额，反映了该利润中心的盈利能力。

可控边际贡献也称部门经理边际贡献，它衡量了部门经理有效运用其控制下的资源的能力，是评价利润中心管理者业绩的理想指标。但是，该指标一个很大的局限就是难以区分可控和不可控的与生产能力相关的成本。如果该中心有权处置固定资产，那么相关的折旧费是可控成本；反之，相关的折旧费用就是不可控成本。可控边际贡献忽略了应追溯但又不可控的生产能力成本，不能全面反映该利润中心对整个公司所做的经济贡献。

部门边际贡献，又称部门毛利，它扣除了利润中心管理者不可控的间接成本，因为，对于公司最高层来说，所有成本都是可控的。部门边际贡献反映了部门为企业利润和弥补与生产能力有关的成本所做的贡献，它更多地用于评价部门业绩而不是利润中心管理者的业绩。

【例 10-2】某企业内部甲车间负责人为利润中心，本期实现内部销售收入 200 万元，销售变动成本为 120 万元，该中心负责的可控固定成本为 30 万元，不可控但应由该中心负担的固定成本为 10 万元。该利润中心的考核指标计算为：

边际贡献=200-120=80（万元）

可控边际贡献=80-30=50（万元）

部门边际贡献=50-10=40（万元）

2. 内部转移价格

内部转移价格又称调拨价格，就是指企业内各部门之间由于相互提供产品、半成品或劳务而引起的相互结算、相互转账所需要的一种计价标准。

内部转移价格的制定应遵循一定的原则：

第一，内部转移价格的制定要有利于分清各责任中心的成绩和不足；

第二，内部转移价格的制定要公平合理，避免主观随意性；

第三，制定内部转移价格要为供求双方自愿接受。

内部转移价格分为以市场为基础制定的内部转移价格和以成本为基础制定的内部转移价格。

（1）以市价为基础制定的内部转移价格。凡企业内部产品或劳务的转移，有一方涉及利润中心或投资中心，则尽可能地以市价为基础作为内部转移价格。这种处理，可以使企业的“内部市场”产生竞争性，将“内购”与“外购”对比，从而做出最优购货决策。以市价为基础制定的内部转移价格，主要有市场价格定价法、协商定价法和双重定价法。

①市场价格定价法。这种定价法是直接根据市场上的商品价格来制定企业内部转移价格，将外部市场竞争机制引入企业内部，给“买卖”双方提供主动权。但一般来说，内部转移价格不能高于外部市场价格，对于“卖”方来说可以少付出销售费用、运输费用等。这样，“买”方在同等条件下，也乐于接受“卖”方提供的产品，因为内部转移价格低于外部市场价格，降低了采购成本。

②协商定价法。协商定价法即“买卖”双方以正常的市价为基础，共同协商，确定双方满意的价格。它一般低于市价，高于单位产品的变动成本。对于“卖”方来说节约了销售费用，减少了税金，将经营风险降低了。对于“买”方来说，“内购”的诱惑力强于“外购”，成本得到有效的控制。

③双重定价法。所谓双重定价法就是在产品或劳务出现几种不同市价时，或为了同时满足不同责任中心的需要，“买卖”双方所发生的购销活动，可分别采用不同的计价基础进行结算。如“卖方”可采用较高价计算，“买方”可采用较低价计算，其差额由企业财务部门处理。这样“买卖”双方都按自己可接受的价格来确定成本与收入，有利于“买卖”双方维持长久的买卖关系。

但是市场价格容易波动，在我国现阶段，信息处理能力较低，市场价格的准确性与可靠性受影响，甚至有些产品无市场价格作为参考，市场价格作为内部转移价格有很大的限制。

（2）以成本为基础制定内部转移价格。成本中心相互间提供产品或劳务，及有关成本中心的责任成本转账。一般应以成本作为内部转移价格，该成本通常指标准成本而不是实际发生的成本。其优点是简便易行，责任清楚，不会把供应单位的浪费或无效劳动转给耗用单位负担，有利于调动双方降低成本的积极性。

①标准成本法。该法是以各中间产品标准成本作为内部转移价格。这种方法可以将管理和核算工作结合起来，并能避免上游责任中心将其工作业绩或缺陷转嫁给下游中心的现象。能明确供需双方的责任，有利于责任中心的管理和考核，而且可以及时办理内部转移手续，减少相互等待的时间。

②标准成本加成法。该法是在标准成本基础上，加上一定利润作为内部转移价格的方法。使用这种内部转移价格不仅能避免成绩不足的转嫁现象，便于分清双方责任，且能调动供应部门的积极性，但利润的确定仍是一个问题。

③变动成本法。该法以变动成本作为内部转移价格的一种方法。明确指出成本与产量的依存关系，便于考核各责任中心的工作业绩，有利于各责任中心调控可控的成本。这种方法应用简单，以现成的数据为基础，但标准成本的制定会有偏差，不能促进企业控制生产成本，容易忽视竞争性的供需关系。

三、投资中心

（一）投资中心的含义

投资中心是指既对成本、收入和利润负责，又对投资及其投资收益负责的责任单位。它本质上也是一种利润中心，但它拥有最大限度的决策权，同时承担最大限度的经济责任，属于企业中最高层次的责任中心，如事业部、子公司等。从组织形式上看，投资中心一般具有独立法人资格，而成本中心和利润中心往往是内部组织，不具有独立法人地位。

（二）投资中心的控制内容

对投资中心的业绩进行评价时，不仅要使用利润指标，还需要计算、分析利润与投资的关系，主要有投资报酬率、剩余收益和经济增加值等指标。

1. 投资报酬率

投资报酬率是投资中心获得的利润与投资额的比率，其计算公式为：

投资报酬率=营业利润/平均营业资产

平均营业资产=（期初营业资产+期末营业资产）/2

其中，营业利润是指扣减所得税之前的利润，即税前利润。由于利润是整个期间内实现并累积形成的，属于期间指标，而营业资产属于时点指标，故取其平均数。

投资报酬率主要说明了投资中心运用公司的每单位资产对公司整体利润贡献的大小。它能够反映投资中心的综合获利能力，并具有横向可比性，因此，可以促使经理人员关注营业资产运用效率，并有利于资产存量的调整，优化资源配置。然而，过于关注投资利润率也会引起短期行为的产生，追求局部利益最大化而损害整体利益最大化目标，导致经理人员为眼前利益而牺牲长远利益。

【例 10-3】某公司有 A 和 B 两个部门，有关数据如表 10-1 所示。

表 10-1　　**某公司 A、B 部门相关数据表**　　单位：元

项目	A 部门	B 部门
部门税前经营利润	270 000	120 000
所得税（税率 25%）	67 500	30 000
部门税后经营利润	202 500	90 000
平均经营资产	900 000	600 000
平均经营负债	100 000	50 000
平均净经营资产（投资资本）	800 000	550 000

A 部门投资报酬率=270 000 ÷900 000×100%=30%

B 部门投资报酬率=120 000 ÷600 000×100%=20%

2. 剩余收益

剩余收益是指投资中心的营业收益扣减营业资产按要求的最低投资报酬率计算的收益额之后的余额。其计算公式为：

剩余收益=经营利润-（经营资产×最低投资报酬率）

公式中的最低投资报酬率是根据资本成本来确定的。它一般等于或大于资本成本，通常可以采用企业整体的最低期望投资报酬率，也可以是企业为该投资中心单独规定的最低投资报酬率。

剩余收益指标弥补了投资报酬率指标会使局部利益与整体利益相冲突的不足，但由于其是一个绝对指标，故而难以在不同规模的投资中心之间进行业绩比较。另外，剩余收益同样仅反映当期业绩，单纯使用这一指标也会导致投资中心管理者的短期行为。

【例 10-4】某公司的投资报酬率如表 10-2 所示。

表 10-2 **某公司投资报酬率表** 金额单位：万元

投资中心	利润	投资额	投资报酬率
A	280	2 000	14%
B	80	1 000	8%
全公司	360	3 000	12%

假定 A 投资中心面临一个投资额为 1 000 万元的投资机会，可获利润 120 万元，投资报酬率为 13%，假定公司整体的预期最低投资报酬率为 10%。

若 A 投资中心接受该投资，则 A、B 投资中心的相关数据计算如表 10-3 所示：

表 10-3 **A、B 投资中心相关数据计算表** 金额单位：万元

投资中心	利润	投资额	投资报酬率
A	280+130=410	3 000	13. 67%
B	80	1 000	8%
全公司	490	4 000	12. 25%

（1）用投资报酬率指标衡量业绩。就全公司而言，接受投资后，投资报酬率增加了 0. 25%，应接受这项投资。然而，由于 A 投资中心的投资报酬率下降了 0. 33%，该投资中心可能不会接受这一投资。

（2）用剩余收益指标来衡量业绩。

A 投资中心接受新投资前的剩余收益=280−2 000×12%=40（万元）

A 投资中心接受新投资后的剩余收益=410−3 000×12%=50（万元）

所以如果用剩余收益指标来衡量投资中心的业绩，则 A 投资中心应该接受这项投资。

综合实训

一、单项选择题

1. 一个责任中心，如果只对成本、收入和利润负责，该中心是（ ）。

A. 成本中心　　B. 投资中心

C. 利润中心　　D. 费用中心

2. 成本中心的责任成本是（　　）。

A. 产品成本　　B. 生产成本

C. 可控成本　　D. 不可控成本

3. 利润中心不具有（　　）。

A. 价格制定权　　B. 投资决策权

C. 生产决策权　　D. 销售决策权

4. 在评价利润中心的指标中，理论上最优的选择是（　　）。

A. 边际贡献　　B. 可控边际贡献

C. 部门边际贡献　　D. 税前部门利润

5. 将财务控制分为出资者财务控制、经营者财务控制、财务部门财务控制的分类标准是（　　）。

A. 控制的对象　　B. 控制时间

C. 控制的主体　　D. 控制的依据

6. 建立（　　）是实行责任预算和业绩考核的基础。

A. 投资中心　　B. 利润中心

C. 成本中心　　D. 责任中心

7. 作为利润中心的业绩考核指标，“可控边际贡献”的计算公式是（　　）。

A. 部门营业收入-已销商品变动成本

B. 部门营业收入-已销商品变动成本-变动销售费用

C. 部门营业收入-已销商品变动成本-变动销售费用-可控固定成本

D. 部门营业收入-已销商品变动成本-可控固定成本

8. 各责任中心相互提供的产品采用协商定价的方式确定内部转移价格时，其协商定价的最大范围应该是（　　）。

A. 在单位成本和市价之间

B. 在单位变动成本和市价之间

C. 在单位成本加合理利润以上，市价以下

D. 在单位变动成本加合理利润以上，市价以下

9. 成本的可控和不可控随着条件的变化可能发生相互转化。下列表述中，不正确的是（　　）。

A. 高层次责任中心的不可控成本，对于较低层次的责任中心来说，一定是不可控的

B. 低层次责任中心的不可控成本，对于较高层次的责任中心来说，一定是可控的

C. 某一责任中心的不可控成本，对于另一责任中心来说则可能是可控的

D. 某些成本从短期看属于不可控成本，从较长的期间看，可能又成为可控成本

10. 某企业 2013 年息税前利润为 150 万元，总资产占用额为 800 万元，预期最低总资产息税前利润率为 15%，则剩余收益为（　　）万元。

A. 20　　B. 15

C. 3　　D. 30

11. 某投资中心的投资额为100 000元，最低投资报酬率为20%，剩余收益为10 000元，则该中心的投资报酬率为（　　）。

A. 10%　　B. 20%

C. 30%　　D. 60%

12. 某公司某部门的有关数据为：销售收入50 000元，已销产品的变动成本和变动销售费用30 000元，可控固定间接费用2 500元，不可控固定间接费用3 000元，分配来的公司管理费用1 500元。那么，该部门的部门边际贡献为（　　）元。

A. 20 000　　B. 17 500

C. 14 500　　D. 10 750

13. 下列指标中，能够使业绩评价与企业目标协调一致，并引导投资中心部门经理避免本位主义的决策指标是（　　）。

A. 投资报酬率　　B. 可控边际贡献

C. 部门边际贡献　　D. 剩余收益

14. 制定转移价格时，最理想的选择是（　　）。

A. 市场价格　　B. 协商价格

C. 双重价格　　D. 成本转移价格

15. 下列责任单位中，可作为投资中心的是（　　）。

A. 公司　　B. 车间

C. 班组　　D. 职工

二、多选题

1. 责任中心进行内部结算所使用的内部转移价格主要有（　　）。

A. 市场价格　　B. 协商价格

C. 双重价格　　D. 成本转移价格

2. 根据企业内部责任中心的权责范围及业务流动的特点不同，可以分为（　　）。

A. 责任中心　　B. 成本中心

C. 利润中心　　D. 投资中心

3. 下列各项中，属于揭示自然利润中心特征的表述是（　　）。

A. 直接面对市场　　B. 具有部分经营权

C. 通常只计算可控成本　　D. 对外销售产品而取得收入

4. 相对剩余收益指标而言，投资利润率指标的缺点是（　　）。

A. 无法反映投资中心的综合盈利能力

B. 可能造成投资中心的近期目标与整个企业的长期目标相背离

C. 不便于投资项目建成投产后与原定目标的比较

D. 不便于各投资中心经营业绩的横向比较

5. 下列有关成本责任中心的说法中，正确的是（　　）。

A. 成本责任中心不对生产能力的利用程度负责

B. 成本责任中心不进行设备购置决策

C. 成本责任中心不对固定成本负责

D. 成本责任中心应严格执行产量计划，不应超产或减产

6. 甲利润中心常年向乙利润中心提供劳务，在其他条件不变的情况下，如提高劳务的内部转移价格，可能出现的结果是（　　）。

A. 甲利润中心内部利润增加　　B. 乙利润中心内部利润减少

C. 企业利润总额增加　　D. 企业利润总额不变

7. 责任成本所具有的特点是（　　）。

A. 确定责任成本的目的是为了控制成本

B. 责任成本都是可控成本

C. 责任成本的计算对象是各责任中心

D. 责任成本都是变动成本

8. 影响部门剩余收益的因素有（　　）。

A. 支付股利　　B. 销售收入

C. 投资额　　D. 资本成本率

9. 在采用市场价格作为内部转移价格时，在不影响企业整体利润的前提下，应遵循的原则有（　　）。

A. 当供应方愿意对内销售，且售价不高于市价时，使用方有购买的义务，不得拒绝“购进”

B. 当供应方的售价高于市场价格，使用方有转向市场购入的自由

C. 当供应方宁愿对外界市场销售，则应有不对内销售的权利

D. 当市场上有不止一种市价时，供求双方应进行协商

10. 财务控制按控制主体分类可分为（　　）。

A. 出资者财务控制　　B. 经营者财务控制

C. 财务部门财务控制　　D. 上级主管部门财务控制

11. 评价投资中心业绩的指标有（　　）。

A. 投资利润率　　B. 净现值

C. 剩余收益　　D. 投资回收期

12. 利润中心的考核指标为利润，但由于成本计算方式不同，其表现形式也不同，主要有以下几种（　　）。

A. 利润中心边际贡献总额　　B. 利润中心负责人可控利润总额

C. 利润中心可控利润总额　　D. 公司利润总额

13. 财务控制的特征有（　　）。

A. 以企业财务部门为控制主体　　B. 以价值控制为手段

C. 以综合经济业务为控制对象　　D. 以现金流量控制为日常控制内容

14. 投资利润率是被广泛采用的评价投资中心业绩的指标，因为它（　　）。

A. 能反映投资中心的综合盈利能力

B. 具有横向可比性

C. 可以作为选择投资机会的依据，有利于调整资产的存量优化资源配置

D. 作为评价尺度，可以正确引导投资中心的经营管理行为，使其行为长期化

15. 成本转移价格包括的形式有（　　）。

A. 定额成本　　B. 标准成本

C. 标准成本加成　　D. 标准变动成本

三、判断题

1. 成本中心是指既能控制收入又能控制成本的责任单位。（　　）

2. 责任成本是各成本中心当期确定或发生的各项可控成本之和。（　　）

3. 财务控制是一种价值控制。（　　）

4. 在企业的不同管理层次上，责任报告的侧重点应有所不同，最高层次的责任中心的责任报告最为详细。（　　）

5. 从管理层次看，利润中心是最高一级的责任中心，业绩考核的内容或指标涉及各个方面，是一种较为全面的考核。（　　）

6. 以市场价格作为内部转移价格，就是直接按市场价格结算。（　　）

7. 某项会导致个别投资中心的投资利润率提高的投资，不一定会使整个企业的投资利润率提高；但某项会导致个别投资中心的剩余收益增加的投资，则一定会使整个企业的剩余收益增加。（　　）

8. 人为利润中心通常不仅要计算可控成本，而且还要计算不可控成本。（　　）

9. 在其他因素不变的条件下，一个投资中心的剩余收益的大小与企业资本成本的高低呈反向变动。（　　）

10. 企业职工个人不能构成责任实体，因而不能成为责任控制体系中的责任中心。（　　）

11. 利润中心必然是成本中心，投资中心必然是利润中心，所以投资中心首先是成本中心，但利润中心并不一定都是投资中心。（　　）

12. 通常，利润中心被看成是一个可以用利润衡量其业绩的组织单位，因此凡是可以计量出利润的单位都是利润中心。（　　）

13. 标准成本中心的考核指标，是既定产品质量和数量条件下的标准成本。（　　）

14. 投资中心是最高层次的责任中心，它具有最大的决策权，也承担最大的责任。（　　）

15. 内部转移价格只能用于企业内部各责任中心之间由于产品或劳务的流转而进行的内部结算。（　　）

四、计算分析题

1. 某公司甲部门为利润中心，该部门2013年销售收入为1 200万元，已销产品变动成本和变动销售费用为450万元，可控固定成本为1 120万元，公司分配来的管理费用为50万元。

要求：计算甲部门边际贡献总额、部门负责人可控利润总额和甲部门可控利润总额。

2. 某公司下设A、B两个投资中心。A投资中心的投资额为200万元，投资利润率为15%；B投资中心的投资利润率为17%，剩余收益为20万元；该公司要求的最低平均投资利润率为12%。该公司决定追加投资100万元，若投向A投资中心，每年可增加利润20万元；若投向B投资中心，每年可增加利润15万元。

要求：

（1）计算追加投资前A投资中心的剩余收益。

（2）计算追加投资前B投资中心的投资额。

（3）计算追加投资前该公司的投资利润率。

（4）若A投资中心接受追加投资，计算其剩余收益。

（5）若B投资中心接受追加投资，计算其投资利润率。

3. 某公司有甲、乙两个分公司，均为自然利润中心：

甲分公司本期实现内部销售收入1 000 000元，变动成本率为75%，该中心负责人可控固定成本为50 000元，中心负责人不可控但应由该中心负担的固定成本为70 000元。

乙分公司部门边际贡献为120 000元，而确实不能由甲、乙两分公司负担的公司管理费用为30 000元，财务费用为20 000元。

要求计算：

（1）甲利润中心边际贡献总额。

（2）甲利润中心可控边际贡献总额。

（3）甲利润中心部门边际贡献。

（4）该公司税前部门利润。

项目十一 财务分析

学习目标

通过本章的学习，学生可了解财务分析的意义及内容；了解财务分析的局限性；掌握财务分析的基本方法并能灵活运用；掌握企业偿债能力的分析方法；掌握企业营运能力的分析方法；掌握企业盈利能力的分析方法；掌握企业发展能力的分析方法；了解财务综合分析的含义及其特征；能运用杜邦分析法和沃尔评分法进行财务综合分析。

案例导入

某公司有关资料如下：

资产负债表

2017 年 12 月 31 日　　　　单位：万元

资产	年末	负债及所有者权益	年末
流动资产		流动负债合计	300
货币资金	90	非流动负债合计	400
应收账款净额	180	负债合计	700
存货	360	所有者权益合计	700
流动资产合计	630		
非流动资产合计	770		
总计	1 400	总计	1 400

该公司 2009 年度销售收入为 840 万元，税后净利为 117.6 万元。已知该公司 2008 年度销售净利率为 16%，总资产周转率为 0.5 次，权益乘数为 2.2，权益净利率为 17.6%。

根据上述材料，请你判断该公司的偿债能力情况、营运能力情况、盈利能力情况和发展能力情况。

任务一　财务分析概述

一、财务分析的意义

财务分析是根据企业财务报表等信息资料，采用专门方法，系统分析和评价企业财务状况、经营成果以及未来发展趋势的过程。财务分析以企业财务报告及其他相关资料为主要依据，对企业的财务状况和经营成果进行评价和剖析，反映企业在运营过程中的利弊得失和发展趋势，从而为改进企业财务管理工作和优化经济决策提供重要财务信息。

财务分析对不同的信息使用者具有不同的意义。具体来说，财务分析的意义主要体现在如下方面：

（一）可以判断企业的财务实力

通过对资产负债表和利润表有关资料进行分析，计算相关指标，可以了解企业的资产结构和负债水平是否合理，从而判断企业的偿债能力、营运能力及获利能力等财务实力，揭示企业在财务状况方面可能存在的问题。

（二）可以评价和考核企业的经营业绩，揭示财务活动存在的问题

通过指标的计算、分析和比较，能够评价和考核企业的盈利能力和资金周转状况，揭示其经营管理的各个方面和各个环节问题，找出差距，得出分析结论。

（三）可以挖掘企业潜力，寻求提高企业经营管理水平和经济效益的途径

企业进行财务分析的目的不仅仅是发现问题，更重要的是分析问题和解决问题。通过财务分析，应保持和进一步发挥生产经营管理中成功的经验，对存在的问题应提出解决的策略和措施，以达到扬长避短、提高经营管理水平的经济效益的目的。

（四）可以评价企业的发展趋势

通过各种财务分析，可以判断企业的发展趋势，预测其生产经营的前景及偿债能力，从而为企业领导层进行生产经营决策、投资者进行投资决策和债权人进行信贷决策提供重要的依据，避免因决策错误给其带来重大的损失。

二、财务分析的内容

财务分析的不同主体出于不同的利益考虑，在对企业进行财务分析时有着各自不同的要求、不同的侧重点，但就企业总体来看，财务分析的内容可归纳为以下四个方面：偿债能力分析、营运能力分析、盈利能力分析和发展能力分析。

（一）偿债能力分析

偿债能力是指企业偿还债务的能力。通过对企业的财务报告等会计资料进行分析，可以了解企业资产的流动性、负债水平及偿还债务的能力，从而评价企业的财务状况和经营风险，为企业经营管理者、投资者和债权人提供财务信息。

（二）营运能力分析

营运能力是指企业资产利用的能力，它是衡量企业各项经济资源利用效率的重要指

标。企业的生产经营过程就是利用资产取得收益的过程。资产是企业生产经营活动的经济资源，资产的管理水平直接影响到企业的收益，它体现了企业的整体素质。进行财务分析，可以了解到企业资产的保值和增值情况，分析企业资产的管理水平、资金周转状况、现金流量情况等，评价企业的营运能力水平。

（三）盈利能力分析

盈利能力是指企业获取经营利润的能力。获取利润是企业的主要经营目标之一，它也反映了企业的综合素质。企业要生存和发展，必须争取获得较高的利润，这样才能在竞争中立于不败之地。投资者和债权人都十分关心企业的获利能力，获利能力强可以提高企业偿还债务的能力，提高企业的信誉。对企业获利能力的分析不能仅看其获取利润的绝对数，还应分析其相对指标，这些都可以通过财务分析来实现。

（四）发展能力分析

发展能力分析就是通过观察企业资产变动、负债增减、资本筹集状况、经营规模和经营成果等情况，并对偿债能力、营运能力、盈利能力诸方面进行综合分析，从而评价与判断企业的经营效益及未来发展趋势与前景，为企业经营管理者和投资者进行经营决策与投资决策提供重要的依据。

三、财务分析的局限性

财务分析对于了解企业的财务状况和经营成绩，评价企业的偿债能力和经营能力，帮助企业制定经济决策，有着显著的作用。但由于种种因素的影响，财务分析也存在着一定的局限性。在分析中，应注意这些局限性的影响，以保证分析结果的正确性。

（一）资料来源的局限性

1. 报表数据的时效性问题

财务报表中的数据，均是企业过去经济活动的结果和总结，用于预测未来发展趋势，只有参考价值，并非绝对合理。

2. 报表数据的真实性问题

在企业形成其财务报表之前，信息提供者往往对信息使用者所关注的财务状况以及对信息的偏好进行仔细分析与研究，并尽力满足信息使用者对企业财务状况和经营成果信息的期望。其结果极有可能使信息使用者所看到的报表信息与企业实际状况相距甚远，从而误导信息使用者的决策。

3. 报表数据的可靠性问题

财务报表虽然是按照会计准则编制的，但不一定能准确地反映企业的客观实际。例如：报表数据未按通货膨胀进行调整；某些资产以成本计价，并不代表其现在的真实价值；许多支出在记账时存在灵活性，既可以作为当期费用，也可以作为资本项目在以后年度摊销；很多资产以估计值入账，但未必正确；偶然事件可能歪曲本期的损益，不能反映盈利的正常水平。

4. 报表数据的可比性问题

根据会计准则的规定，不同的企业或同一个企业的不同时期都可以根据情况采用不同的会计政策和会计处理方法，使得报表上的数据在企业不同时期和不同企业之间的对比在很多时候失去意义。

5. 报表数据的完整性问题

由于报表本身的原因，其提供的数据是有限的。对报表使用者来说，可能需要的不少信息在报表或附注中根本找不到。

（二）财务分析方法的局限性

财务分析的方法主要有比较分析法、比率分析法和因素分析法。对于比较分析法来说，在实际操作时，比较的双方必须具备可比性才有意义。对于比率分析法来说，比率分析是针对单个指标进行分析，综合程度较低，在某些情况下无法得出令人满意的结论；比率指标的计算一般都是建立在以历史数据为基础的财务报表之上的，这使比率指标提供的信息与决策之间的相关性大打折扣。对于因素分析法来说，在计算各因素对综合经济指标的影响额时，主观假定各因素的变化顺序而且规定每次只有一个因素发生变化，这些假定往往与事实不符。并且，无论何种分析法均是对过去经济事项的反映。随着环境的变化，这些比较标准也会发生变化。而在分析时，分析者往往只注重数据的比较，而忽略经营环境的变化，这样得出的分析结论也是不全面的。

（三）财务分析指标的局限性

1. 财务指标体系不严密

每一个财务指标只能反映企业的财务状况或经营状况的某一方面，每一类指标都过分强调本身所反映的方面，导致整个指标体系不严密。

2. 财务指标所反映的情况具有相对性

在判断某个具体财务指标是好还是坏，或根据一系列指标形成对企业的综合判断时，必须注意财务指标本身所反映情况的相对性。因此，在利用财务指标进行分析时，必须掌握好对财务指标的“信任度”。

3. 财务指标的评价标准不统一

比如，对流动比率，人们一般认为指标值为 2 比较合理，速动比率则认为 1 比较合适，但许多成功企业的流动比率都低于 2，不同行业的速动比率也有很大差别，如采用大量现金销售的企业，几乎没有应收账款，速动比率大大低于 1 是很正常的。相反，一些应收账款较多的企业，速动比率可能要大于 1。因此，在不同企业之间用财务指标进行评价时没有一个统一标准，不便于不同行业间的对比。

4. 财务指标的计算口径不一致

比如，对反映企业营运能力的指标，分母的计算可以用年末数，也可用平均数，而平均数的计算又有不同的方法，这些都会导致计算结果不一样，不利于评价比较。

任务二 财务分析方法

一、比较分析法

比较分析法，是通过对比两期或连续数期财务报告中的相同指标，确定其增减变动的方向、数额和幅度，来说明企业财务状况或经营成果变动趋势的一种方法。采用这种方法，可以分析引起变化的主要原因、变动的性质，并预测企业未来的发展趋势。

比较分析法的具体运用主要有重要财务指标的比较、财务报表的比较和财务报表项目构成的比较三种方式。

（一）重要财务指标的比较

这种方法是指将不同时期财务报告中的相同指标或比率进行纵向比较，直接观察其增减变动情况及变动幅度，考察其发展趋势，预测其发展前景。不同时期财务指标的比较主要有以下两种方法：

1. 定基动态比率

定基动态比率，是以某一时期的数额为固定的基期数额而计算出来的动态比率。其计算公式为：

$$定基动态比率=\frac{分析期数额}{固定基期数额}\times100\%$$

2. 环比动态比率

环比动态比率，是以每一分析期的数据与上期数据相比较计算出来的动态比率。其计算公式为：

$$环比动态比率=\frac{分析期数据}{前期数额}\times100\%$$

（二）财务报表的比较

这是指将连续数期的财务报表的金额并列起来，比较各指标不同期间的增减变动金额和幅度，据以判断企业财务状况和经营成果发展变化的一种方法。具体包括资产负债表比较、利润表比较和现金流量表比较等。

（三）财务报表项目构成的比较

这种方法是在财务报表比较的基础上发展而来的，是以财务报表中的某个总体指标作为100%，再计算出各组成项目占该总体指标的百分比，从而比较各个项目百分比的增减变动，以此来判断有关财务活动的变化趋势。

采用比较分析法时，应当注意以下问题：

第一，用于对比的各个时期的指标，其计算口径必须保持一致；

第二，应剔除偶发性项目的影响，使分析所利用的数据能反映正常的生产经营状况；

第三，应运用例外原则对某项有显著变动的指标作重点分析，研究其产生的原因，以便采取对策，趋利避害。

二、比率分析法

比率分析法是通过计算各种比率指标来确定财务活动变动程度的方法。比率指标的类型主要有构成比率、效率比率和相关比率三类。

（一）构成比率

构成比率又称结构比率，是某项财务指标的各组成部分数值占总体数值的百分比，反映部分与总体的关系。利用构成比率，可以考察总体中某个部分的形成和安排是否合理，以便协调各项财务活动。其计算公式为：

$$构成比率=\frac{某个组成部分数值}{总体数值}\times 100\%$$

利用构成比率，可以考察总体中某个部分的形成和安排是否合理，以便协调各项财务活动。

（二）效率比率

效率比率，是某项财务活动中所费与所得的比率，反映投入与产出的关系。利用效率比率指标，可以进行得失比较，考察经营成果，评价经济效益。

比如，将利润项目与销售成本、销售收入、资本金等项目加以对比，可以计算出成本利润率、销售利润率和资本金利润率指标，从不同角度观察比较企业获利能力的高低及其增减变化情况。

（三）相关比率

相关比率，是以某个项目和与其有关但又不同的项目加以对比所得的比率，反映有关经济活动的相互关系。利用相关比率指标，可以考察企业相互关联的业务安排得是否合理，以保障经营活动顺畅进行。

比如，将流动资产与流动负债进行对比，计算出流动比率，可以判断企业的短期偿债能力，将负债总额与资产总额进行对比，可以判断企业的长期偿债能力。

采用比率分析法时，应当注意以下几点：

第一，注意对比项目的相关性。计算比率的分子和分母必须具有相关性，把不相关的项目进行对比是没有意义的。在构成比率指标中，部分指标必须是总体指标这个大系统中的一个小系统；在效率指标中，投入与产出必须有因果关系；在相关比率指标中，两个对比指标也要有内在联系，才能评价有关经济活动之间是否协调均衡，安排是否合理。

第二，注意对比口径的一致性。计算比率的分子和分母必须在计算时间、范围、计算价格、计量单位等方面保持口径一致，这样才具有可比性。

第三，注意采用的比率指标要有对比的标准。财务比率能从指标的联系中，揭示企业财务活动的内在关系，但它所提供的只是企业某一时点或某一时期的实际情况。为了分析评价，在对采用的比率指标进行分析时要有对比的标准，以便对企业的财务状况做出正确的评价。通常用作对比的标准有：目标标准、历史标准、行业标准及公认标准等。

三、因素分析法

因素分析法是依据分析指标与其影响因素的关系，从数量上确定各因素对分析指标影响方向和影响程度的一种方法。

因素分析法具体有两种：连环替代法和差额分析法。

（一）连环替代法

连环替代法，是将分析指标分解为各个可以计量的因素，并根据各个因素之间的依存关系，顺次用各因素的比较值（通常为实际值）替代基准值（通常为标准值或计划值），据以测定各因素对分析指标的影响。

【例 11-1】某企业 2013 年 10 月某种原材料费用的实际数是 8 470 元，而其计划数是

8 000元。实际比计划增加470 元。由于原材料费用是由产品产量、单位产品材料消耗量和材料单价三个因素的乘积组成，因此就可以把材料费用这一总指标分解为三个因素，然后逐个来分析它们对材料费用总额的影响程度。现假设这三个因素的数值如表 11-1 所示。

表 11-1

项目	单位	计划数	实际数
产品产量	件	100	110
单位产品材料消耗量	千克	8	7
材料单价	元	10	11
材料费用总额	元	8 000	8 470

根据表 9-1 中资料，材料费用总额实际数较计划数增加 4 700 元。运用连环替代法，可以计算各因素变动对材料费用总额的影响。

第一步：确定分析对象，分解指标体系。【例 11-1 】中的分析对象为材料费用，可分解为：

材料费用=产量× 单位产品材料消耗量× 材料单价

第二步：连环顺序替代，计算替代结果。所谓连环顺序替代就是以基期指标体系为计算基础，然后用实际指标体系中的每一因素的实际数顺序地替代其相应的基期数，每次替代一个因素，其替代后的因素被保留下来。

计划指标：100×8×10=8 000（元）　①

第一次替代：110×8×10=8 800（元）　②

第二次替代：110×7×10=7 700（元）　③

第三次替代：110×7×11=8 470（元）　④

第三步：比较各因素的替代结果，确定各因素对分析指标的影响程度。

②-①=8 800-8 000=800（元）　产量增加的影响

③-②=7 700-8 800=-1 100（元）　材料节约的影响

④-③=8 470-7 700=770（元）　价格提高的影响

第四步：检验分析结果。各因素对分析指标的影响数额相加，应等于指标的实际值与基准值的差额。

800-1 100+770=470（元）　全部因素的影响

（二）*差额分析法*

差额分析法是连环替代法的一种简化形式，利用各个因素的比较值与基准值之间的差额，来计算各因素对分析指标的影响。

【例 11-2】仍用表 11-1 中的资料。可采用差额分析法计算确定各因素变动对材料费用的影响。

（1）由于产量增加对材料费用的影响为：（110-100）×8×10=800（元）

（2）由于材料消耗节约对材料费用的影响为：110×（7-8）×10=-1 100（元）

（3）由于价格提高对材料费用的影响为：110×7 ×（11-10）= 770（元）

全部因素的影响为：800−1 100+770＝470（元）

因素分析法既可以全面分析各因素对某一经济指标的影响，又可以单独分析某个因素对某一经济指标的影响，在财务分析中应用颇为广泛，但在实际运用时，应注意以下问题：

第一，因素分解的关联性。构成经济指标的因素，必须是客观上存在着的因果关系，要能够反映形成该项指标差异的内在构成原因，否则就失去了应用价值。

第二，因素替代的顺序性。确定替代因素时，必须根据各因素的依存关系，遵循一定的顺序并依次替代，不可随意加以颠倒，否则就会得出不同的计算结果。

第三，顺序替代的顺序性。因素分析法在计算每一因素变动的影响时，都是在前一次计算的基础上进行，并采用连环比较的方法确定因素变化影响结果。

第四，计算结果的假定性。由于因素分析法计算的各因素变动的影响数，会因替代顺序不同而有差别，因而计算结果不免带有假定性，即它不可能使每个因素计算的结果，都达到绝对的准确。为此，分析时应力求使这种假定合乎逻辑，具有实际经济意义。这样，计算结果的假定性，才不至于妨碍分析的有效性。

任务三 财务比率分析

财务比率分析主要是对企业的偿债能力、营运能力、盈利能力和发展能力四个方面进行分析，其主要依据是财务报表及相关资料。为了便于说明，本节各项财务比率的计算分析主要以甲公司为实例，甲公司的资产负债表、利润表如表 11-2 和表 11-3 所示。

表 11-2 **资产负债表**

编制单位：甲公司 2017 年 12 月 31 日 金额单位：万元

资产	年初数	年末数	负债及所有者权益	年初数	年末数
流动资产：			流动负债：		
货币资金	800	900	短期借款	2 000	2 500
交易性金融资产	1 000	2 000	应付账款	4 000	3 800
应收账款	1 200	1 500	预收款项	400	600
应收票据	1 800	400	应交税费	100	200
预付款项	1 280	740	应付职工薪酬	300	400
存货	8 000	10 160	流动负债合计	6 800	7 500
其他流动资产	120	400	长期借款	4 000	3 300
流动资产合计	14 200	16 100	负债合计	10 800	10 800
非流动资产：			所有者权益：		
可供出售金融资产	800	800	股本	20 000	20 000

表11-2(续)

资产	年初数	年末数	负债及所有者权益	年初数	年末数
固定资产	20 000	18 000	资本公积	4 000	4 000
在建工程	4 000	6 000	盈余公积	2 000	2 630
长期待摊费用	1 000	1 100	未分配利润	3 200	4 570
非流动资产合计	25 800	25 900	所有者权益合计	29 200	31 200
资产合计	40 000	42 000	负债及所有者权益合计	40 000	42 000

表 11-3　　利润表

编制单位：甲公司　　2017 年　　金额单位：万元

项目	上年实际数	本年数
营业收入	37 200	42 000
减：营业成本	21 400	24 400
营业税金及附加	2 160	2 400
管理费用	1 600	2 000
销售费用	3 240	3 800
财务费用	400	600
资产减值损失		
加：投资收益	600	600
公允价值变动损益		
营业利润	9 000	9 400
加：营业外收入	200	300
减：营业外支出	1 200	1 300
利润总额	8 000	8 400
减：所得税费用	2 000	2 100
净利润	6 000	6 300

一、偿债能力分析

偿债能力是企业偿还各种到期债务的能力。偿债能力分析就是通过对企业变现能力和债务物质保障程度的分析研究，分析和判断企业偿还到期债务能力的强弱。进行企业偿债能力的分析，既可以为投资者、债权人了解企业的变现能力和债务的物质保障程度提供财务信息，又可以为企业经营者了解和掌握企业举债适度和筹资风险等提供财务信息，有利于揭示企业存在的问题并寻求解决问题的办法。偿债能力分析包括短期偿债能力分析和长期偿债能力分析。

（一）短期偿债能力分析

短期偿债能力是指企业以流动资产偿付流动负债的能力。它表明企业偿付日常到期债务的实力，是衡量企业当前财务能力，特别是流动资产变现能力的重要标志。评价企业短期偿债能力的财务指标主要有流动比率、速动比率和现金比率等。

1. 流动比率

流动比率是流动资产与流动负债的比率，表明企业每单位流动负债有多少流动资产作为偿还的保证，反映企业可在短期内变现的流动资产偿还到期流动负债的能力。其计算公式如下：

$$流动比率=\frac{流动资产}{流动负债}$$

一般情况下，流动比率越高，反映企业短期偿债能力越强，债权人的权益越有保证，表明企业可以变现的资产数额大，债权人遭受损失的风险小。国际上通常认为，流动比率的下限为 1，等于 2 时较为适宜，它表明企业财务状况稳定可靠，除了满足日常生产经营的流动资金需要外，还有足够的财务实力偿付到期债务。但是，流动比率也不能过高，过高则表明企业流动资产占用较多，会影响资金的使用效率和企业的筹资成本，进而影响获利能力。究竟应保持多高的流动比率，主要视企业对待风险的态度予以确定。

运用流动比率进行短期偿债能力分析时，必须注意以下几个问题：

（1）流动比率高并不等于企业有足够的现金用来偿债。这是因为流动比率高，可能是存货积压、应收账款增多且收账期延长，以及待摊费用和待处理财产损失增加所致，而真正可用来偿债的现金却严重短缺。所以，企业应在分析流动比率的基础上，进一步对现金流量加以考察。

（2）流动比率是否合理，不同的企业以及同一企业不同时期的评价标准是不同的，因此，不应用统一的标准来评价各企业流动比率合理与否。

【例 11-2】 根据表 11-2 资料，甲公司 2017 年的流动比率为：

年初流动比率＝14 200÷6 800＝2.09

年末流动比率＝16 100÷7 500＝2.15

计算结果表明，甲公司 2017 年年初、年末流动比率均超过一般公认标准，说明甲公司具有较强的短期偿债能力。

2. 速动比率

速动比率又称酸性测试比率，是速动资产与流动负债的比率。速动资产是指从流动资产中减去存货后的余额。由于从流动资产中剔除了存货等变现能力较弱且不稳定的资产，因此，速动比率较之流动比率能够更加准确、可靠地评价企业资产的流动性及其偿还短期负债的能力。其计算公式如下：

$$速动比率=\frac{速动资产}{流动负债}$$

【例 11-3】 根据表 11-2 资料，甲公司 2017 年的速动比率为：

年初速动比率＝（14 200−8 000）÷6 800＝0.91

年末速动比率＝（16 100−10 160）÷7 500＝0.79

速动比率用以衡量企业流动资产中可以即刻用于偿付流动负债的能力。它是流动比率的一个重要的辅助指标。企业流动比率有时虽然较高，但流动资产中易于变现、具有即刻支付能力的资产却很少，则企业的短期偿债能力仍然较差。因此，速动比率比流动比率能更准确地反映企业的短期偿债能力。通常认为，正常的速动比率为 1 较为合适，表明企业每 1 元流动负债，都有 1 元易于变现的资产作为支付保证。

运用速动比率进行短期偿债能力分析时应注意的是：

（1）速动比率过大或过小都有其负面影响。速动比率过大，说明企业虽然具有较强的偿债能力，但同时也说明企业流动资产利用效益低下；如果企业速动比率过小，则说明企业面临短期债务无法偿还的风险。

（2）尽管速动比率较之流动比率更能反映出流动负债偿还的安全性和稳定性，但并不能认为速动比率较低的企业的流动负债到期绝对不能偿还。实际上，如果企业存货流转顺畅，变现能力较强，即使速动比率较低，只要流动比率高，企业仍然能够偿还到期的债务本息。

（3）不同行业的速动比率略有差异。

（4）企业债务结构上的差异，导致企业不同时期在债务偿还规模上存在较大的差异，从而导致速动比率在不同时期的差异。

在计算速动比率时，除扣除存货以外，还可以从流动资产中去掉其他一些可能与当期现金流量无关的项目，如预付账款、待处理流动资产损失、一年内到期的非流动资产、其他流动资产等，以计算更进一步的变现能力。如采用保守速动比率（或称超速动比率），其计算公式如下：

保守速动比率=（现金+ 短期证券+ 应收票据+ 应收账款净额）/流动负债

将甲公司的有关数据代入，得到甲公司 2017 年的保守速动比率为：

年初速动比率=（800 + 1 000 + 1 200+1 800）÷6 800≈0. 71

年末速动比率=（900 + 2 000 + 1 500+400）÷7 500=0. 64

或

年初速动比率=（14 200−8 000−120−1 280）÷6 800=0. 71

年末速动比率=（16 100−10 160−400−740）÷7 500=0. 64

分析表明，甲公司 2013 年年末的速动比率比年初有所降低。虽然甲公司流动比率超过一般公认标准，但流动资产中存货所占比重过大，导致企业速动比率未达到一般公认标准，企业的实际偿债能力并不理想，须采取措施加以扭转。

3. 现金比率

现金比率是指企业现金类资产与流动负债之间的比率。现金类资产包括企业所拥有的货币资金和持有的有价证券（即资产负债表中的交易性金融资产）。这些现金类资产或者可以随时提现，或者可以随时变现转让，总之，持有它们就等于持有资金。其计算公式如下：

$$现金比率=\frac{现金+有价证券}{流动负债}$$

现金比率可以从现金流量角度反映企业当期偿付短期负债的能力，是对流动比率和速动比率的进一步分析，比流动比率和速动比率更为严格，因为现金资产是企业偿还债务的最终手段。由此计算出来的现金比率在衡量企业的短期偿债能力方面，更为安全和保险。运用现金比率进行短期偿债能力分析时应注意的是，用现金比率评价企业偿还流动负债的能力应谨慎。一般来说，现金比率在0.2以上为好，但也不能认为这项指标越高越好。该指标越大，虽能表明企业偿还到期债务的保障程度越高，但可能意味着企业拥有过多的获利能力较低的现金类资产，而导致企业机会成本的增加。

【例11-4】根据表11-2资料，甲公司2017年的现金比率为：

年初现金比率=（800 + 1 000）÷6 800≈0.26

年末现金比率=（900 + 2 000）÷7 500≈0.39

计算结果表明，甲公司2013年年初、年末的现金比率都比较高，说明企业还需要进一步有效地运用现金类资产，合理安排资金结构，提高资金使用效率。

（二）长期偿债能力分析

长期偿债能力是指企业偿还长期负债的能力。它表明企业对债务负担的承受能力和偿还债务的担保能力。长期偿债能力的强弱是反映企业财务状况稳定和安全程度的重要标志。评价企业长期偿债能力的指标有资产负债率、产权比率和已获利息倍数等。

1. 资产负债率

资产负债率又称负债比率，是企业负债总额与资产总额的比率。资产负债率反映企业总资产中到底有多大比例是通过借债来筹资的，以及企业资产对债权人权益的保障程度。其计算公式如下：

$$资产负债率=\frac{负债总额}{资产总额}\times 100\%$$

资产负债率是国际公认的衡量企业负债偿还能力和经营风险的重要指标，比较保守的经验判断一般为不高于50%，国际上一般公认60%比较好。一般情况下，资产负债率越小，表明企业偿债能力越强。

运用资产负债率进行长期偿债能力分析时应注意的是，从不同的角度对该指标进行分析，有不同的含义。从债权人的立场看，他们最关心的是贷给企业的款项的安全程度，也就是能否按期收回本金和利息。如果资产负债率过高，则表明企业的债务负担重、资金实力不强，偿债缺乏保障，这对债权人是不利的。因此，他们希望债务比例越低越好，企业偿债有保证，贷款不会有太大的风险。从股东的立场看，由于企业通过举债筹措的资金与股东提供的资金在经营中发挥同样的作用，所以股东关心的是全部资本利润率是否超过借入款项的利息率，即借入资本的代价。因此，从股东的立场来看，当全部资本利润率高于借入资金利息率时，负债比例越高越好；反之，负债比例越低越好。从经营者的立场看，如果举债过多，超出债权人的心理承受能力，债权人会认为放贷是不保险的，企业就借不到钱。但如果企业不举债，或者负债的比率很低，又说明企业畏缩不前，对前途信心不足，利用债权人的资金从事经营活动的能力较差。从财务管理的角度看，企业应当审时度势，全面考虑，在利用资产负债率制定借入资金策略时，必须充分估计预期的利润和增加的风险，并权衡两者的利弊得失。

【例11-5】根据表11-2的资料，甲公司2017年的资产负债率为：

年初资产负债率＝10 800÷40 000×100%＝27%

年末资产负债率＝10 800÷42 000×100%≈25. 71%

计算结果表明，甲公司2017年年初、年末的资产负债率均不高，说明企业长期偿债能力较强。如果企业未来有较强的盈利能力，还可以适当提高负债率以充分发挥财务杠杆作用。

根据资产负债率还可推导出权益乘数的公式：

$$权益乘数=\frac{资产总额}{所有者权益}=\frac{1}{1-资产负债率}$$

权益乘数越大，表明所有者投入企业的资本占全部资产的比重越小，企业负债的程度越高，企业财务风险也就越大。

2. 产权比率

产权比率又称负债与股东权益比率，是负债总额与所有者权益之间的比率。它反映企业所有者权益对债权人权益的保障程度，是企业财务结构稳健与否的重要标志。其计算公式如下：

$$产权比率=\frac{负债总额}{所有者权益}\times 100\%$$

一般情况下，产权比率越低，表明企业的长期偿债能力越强，债权人权益的保障程度越高，承担的风险越小，债权人也就愿意向企业增加借款；反之，这一比率越高，则表明企业的长期偿债能力越低，企业的风险主要由债权人承担，债权人自然就不愿意向企业增加借款。

采用产权比率分析企业长期偿债能力时，应注意以下几个问题：

（1）产权比率的高低，对不同的权益主体有不同的意义。从股东的角度看，在通货膨胀时期，企业多借债可以把损失和风险转嫁给债权人；在经济繁荣时期，多借债可以获得额外的利润；在经济萎缩时期，少借债可以减少利息负担和财务风险。

（2）产权比率实际上是财务结构比率。产权比率高，是高风险、高报酬的财务结构；产权比率低，是低风险、低报酬的财务结构。

（3）一个企业的产权比率是否适度，主要取决于企业的经营管理水平。

（4）产权比率与资产负债率在评价企业长期偿债能力时侧重点不同。资产负债率侧重于分析债务偿付安全性的物质保障程度；产权比率则侧重于揭示财务结构的稳健程度及自有资金对偿债风险的承受能力。

【例11-6】根据表11-2资料，甲公司2017年的产权比率为：

年初产权比率＝10 800÷29 200×100%≈36. 99%

年末产权比率＝10 800÷31 200×100%≈34. 62%

计算结果表明，甲公司2013年年初、年末的产权比率都不高，同资产负债率的计算结果相互印证，表明企业的长期偿债能力较强，债权人的保障程度较高。

3. 已获利息倍数

已获利息倍数又称利息保障倍数，是指企业生产经营所获得的息税前利润与利息费用的比率，反映了获利能力对债务偿付的保证程度。其中，息税前利润是指未扣除利息费用和所得税之前的利润；利息费用是指本期发生的全部应付利息，不仅包括财务费用中的利息费用，还应包括计入固定资产成本的资本化利息。其计算公式如下：

$$已获利息倍数=\frac{息税前利润}{利息费用}$$

已获利息倍数不仅反映了企业获利能力的大小，也是衡量企业长期偿债能力大小的重要指标。一般情况下，已获利息倍数越高，表明企业长期偿债能力越强。国际上通常认为，该指标为 3 时较为合适。长期来看，企业若要维持正常偿债能力，已获利息倍数至少应当大于 1。如果已获利息倍数过小，企业将面临亏损以及偿债的安全性与稳定性下降的风险。如何合理确定企业的已获利息倍数，则需要将企业的这一指标与其他企业，特别是本行业的平均水平进行比较。同时，从稳健性原则出发，最好比较本企业连续几年的该项指标，并选择最低指标年度的数据作为标准。这是因为，企业不仅在经营好的年头要偿债，在经营不好的年头也要偿还大约等量的债务。某一个年度利润很高，已获利息倍数也会很高，但不能年年如此。采用指标最低年度的数据，可以保证最低的偿债能力。

【例 11-7】根据表 11-3 资料，假定表中财务费用全部为利息费用，甲公司已获利息倍数：

2016 年已获利息倍数=（8 000 + 400）÷400=21

2017 年已获利息倍数=（8 400 + 600）÷600=15

计算结果表明，甲公司 2012 年和 2013 年的已获利息倍数都较高，有较强的偿付负债利息的能力。不过，还需结合公司往年的情况和行业的特点进行判断。

二、营运能力分析

营运能力是指企业对其现有经济资源的利用效率与效益。进行营运能力分析，不仅可以评价资产的流动性，为评价和改进资产的利用效率及企业经营管理水平提供依据，而且有助于深入地研究企业的盈利能力。营运能力分析包括流动资产周转情况分析、固定资产周转情况分析和总资产周转情况分析。

（一）流动资产周转情况分析

反映流动资产周转情况的指标主要有：存货周转率、应收账款周转率和流动资产周转率等。

1. 存货周转率

存货是流动资产中的重要组成部分，往往达到流动资产总额的一半以上。存货的流动性对企业的流动比率具有举足轻重的影响，并进而影响到企业的短期偿债能力。因此，必须特别重视对存货的分析。存货周转率是指企业一定时期的销售成本与存货平均余额之间的比率。它是衡量企业从取得存货、投入生产到销售收回（包括现金销售和赊销）等环节中，存货运营效率的一个综合性指标。其计算公式如下：

$$存货周转率=\frac{销售成本}{平均存货}$$

其中：

$$平均存货=\frac{期初存货+期末存货}{2}$$

$$存货周转天数=360÷存货周转率$$

一般来说，存货周转率越高表明存货周转速度越快，存货的资金占用水平越低，流动性越强，存货转换为现金、应收账款的速度越快。因此，提高存货周转率可以提高企业的变现能力，而存货周转速度越慢，则变现能力越差。存货周转率指标的好坏反映存货管理水平，它不仅影响企业的短期偿债能力，也是整个企业管理的重要内容。存货既不能储存过少，否则可能造成生产中断或销售紧张；又不能储存过多，否则可能形成呆滞、积压。同时，一定要保证存货结构合理、质量可靠。

运用存货周转率进行分析时，应注意以下几个问题：

（1）存货计价方法对存货周转率具有较大的影响，因此，在分析企业不同时期或不同企业的存货周转率时，应注意存货计价方法及计算口径是否一致。

（2）分子、分母的数据应注意时间上的一致性。

【例 11-8】根据表 11-2、表 11-3 资料，假定甲公司 2016 年年初存货余额为 7 600 万元，该公司 2016 年、2017 年存货周转率计算如下：

2016 年：平均存货=（7 600 + 8 000）÷2=7 800（万元）

存货周转率=21 400÷7 800≈2.74（次）

存货周转天数=360 ÷2.74≈131（天）

2017 年：平均存货=（8 000 + 10 160）÷2=9 080（万元）

存货周转率=24 400÷9 080≈2.69（次）

存货周转天数=360 ÷2.69≈134（天）

计算结果表明，甲公司 2017 年存货周转率比 2016 年有所延缓，次数由 2.74 次降为 2.69 次，周转天数由 131 天增加为 134 天。这反映出甲公司 2017 年存货管理效率不如 2016 年，其原因可能是 2017 年存货增长幅度过大。

2. 应收账款周转率

应收账款周转率是反映应收账款周转速度的指标，它是企业在一定时期内的赊销净额与应收账款平均余额之间的比率。其计算公式如下：

$$应收账款周转率=\frac{赊销收入净额}{平均应收账款}$$

其中：

$$赊销收入净额=赊销收入-销售退回与折扣$$

$$平均应收账款=\frac{期初应收账款+期末应收账款}{2}$$

$$应收账款周转天数=360÷应收账款周转率$$

应收账款周转率反映了企业应收账款变现速度的快慢及管理效率的高低。一般来说，应收账款周转率高，平均收账期越短，说明应收账款回收速度越快，造成坏账损失的风险小，流动资产流动性好，短期偿债能力强；否则，企业的营运资金则过多地呆滞在应收账款上，影响其正常的资金周转。

运用应收账款周转率进行分析时，应注意以下几个问题：

（1）报表的外部使用人很难获得赊销收入净额这项数据。可以把现金销售视为收账期为零的赊销，以销售收入净额来代替赊销收入净额进行计算。

（2）公式中的应收账款包括会计核算中“应收账款”和“应收票据”等全部赊销账款，且金额应为扣除坏账准备后的净额。

（3）由于季节性经营、大量采用分期收款或现金方式结算等都可能使本指标结果失实，所以，应结合企业前后期间、行业平均水平进行综合评价。

（4）分子、分母的数据应注意时间口径的一致性。

【例 11-9】根据表 11-2、表 11-3 资料，假定甲公司 2015 年年末应收款项余额为 2 200 万元，该公司 2016 年、2017 年应收账款周转率计算如下：

2016 年：平均应收账款=（2 200 + 1 200+1 800）÷2=2 600（万元）

应收账款周转率=37 200÷2 600≈14. 31（次）

应收账款周转天数=360 ÷14. 31≈25（天）

2017 年：平均应收账款=（1 200+1 800 + 1 500+400）÷2=2 450（万元）

应收账款周转率=42 000÷2 450≈17. 14（次）

应收账款周转天数=360 ÷17. 14≈21（天）

以上计算结果表明，甲公司 2017 年应收账款周转率比 2016 年有所改善，周转次数由 14. 31 次提高为 17. 14 次，周转天数由 25 天缩短为 21 天。这不仅说明企业的营运能力有所增强，而且对流动资产的变现能力和周转速度起到促进作用。

3. 流动资产周转率

流动资产周转率是销售收入与流动资产平均余额之间的比率，它反映的是全部流动资产的利用效率。其计算公式如下：

$$流动资产周转率=\frac{销售收入净额}{平均流动资产}$$

其中：

$$平均流动资产=\frac{期初流动资产+期末流动资产}{2}$$

流动资产周转天数=360 ÷ 流动资产周转率

流动资产周转率反映了企业流动资产的周转速度，是从企业全部资产中流动性最强的流动资产角度对企业资产的利用效率进行分析，以进一步揭示影响企业资产质量的主要因素。周转速度快，会相对节约流动资产，等于相对扩大资产投入，增强企业盈利能力；而延缓周转速度，需要补充流动资产参加周转，会形成资金浪费，降低企业盈利能力。但是，流动资产周转率究竟多少为好，并没有一个确定的标准。通常分析流动资产周转率应参照企业历年的数据并结合行业特点进行比较，然后做出分析评价。

【例 11-10】根据表 11-2、表 11-3 资料，假定甲公司 2015 年年末流动资产余额为 12 000万元，该公司 2016 年、2017 年流动资产周转率计算如下：

2016 年：平均流动资产=（12 000 + 14 200）÷2=13 100（万元）

流动资产周转率=37 200÷13 100≈2. 84（次）

流动资产周转天数=360 ÷2. 84≈127（天）

2017 年：平均流动资产=（14 200 + 16 100）÷2=15 150（万元）

流动资产周转率＝42 000÷15 150≈2. 77（次）

流动资产周转天数＝360 ÷2. 77≈130（天）

由此可见，该公司 2017 年流动资产周转速度比 2016 年延缓了 3 天，流动资金占用增加，增加占用的数额可计算如下：（130−127）×42 000÷360＝350（万元）

（二）固定资产周转情况分析

反映固定资产周转情况的主要指标是固定资产周转率。固定资产周转率也称为固定资产利用率，是企业一定时期销售收入净额与固定资产平均净值的比率。其计算公式如下：

$$固定资产周转率=\frac{销售收入净额}{固定资产平均净值}$$

其中：

$$固定资产平均净值=\frac{期初固定资产净值+期末固定资产净值}{2}$$

一般情况下，固定资产周转率高，表明企业固定资产利用充分，企业固定资产投资得当，固定资产结构分布合理，能够充分发挥固定资产的使用效率；反之，如果固定资产周转率低，则表明企业固定资产使用效率低，提供的生产成果少，企业的营运能力差。

运用固定资产周转率进行分析时，应注意以下几个问题：

（1）由于公式中的固定资产净值是固定资产原值减累计折旧，再减已提取的固定资产减值准备后的余额，因此常常会因为企业所采取的固定资产折旧方法以及折旧年限、固定资产减值准备计算方法的不同，而产生差异，导致固定资产周转率缺乏可比性。

（2）固定资产周转率的分析标准并无确定值，通常应参考行业或地区或全国的同期指标值。

【例 11-11】根据表 11-2、表 11-3 资料，假定甲公司 2015 年年末固定资产净值为 23 600万元，该公司 2016 年、2017 年固定资产周转率计算如下：

2016 年：固定资产平均净值＝（23 600 + 20 000）÷2＝21 800（万元）

固定资产周转率＝37 200÷21 800≈1. 71（次）

2017 年：固定资产平均净值＝（20 000 + 18 000）÷2＝19 000（万元）

固定资产周转率＝42 000÷19 000≈2. 21（次）

以上计算结果表明，公司 2013 年固定资产周转率比 2012 年有所改善，其主要是由于固定资产净值的增加幅度低于销售收入净额增长幅度所引起的。这表明企业的营运能力有所提高。

（三）总资产周转情况分析

反映总资产周转情况的主要指标是总资产周转率。总资产周转率是企业一定时期的销售收入净额与平均资产总额的比值，可以用来反映企业全部资产的利用效率。其计算公式如下：

$$总资产周转率=\frac{销售收入净额}{平均资产总额}$$

其中：

$$平均资产总额=\frac{期初资产总额+期末资产总额}{2}$$

一般来说，总资产周转率越高，说明同样的资产取得的收益越多，则资产的管理水平越高，相应的企业的营运能力和偿债能力越强。具体分析时，经营者可以将当期的总资产周转率和上期的指标进行对比，也可将本企业指标与同行业平均水平对比，以评价资产管理水平的高低。

【例 11-12】根据表 11-2、表 11-3 资料，假定甲公司 2015 年年末资产总额为 38 000 万元，该公司 2016 年、2017 年总资产周转率计算如下：

2016 年：平均资产总额=（38 000 + 40 000）÷2=39 000（万元）

总资产周转率=37 200÷39 000≈0.95（次）

2017 年：平均资产总额=（40 000 + 42 000）÷2=41 000（万元）

总资产周转率=42 000÷41 000≈1.02（次）

以上计算结果表明，公司 2017 年全部资产周转率比 2016 年有所改善。这是由于该公司固定资产平均净值的增长程度为负数，但其流动资产平均净值的增长程度（13.38%）却高于销售收入的增长程度（12.9%），所以总资产的利用效果有了提高，但幅度不大。

三、盈利能力分析

盈利能力是指企业获取利润的能力。获取利润是企业的重要经营目标，是企业生存和发展的物质基础，它不仅关系到企业所有者的利益，也是企业偿还债务的重要来源。因此，无论是投资人、债权人还是企业经营者，都非常关心企业的盈利能力。企业盈利能力分析的内容主要有适用于一般企业的销售利润率分析、资产利润率分析和资本利润率分析。

（一）销售利润率分析

1. 销售毛利率

销售毛利率是毛利占销售收入净额的百分比，其中毛利是销售收入净额与销售成本的差。其计算公式如下：

$$销售毛利率=\frac{销售收入净额-销售成本}{销售收入净额}\times100\%$$

该指标表示每 1 元销售收入扣除销售成本后，有多少钱可以用于各项期间费用和形成盈利。一个企业能否实现利润，首先要看销售毛利的实现情况。一般来说，销售毛利率越高，说明净销售收入中销售成本所占的比重越小，毛利额越大，实现价值的盈利水平越高。

【例 11-13】根据表 11-3 资料，甲公司销售毛利率为：

2016 年销售毛利率=（37 200-21 400）÷37 200×100%≈42.47%

2017 年销售毛利率=（42 000-24 400）÷42 000×100%≈41.90%

以上计算结果表明，甲公司的销售毛利率 2017 年比 2016 年有所下降。进一步分析可以看到，这种下降趋势主要是由于公司 2017 年的成本费用增加所致。公司应当深入检查成本费用上升的因素，改进有关工作，以便扭转收益下降的趋势。

2. 销售净利率

销售净利率是指净利润与销售收入净额的百分比。其计算公式如下：

$$销售净利率=\frac{净利润}{销售收入净额}\times100\%$$

其中，净利润是指我国会计制度中的税后利润。该指标反映每1元销售收入带来的净利润的多少，表示销售收入的收益水平。净利润额与销售净利率成正比关系，而销售收入额与销售净利率成反比关系。企业在增加销售收入额的同时，必须相应地获得更多的净利润，才能使销售净利率保持不变或有所提高。通过分析销售净利率的升降变动，可以促使企业在扩大销售的同时，注意改进经营管理，提高盈利水平。

【例11-14】根据表11-3资料，甲公司销售净利率为：

2016年销售净利率=6 000÷37 200×100%≈16.13%

2017年销售净利率=6 300÷42 000×100%=15%

以上计算结果表明，甲公司的销售利润率呈下降趋势。进一步分析可知，这种下降趋势是由于其成本费用增加，毛利率比2016年有所下降所致。所幸的是在整个经营过程中，下降幅度不大。可见，企业的经营方向和产品结构仍符合现有市场需要。

（二）资产利润率分析

反映资产利润率的主要指标是资产净利率。资产净利率是企业净利润与平均资产总额的百分比。其计算公式如下：

$$资产净利率=\frac{净利润}{平均资产总额}\times 100\%$$

其中：

$$平均资产总额=\frac{期初资产总额+期末资产总额}{2}$$

这一指标说明企业资产利用的综合效果。指标越高，表明资产的利用效率越高，说明企业在增加收入和节约资金使用等方面取得了良好的效果；否则相反。资产净利率是一个综合指标，为了正确评价企业经济效益，挖掘提高利润水平的潜力，可以用该指标与本企业前期、与计划、与本行业平均水平和本行业内先进企业进行对比，分析形成差异的原因，进而分析经营中存在的问题。影响资产净利率的因素主要有：产品的价格、单位成本、产品的产量和销售数量、资金占用量等。另外，可以利用资产净利率来分析经营中存在的问题，提高销售利润率，加速资金周转。详见本章任务四中的“杜邦财务分析体系”。

【例11-15】根据表11-2、表11-3资料，甲公司资产净利率为：

2016年资产净利率=6 000÷39 000×100%=15.38%

2017年资产净利率=6 300÷41 000×100%=15.37%

以上计算结果表明，甲公司资产综合利用效率2017年不如2016年，需要对公司资产的使用情况、增产节约等情况作进一步的分析，以便改进管理，提高效益。

（三）资本利润率分析

1. 净资产收益率

净资产收益率是净利润与平均净资产的百分比，也叫净值报酬率或权益报酬率。它是反映自有资金投资收益水平的指标，是企业盈利能力评价指标的核心。其计算公式如下：

$$净资产收益率=\frac{净利润}{平均净资产}\times 100\%$$

其中：

$$平均净资产=\frac{年初净资产+年末净资产}{2}$$

净资产收益率是评价企业资本运营的绩效最具综合性与代表性的指标。一般认为，该指标越高，企业自有资金获取收益的能力越强，运营效益越好，对企业投资人、债权人的保证程度越高。

【例 11-16】根据表 11-2、表 11-3 资料，假定甲公司 2015 年年末所有者权益合计为 26 000万元，该公司 2016 年、2017 年的净资产收益率为：

2016 年：平均净资产＝（26 000 + 29 200）÷2＝27 600（万元）

净资产收益率＝6 000÷27 600×100%≈21.74%

2017 年：平均净资产＝（29 200 + 31 200）÷2＝30 200（万元）

净资产收益率＝6 300÷30 200×100%≈20.86%

以上计算结果表明，甲公司的净资产收益率 2017 年比 2016 年下降了 0.88%，主要是由于该公司净利润的增长程度（5%）低于所有者权益的增长程度（6.85%）引起的。净资产收益率反映公司所有者权益的投资报酬率，具有很强的综合性，它包含了权益乘数、总资产周转率和销售净利率这三个指标所反映的内容。具体分析方法见本章任务四中的“杜邦财务分析体系”。

2. 资本保值增值率

资本保值增值率是指企业期末所有者权益总额与期初所有者权益总额的比率，反映了企业当年资本在企业自身努力下的实际增加变动情况，是评价企业财务效益状况的辅助指标。其计算公式如下：

$$资本保值增值率=\frac{期末所有者权益总额}{期初所有者权益总额}\times 100\%$$

该指标充分体现了对所有者权益的保护，能够及时、有效地发现侵蚀所有者权益的现象，反映了投资者投入企业资本的保全性和增长性。一般来说，如果资本保值增值率大于 100%，说明所有者权益增加；否则，如小于 100%，则意味着所有者权益遭受损失。用该方法进行分析时，应当注意的是，这一指标的高低除了受企业经营成果的影响外，还受企业利润分配政策的影响。

【例 11-17】根据表 11-2 资料，甲公司 2016 年、2017 年的资本保值增值率为：

2016 年资本保值增值率＝29 200÷26 000×100%≈112.31%

2017 年资本保值增值率＝31 200÷29 200×100%≈106.85%

以上计算结果可以看出，甲公司 2016 年、2017 年的资本保值增值率均大于 100%，说明在资本保值的基础上还实现了增值，增大了所有者权益，积累了财富，降低了企业财务风险。

（四）上市公司特殊盈利分析指标

1. 每股收益

每股收益是综合反映企业获利能力的重要指标，可以用来判断和评价管理层的经营业绩。

（1）基本每股收益

基本每股收益的计算公式为：

$$\frac{\text{归属于公司普通股股东的净利润}}{\text{发行在外的普通股加权平均数}}$$

$$\text{基本每股收益}=\frac{\text{归属于公司普通股东的净利润}}{\text{发行在外的普通股加权平均数}}\times 100\%$$

【例 11-18】根据表 11-2 资料，甲公司 2016 年、2017 年的基本每股收益为：

2016 年基本每股收益＝6 000÷20 000＝0. 3（元/股）

2017 年基本每股收益＝6 300÷20 000＝0. 315（元/股）

若计算基本每股收益的年度发生了资本公积转增资本、股票股利分配等导致股本增加的情形，新增加的股本应按实际增加的月份加权计算计入分母。

（2）稀释每股收益

企业存在稀释性潜在普通股的，应当计算稀释每股收益。潜在普通股主要包括：可转换公司债券、认股权证和股份期权等。

①可转换公司债券。对于可转换公司债券，计算稀释每股收益时，分子的调整项目为可转换公司债券当期已确认为费用的利息等的税后影响额；分母的调整项目为假定可转换公司债券当期期初或发行日转换为普通股的股数加权平均数。

②认股权证和股份期权。认股权证、股份期权等的行权价格低于当期普通股平均市场价格时，应当考虑其稀释性。

计算稀释每股收益时，作为分子的净利润金额一般不变；分母的调整项目为增加的普通股股数，同时还应考虑时间权数。

行权价格和拟行权时转换的普通股股数，按照有关认股权证合同和股份期权合约确定。公式中的当期普通股平均市场价格，通常按照每周或每月具有代表性的股票交易价格进行简单算术平均计算。在股票价格比较平稳的情况下，可以采用每周或每月股票的收盘价作为代表性价格；在股票价格波动较大的情况下，可以采用每周或每月股票最高价与最低价的平均值作为代表性价格。无论采用何种方法计算平均市场价格，一经确定，不得随意变更，除非有确凿证据表明原计算方法不再适用。当期发行认股权证或股份期权的，普通股平均市场价格应当自认股权证或股份期权的发行日起计算。

【例 11-19】若甲公司 2017 年 7 月 1 日按面值发行年利率 3%的可转换公司债券，面值 1 000 万元，期限为 5 年，利息每年年末支付一次，发行结束一年后可以转换股票，转换价格为每股 5 元，即每 100 元债券可转换为 1 元面值的普通股 20 股。2017 年该公司归属于普通股股东的净利润为 8 000 万元，2017 年发行在外的普通股加权平均数为 25 000 万股，债券利息不符合资本化条件，直接计入当期损益，所得税税率 25%。假设不考虑可转换公司债券在负债成分和权益成分之间的分拆，且债券票面利率等于实际利率。则稀释每股收益计算如下：

基本每股收益＝8 000÷25 000＝0. 32（元）

假设全部转股，所增加的净利润＝1 000×3%×6÷12 ×（1−25%）＝ 11. 25（万元）

假设全部转股，所增加的年加权平均普通股股数＝1 000÷100×20×6÷12＝100（万股）

增量股的每股收益=11.25÷100=0.112 5（元）

增量股的每股收益小于原每股收益，可转换债券具有稀释作用。

稀释每股收益=（8 000+11.25）÷（25 000+100）≈0.319（元）

在分析每股收益指标时，应注意企业利用回购库存股的方式减少发行在外的普通股股数，使每股收益简单增加。另外，如果企业将盈利用于派发股票股利或配售股票，就会使企业流通在外的股票数量增加，这样将会大量稀释每股收益。在分析上市公司公布的信息时，投资者应注意区分公布的每股收益是按原始股股数还是按完全稀释后的股份计算规则计算的，以免受到误导。

对投资者来说，每股收益是一个综合性的盈利概念，能比较恰当地说明收益的增加或减少。人们一般将每股收益视为企业能否成功地达到其利润目标的计量标志，也可以将其看成一家企业管理效率、盈利能力和股利来源的标志。

每股收益这一财务指标在不同行业、不同规模的上市公司之间具有相当大的可比性，因而在各上市公司之间的业绩比较中被广泛地加以引用。此指标值越大，盈利能力越好，股利分配来源越充足，资产增值能力越强。

2. 每股股利

每股股利是企业股利总额与企业流通股数的比值。其计算公式为：

$$每股股利=\frac{股利总数}{流通股股数}$$

【例 11-20】 假设甲公司于 2017 年 4 月 2 日发放普通股股利 3 600 万元，年末发行在外的普通股股数为 20 000 万股。每股股利计算如下：

每股股利=3 600÷20 000=0.18（元）

每股股利反映的是上市公司每一普通股获取股利的多少。每股股利越大，则企业股本获利能力就越强；每股股利越小，则企业股本获利能力就越弱。但须注意，上市公司每股股利发放多少，除了受上市公司获利能力大小影响以外，还取决于企业的股利发放政策。如果企业为了增强企业发展后劲增加企业的公积金，则当前的每股股利必然会减少；反之，则当前的每股股利会增加。

反映每股股利和每股收益之间关系的一个重要指标是股利发放率，即每股股利分配额与当期的每股收益之比。借助该指标，投资者可以了解一家上市公司的股利发放政策。

3. 市盈率

市盈率是股票每股市价与每股收益的比率，其计算公式如下：

$$市盈率=\frac{每股市价}{每股收益}$$

【例 11-21】 沿用【例 11-18】的资料，同时假定甲公司 2017 年年末每股市价为 5 元。则该公司 2017 年年末市盈率计算如下：

市盈率=5÷0.315≈15.87（倍）

一方面，市盈率越高，意味着企业未来成长的潜力越大，也即投资者对该股票的评价越高；反之，投资者对该股票评价越低。另一方面，市盈率越高，说明投资于该股票的风险越大；市盈率越低，说明投资于该股票的风险越小。

影响企业股票市盈率的因素有：

第一，上市公司盈利能力的成长性。如果上市公司预期盈利能力不断提高，说明企业具有较好的成长性，虽然目前市盈率较高，也值得投资者进行投资。

第二，投资者所获取报酬率的稳定性。如果上市公司经营效益良好且相对稳定，则投资者获取的收益也较高且稳定，投资者就愿意持有该企业的股票，则该企业的股票市盈率会由于众多投资者的普遍看好而相应提高。

第三，市盈率也受利率水平变动的影响。当市场利率水平变化时，市盈率也应作相应的调整。在股票市场的实务操作中，利率与市盈率之间的关系常用如下公式表示：

$$市场平均市盈率=1\div市场利率$$

所以，上市公司的市盈率一直是广大股票投资者进行中长期投资的重要决策指标。

对于因送红股、公积金转增资本、配股造成股本总数比上一年年末数增加的公司，其每股税后利润按变动后的股本总数予以相应的摊薄。

4. 每股净资产

每股净资产，又称每股账面价值，是指企业净资产与发行在外的普通股股数之间的比率。用公式表示为：

$$每股净资产=\frac{股东权益总额}{发行在外的普通股股数}$$

【例 11-22】根据表 11-2 资料，甲公司 2017 年的每股净资产为：

每股净资产＝31 200÷20 000＝1.56（元/股）

每股净资产显示了发行在外的每一普通股股份所能分配的企业账面净资产的价值。这里所说的账面净资产是指企业账面上的总资产减去负债后的余额，即股东权益总额。每股净资产指标反映了在会计期末每一股份在企业账面上到底值多少钱，它与股票面值、发行价值、市场价值乃至清算价值等往往有较大差距。

利用该指标进行横向和纵向对比，可以衡量上市公司股票的投资价值。如在企业性质相同、股票市价相近的条件下，某一企业股票的每股净资产越高，则企业发展潜力与其股票的投资价值越大，投资者所承担的投资风险越小。但是也不能一概而论，在市场投机气氛较浓的情况下，每股净资产指标往往不太受重视。投资者，特别是短线投资者注重股票市价的变动，有的企业的股票市价低于其账面价值，投资者会认为这个企业没有前景，从而失去对该企业股票的兴趣；如果市价高于其账面价值，而且差距较大，投资者会认为企业前景良好，有潜力，因而甘愿承担较大的风险购进该企业股票。

四、发展能力分析

发展能力是企业在生存的基础上，扩大规模、壮大实力的潜在能力。发展能力分析的主要指标有：销售增长率、资本积累率、总资产增长率等。

（一）销售增长率

销售增长率是企业本年销售收入增长额与上年销售收入总额的比率。它反映企业销售收入的增减变动情况，是评价企业成长状况和发展能力的重要指标。其计算公式如下：

$$销售增长率=\frac{本年销售收入增长额}{上年销售收入}\times 100\%$$

其中：

本年销售收入增长额=本年销售收入总额-上年销售收入总额

销售收入增长率是衡量企业经营状况和市场占有能力、预测企业经营业务拓展趋势的重要指标。该指标若大于0，表明企业本年的销售收入较上年有所增长，指标值越高，表明企业销售增长速度越快，企业市场前景越好；该指标若小于0，则说明企业当年产品销售不畅，或产品不能适销对路、质次价高，以致市场份额萎缩。

【例11-23】根据表11-3资料，甲公司2017年的销售收入增长率为：

销售收入增长率=（42 000-37 200）÷37 200×100%=12.9%

计算结果表明，甲公司销售增长速度较快，市场前景较好。但该指标在分析时，还应结合企业的销售收入绝对值水平、市场占有情况及行业整体发展情况等因素进行综合分析。

（二）资本积累率

资本积累率是企业本年所有者权益增长额与年初所有者权益的比率。它反映企业当年资本积累能力，是评价企业发展潜力的重要指标。其计算公式如下：

$$资本积累率=\frac{本年所有者权益增长额}{年初所有者权益}\times 100\%$$

其中：

本年所有者权益增长额=所有者权益年末数-所有者权益年初数

资本积累率是企业当年所有者权益总的增长幅度，反映企业所有者权益在当年的变动水平，体现了企业资本的积累情况，是企业发展强盛的标志，也是企业扩大再生产的源泉，展示了企业的发展潜力。同时，资本积累率还反映了投资者投入企业资本的保全性和增长性。该指标若大于0，表明企业的资本积累越多，应对风险、持续发展的能力越强；该指标小于0，表明企业资本受到侵蚀，所有者利益受到损害。

【例11-24】根据表11-2资料，甲公司2017年的资本积累率为：

资本积累率=（31 200-29 200）÷29 200×100%≈6.85%

计算结果表明，甲公司的资本有一定的积累，显示其有一定的持续发展能力。

（三）资产总额增长率

资产总额增长率是企业本年资产总额增长额与年初资产总额的比率，它反映企业本期资产规模的增长情况。其计算公式如下：

$$资产总额增长率=\frac{本年资产总额增长额}{年初资产总额}\times 100\%$$

其中：

本年资产总额增长额=资产总额年末数-资产总额年初数

总资产增长率是从企业资产总量方面衡量企业的发展能力，表明企业规模增长水平对企业发展后劲的影响。该指标越高，表明企业一定时期内资产经营规模扩张的速度越快。但在实际分析时，不能简单地认为指标高，则企业应对风险和发展能力强、前景好，应注意考虑资产规模扩张的质和量的关系，以及企业的后续发展能力，避免资产盲目扩张。

【例 11-25】根据表 11-2 资料，甲公司 2017 年的资产总额增长率为：

资产总额增长率=（42 000-40 000）÷40 000×100%＝5%

计算结果表明，甲公司的资产总额有一定的增长速度。

任务四　财务综合分析

一、财务综合分析的含义及其特征

（一）财务综合分析的含义

财务综合分析的最终目的在于全面、准确、客观地揭示与披露企业财务状况和经营管理的成果，并借以对企业经济效益的优劣作出合理的评价。显然，要达到这样一个分析目的，仅仅测算出几项财务指标是很难得出合理、正确的综合性结论的，有时甚至会作出错误的结论。因此，要想对企业财务状况和经营成果有一个总的评价，仅仅分析某些财务指标，或者将一些孤立的财务分析指标堆砌在一起，彼此毫无联系地观察，是达不到理想的分析目的的。只有将企业偿债能力、营运能力、盈利能力及发展能力等各项分析指标作为一个整体，系统、全面地对企业财务状况和经营成果进行相互关联的分析，采用适当的标准进行综合性评价，才能得出正确的分析结论。因此，所谓财务综合分析就是将各项财务分析指标作为整体，系统、全面地对企业财务状况和经营成果进行分析和评价。

（二）财务综合分析的特征

财务综合分析与前述各单项分析相比，具有以下特点：

（1）财务分析指标要素真实、全面。适当进行财务状况的综合分析，是以各财务分析单项指标及其各指标要素为基础的，因此，各单项指标要素及计算的各项指标一定要真实、全面和适当，所设置的评价指标必须能够涵盖企业盈利能力、偿债能力、营运能力和发展能力等诸方面总体分析的要求。

（2）财务分析各主辅指标功能应相互协调匹配。财务分析指标众多，进行综合财务分析，一定要抓住主要目标，只有抓住主要目标，才能抓住影响企业财务状况的主要矛盾，在主要财务指标分析的基础上再对其辅助指标进行分析，才能分析透彻、把握准确、详尽；在利用主辅指标时，还应特别注意主辅指标间的本质联系和层次关系。

（3）满足企业利害各方的不同财务信息需要。进行财务综合分析要能够尽量满足企业利害关系各方的不同财务信息要求，切不可仅从企业内部管理的角度，或债权人、或国家宏观监管等某一方面的要求进行分析、做出判断，这样容易片面、不准确，要从多角度、多层次进行综合评价和分析。

二、财务综合分析的方法

企业财务综合分析的方法有很多，传统方法主要有杜邦分析法和沃尔评分法等。

（一）杜邦分析法

杜邦分析法，又称杜邦财务分析体系，简称杜邦体系，是利用各主要财务比率指标间的内在联系，对企业财务状况及经济效益进行综合系统分析评价的方法。该体系以净资产收益率为起点，以总资产净利率和权益乘数为核心，重点揭示企业获利能力及权益乘数对净资产收益率的影响，以及各相关指标间的相互影响作用关系。因其最初由美国杜邦企业成功应用，故得名。

杜邦分析法将净资产收益率（权益净利率）分解如图 11-1 所示。其分析关系式为：

净资产收益率=销售净利率×总资产周转率×权益乘数

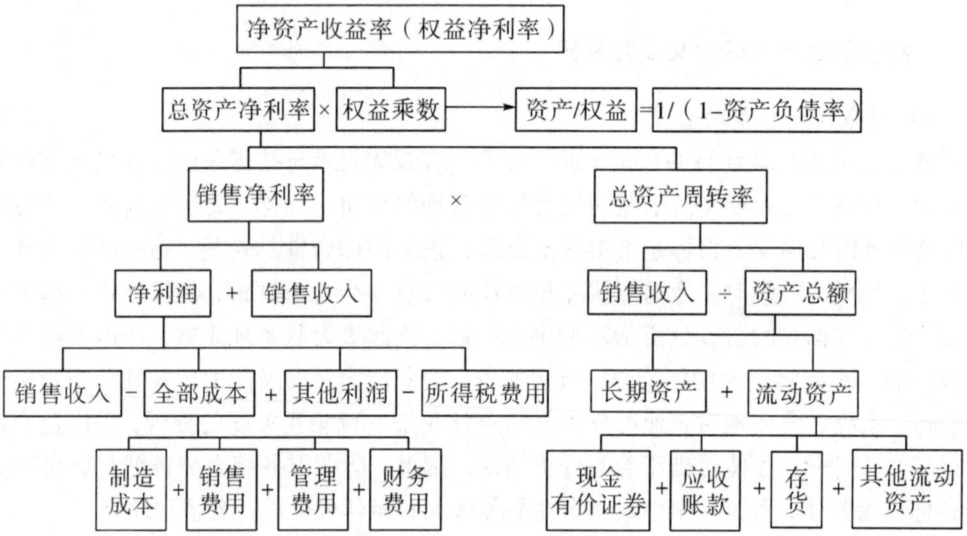

图 11-1　杜邦分析体系

注：① 本章销售净利率即营业净利率，销售收入即营业收入。

② 上图中有关资产、负债与权益指标通常用平均值计算。

运用杜邦分析法需要抓住以下几点：

（1）净资产收益率是一个综合性最强的财务分析指标，是杜邦分析体系的起点。

财务管理的目标之一是使股东财富最大化，净资产收益率反映了企业所有者投入资本的获利能力，说明了企业筹资、投资、资产营运等各项财务及其管理活动的效率，而不断提高净资产收益率是使所有者权益最大化的基本保证。所以，这一财务分析指标是企业所有者、经营者都十分关心的。而净资产收益率高低的决定因素主要有三个，即销售净利率、总资产周转率和权益乘数。这样，在进行分解之后，就可以将净资产收益率这一综合性指标升降变化的原因具体化，从而它比只用一项综合性指标更能说明问题。

（2）销售净利率反映了企业净利润与销售收入的关系，它的高低取决于销售收入与成本总额的高低。

要想提高销售净利率，一是要扩大销售收入，二是要降低成本费用。扩大销售收入既有利于提高销售净利率，又有利于提高总资产周转率。降低成本费用是提高销售净利率的一个重要因素，从杜邦分析图可以看出成本费用的基本结构是否合理，从而找出降低成本费用的途径和加强成本费用控制的办法。如果企业财务费用支出过高，就要进一步分析其负债比率是否过高；如果管理费用过高，就要进一步分析期资金周转情况等。从图 9-1 中还可以看出，提高销售净利率的另一途径是提高其他利润。为了详细地了解企业成本费用的发生情况，在具体列示成本总额时，还可根据重要性原则，将那些影响较大的费用单独列示，以便为寻求降低成本的途径提供依据。

（3）影响总资产周转率的一个重要因素是资产总额。

资产总额由流动资产与非流动资产组成，它们的结构合理与否将直接影响资产的周转速度。一般来说，流动资产直接体现企业的偿债能力和变现能力，而非流动资产则体现了企业的经营规模、发展潜力。两者之间应该有一个合理的比例关系。如果发现某项资产比重过大，影响资金周转，就应深入分析其原因，例如企业持有的货币资金超过业务需要，就会影响企业的盈利能力；如果企业占有过多的存货和应收账款，则既会影响获利能力，又会影响偿债能力。因此，还应进一步分析各项资产的占用数额和周转速度。

（4）权益乘数主要受资产负债率指标的影响。

资产负债率越高，权益乘数就越高，说明企业的负债程度比较高，给企业带来了较多的杠杆利益，同时，也带来了较大的风险。

【例 11-26】甲公司有关财务数据如表 11-4 所示。分析该企业净资产收益率变化的原因（表 11-5）。

表 11-4　　**基本财务数据**　　单位：万元

年度	净利润	销售收入	平均资产总额	平均所有者权益总额	全部成本
2016	6 000	37 200	39 000	27 600	26 640
2017	6 300	42 000	41 000	30 200	30 800

表 11-5　　**财务比率**

年度	2012	2013
净资产收益率	21. 74%	20. 86%
权益乘数	1. 41	1. 36
资产负债率	29. 23%	26. 34%
总资产净利率	15. 38%	15. 37%
销售净利率	16. 13%	15. 00%
总资产周转率（次）	0. 95	1. 02

（1）对净资产收益率的分析。甲公司的净资产收益率在 2016—2017 年出现了一定程度的下降，从 2016 年的 21. 74%降至 2017 年的 20. 86%。企业的投资者在很大程度上依据这个指标来判断是否投资或是否转让股份，考察经营者业绩和决定股利分配政策。这些指标对企业的管理者也至关重要。

$$净资产收益率=权益乘数\times总资产净利率$$

2016 年：21.69%≈1.41×15.38%

2017 年：20.90%≈1.36×15.37%

通过分解可以明显地看出，甲公司净资产收益率的变动在于资本结构（权益乘数）变动和资产利用效果（总资产净利率）变动两方面共同作用的结果，而该公司的权益乘数较低，显示出资本结构中仍然以股东权益为主。

（2）对总资产净利率的分析。

$$总资产净利率=销售净利率\times总资产周转率$$

2016 年：15.32%≈16.13%×0.95

2017 年：15.3%=15%×1.02

通过分解可以看出 2017 年甲公司的总资产周转率有所提高，说明资产的利用得到了比较好的控制，但总资产产生销售收入的效率在降低，最终导致总资产净利率较 2016 年略有下降。

（3）对销售净利率的分析。

$$销售净利率=\frac{净利润}{销售收入}\times100\%$$

2016 年：16.13%≈6 000÷37 200

2017 年：15%≈6 300÷42 000

甲公司 2017 年大幅度提高了销售收入，但净利润却略有下降，分析其原因是成本费用增多，从表 11-4 可知：全部成本从 2016 年的 26 640 万元增加到了 2017 年的 30 800 万元，超过了销售收入的增加幅度。

（4）对全部成本的分析。

$$全部成本=营业成本+管理费用+销售费用+财务费用$$

2016 年：26 640=21 400+1 600+3 240+400

2017 年：30 800=24 400+2 000+3 800+600

本例中，导致甲公司净资产收益率小的主要原因是全部成本过大。也正是因为全部成本的提高导致了净利润提高幅度不大，而销售收入大幅度增加，就引起了销售净利率的降低，显示出该企业销售盈利能力的降低。2017 年甲公司资产净利率的降低，销售净利率的减少起到了一定的作用。

（5）对权益乘数的分析。

$$权益乘数=\frac{平均资产总额}{平均所有者权益}\times100\%$$

2016 年：1.41≈39 000÷27 600×100%

2017 年：1.36≈41 000÷30 200×100%

甲公司 2017 年的权益乘数较 2016 年有所减小，下降的权益乘数，说明公司的资本结构在 2016—2017 年发生了变动。公司负债程度越低，偿还债务能力越强，财务风险有所降低。这个指标同时也反映了财务杠杆对利润水平的影响。该公司的权益乘数一直处于 1.3~1.4 之间，也即负债率在 30%~40%之间，属于保守战略型企业。管理者应该准确把握企业所处的环境，准确预测利润，合理利用财务杠杆谋求企业利益。

（6）结论。

对于甲公司来说，最为重要的就是要努力降低各项成本，在控制成本上下功夫，同时要保持较高的总资产周转率。这样，可以使销售净利率得到提高，进而使总资产净利率有大的提高。

（二）沃尔评分法

企业财务综合分析的先驱者之一是亚历山大·沃尔。他在20世纪初出版的《信用晴雨表研究》和《财务报表比率分析》中提出了信用能力指数的概念，他把若干个财务比率用线性关系结合起来，以此来评价企业的信用水平，被称为沃尔评分法。他选择了七种财务比率，分别给定了其在总评价中所占的比重，总和为100分；然后，确定标准比率，并与实际比率相比较，评出每项指标的得分，求出总评分。

【例11-27】某企业是一家中型电力企业，2017年财务状况评分的结果如表11-6所示。

表11-6　　**沃尔综合评分表**

财务比率	比重 1	标准比率 2	实际比率 3	相对比率 4=3÷2	综合指数 5=1×4
流动比率	25	2.00	1.66	0.83	20.75
净资产/负债	25	1.50	2.39	1.59	39.75
资产/固定资产	15	2.50	1.84	0.736	11.04
销售成本/存货	10	8	9.94	1.243	12.43
销售收入/应收账款	10	6	8.61	1.435	14.35
销售收入/固定资产	10	4	0.55	0.137 5	1.38
销售收入/净资产	5	3	0.40	0.133	0.67
合计	100				100.37

从表11-6可知，该企业的综合指数为100.37，总体财务状况是不错的，综合评分达到标准的要求。但由于该方法技术上的缺陷，夸大了达到标准的程度。尽管沃尔评分法在理论上还有待证明，在技术上也不完善，但它还是在实践中被广泛地加以应用。

沃尔评分法从理论上讲，有一个弱点，就是未能证明为什么要选择这七个指标，而不是更多些或更少些，或者选择别的财务比率，以及未能证明每个指标所占比重的合理性。沃尔评分法从技术上讲有一个问题，就是当某一个指标严重异常时，会对综合指数产生不合逻辑的重大影响。这个缺陷是由相对比率与比重相“乘”而引起的。财务比率提高一倍，其综合指数增加100%；而财务比率降低一半，其综合指数只减少50%。

现代社会与沃尔的时代相比，已有很大的变化。一般认为企业财务评价的内容首先是盈利能力，其次是偿债能力，再次是成长能力，它们之间大致可按5∶3∶2的比重来分配。盈利能力的主要指标是总资产报酬率、销售净利率和净资产收益率，这三个指标可按2∶2∶1的比重来安排。偿债能力有四个常用指标。成长能力有三个常用指标（都是本年增量与上年实际量的比值）。假定仍以100分为总评分。

【例11-28】仍以【例11-27】中企业2017年的财务状况为例，以中型电力生产企业的标准值为评价基础，则其综合评分标准如表11-7所示。

表 11-7　　综合评分表

指标	评分值	标准比率（%）	行业最高比率（%）	最高评分	最低评分	每分比率的差
盈利能力：						
总资产报酬率	20	5.5	15.8	30	10	1.03
销售净利率	20	26.0	56.2	30	10	3.02
净资产收益率	10	4.4	22.7	15	5	3.66
偿债能力：						
自有资本比率	8	25.9	55.8	12	4	7.475
流动比率	8	95.7	253.6	12	4	39.475
应收账款周转率	8	290	960	12	4	167.5
存货周转率	8	800	3 030	12	4	557.5
成长能力：						
销售增长率	6	2.5	38.9	9	3	12.13
净利增长率	6	10.1	51.2	9	3	13.7
总资产增长率	6	7.3	42.8	9	3	11.83
合计	100			150	50	

标准比率以本行业平均数为基础，在给每个指标评分时，应规定其上限和下限，以减少个别指标异常对总分造成不合理的影响。上限可定为正常评分值的 1.5 倍，下限可定为正常评分值的 0.5 倍。此外，给分不是采用“乘”的关系，而采用“加”或“减”的关系来处理，以克服沃尔评分法的缺点。例如，总资产报酬率每分比率的差为 1.03%=（15.8%-5.5%）÷（30-20）。总资产报酬率每提高 1.03%，多给 1 分，但该项得分不得超过 30 分。

根据这种方法，对该企业的财务状况重新进行综合评价，得 124.94 分（表 11-8），是一个财务情况中等略偏上水平的企业。

表 9-8　　财务情况评分

指标	实际比率 1	标准比率 2	差异 3=1-2	每分比率 4	调整分 5=3÷4	标准评分值 6	得分 7=5+6
盈利能力：							
总资产报酬率	10	5.5	4.5	1.03	4.37	20	24.37
销售净利率	33.54	26.0	7.54	3.02	2.50	20	22.50
净资产收益率	13.83	4.4	9.43	3.66	2.58	10	12.58
偿债能力：							

表9-8(续)

指标	实际比率 1	标准比率 2	差异 3=1-2	每分比率 4	调整分 5=3÷4	标准 评分值 6	得分 7=5+6
自有资本比率	72.71	25.9	46.81	7.475	6.26	8	14.26
流动比率	166	95.7	70.3	39.475	1.78	8	9.78
应收账款周转率	861	290	571	167.5	3.41	8	11.41
存货周转率	994	800	194	557.5	0.35	8	8.35
成长能力:							
销售增长率	17.7	2.5	15.2	12.13	1.25	6	7.25
净利增长率	-1.74	10.1	-11.84	13.7	-0.86	6	5.14
总资产增长率	46.36	7.3	39.06	11.83	3.30	6	9.30
合计						100	124.94

综合实训

一、单项选择题

1. 企业所有者作为投资人，关心其资本的保值和增值状况，因此较为重视企业的(　　)。

A. 偿债能力　　B. 营运能力

C. 盈利能力　　D. 发展能力

2. 下列各项中，不属于效率比率的是(　　)。

A. 成本利润率　　B. 销售利润率

C. 资本金利润率　　D. 流动比率

3. 乙公司 2013 年年末资产总额为 6 000 万元，产权比率为 5，则资产负债率为(　　)。

A. 83.33%　　B. 69.72%

C. 82.33%　　D. 85.25%

4. 乙公司的流动资产由速动资产和存货组成，年末流动资产为 70 万元，年末流动比率为 2，年末速动比率为 1，则年末存货余额为(　　)万元。

A. 70　　B. 45

C. 35　　D. 15

5. 某上市公司 2013 年度归属于普通股股东的净利润为 3 950 万元。2012 年年末的股本为 10 000 万股，2013 年 3 月 1 日，经公司 2011 年股东大会决议，以截至 2011 年年末公司总股本为基础，向全体股东每 10 股送 1 股，工商注册登记变更完成后公司总股本变为

11 000 万股，2013 年 5 月 1 日新发行 6 000 万股，11 月 1 日回购 2 000 万股，以备将来奖励职工之用。则该上市公司基本每股收益为（　　）元。

A. 0.15　　B. 0.27

C. 0.32　　D. 0.41

6. 2013 年甲公司的所有者权益为 5 000 万元，发行在外普通股股数为 1 000 万股，无优先股，普通股的每股收益为 0.8 元，该公司的市盈率为 25，则甲公司的市净率为（　　）。

A. 4　　B. 4.5

C. 5　　D. 0.5

7. 下列各项财务指标中能够综合反映企业成长性和投资风险的是（　　）。

A. 市盈率　　B. 每股收益

C. 销售净利率　　D. 每股净资产

8. 某公司 2013 年年初资产总额为 400 万元，年末资产总额为 600 万元，当年的净利润为 60 万元，所得税税额为 12 万元，计入财务费用的利息支出为 4 万元，则该公司 2012 年的总资产报酬率为（　　）。

A. 18.4%　　B. 16%

C. 14.4%　　D. 15.2%

9. 甲公司 2013 年的销售净利率比 2012 年下降 6%，总资产周转率提高 8%，假定权益乘数与 2012 年相同，那么甲公司 2013 年的净资产收益率比 2012 年提高（　　）。

A. 4.5%　　B. 5.5%

C. 2%　　D. 10.5%

10. 某企业 2012 年和 2013 年的销售净利率分别为 6%和 9%，总资产周转次数分别为 2 和 1.5，两年的产权比率相同，与 2012 年相比，2013 年的权益净利率变动趋势为（　　）。

A. 下降　　B. 上升

C. 不变　　D. 无法确定

二、多项选择题

1. 下列关于财务分析内容的相关表述中，正确的有（　　）。

A. 企业所有者主要关心投资的安全性

B. 企业债权人比较重视企业偿债能力指标

C. 企业经营者只需要关注企业的经营风险

D. 政府是企业财务分析信息的需要者之一

2. 财务报表是财务分析的主要依据，财务报表数据的局限性决定了财务分析与评价的局限性，具体表现为（　　）。

A. 缺乏独立性　　B. 缺乏时效性

C. 缺乏可靠性　　D. 缺乏可比性

3. 财务指标的比较基础不统一是财务分析指标的一个局限性，在对财务指标进行比较分析时，需要选择比较的参照标准包括（　　）。

A. 同业数据　　B. 本企业历史数据

C. 计划预算数据　　D. 企业的战略目标

4. 下列业务中，能够提高企业短期偿债能力的有（　　）。

A. 企业采用分期付款方式购置一台大型机械设备

B. 企业从某国有银行取得三年期500万元的贷款

C. 企业向战略投资者进行定向增发

D. 企业向股东发放股票股利

5. 在计算速动资产时，应将存货从流动资产中剔除，其主要原因有（　　）。

A. 流动资产中存货的变现速度最慢

B. 部分存货可能已被抵押

C. 存货不能变现

D. 存货成本和市价可能存在差异

6. 下列因素变动不会影响速动比率的有（　　）。

A. 预付账款

B. 可供出售金融资产

C. 交易性金融资产

D. 一年内到期的非流动资产

7. 下列关于每股收益的说法中，不正确的有（　　）。

A. 每股收益是衡量上市公司盈利能力的财务指标

B. 每股收益多反映股票的风险大

C. 每股收益多的公司市盈率就高

D. 每股收益多，则意味着每股股利高

8. 下列分析方法中，属于企业财务综合分析方法的有（　　）。

A. 趋势分析法　　B. 杜邦分析法

C. 沃尔评分法　　D. 因素分析法

9. 根据传统杜邦财务分析体系可知，提高权益净利率的途径包括（　　）。

A. 加强销售管理，提高销售净利率

B. 加强资产管理，提高总资产周转次数

C. 加强筹资管理，降低资产负债率

D. 加强筹资管理，提高产权比率

10. 营运能力比率是衡量企业资产管理效率的财务比率，常见的营运能力比率有（　　）。

A. 存货周转率　　B. 应收账款周转率

C. 固定资产周转率　　D. 总资产周转率

三、判断题

1. 经营者是各相关主体中对企业分析最全面的，需要了解掌握企业经营理财的各个

方面，包括营运能力、偿债能力、盈利能力及发展能力的全部信息。（　　）

2. 在财务分析中，通过对比两期或连续数期财务报告中的相同指标，确定其增减变动的方向、数额和幅度，来说明企业财务状况或经营成果变动趋势的方法称为比较分析法。（　　）

3. 报表使用者需要的信息，可能在财务报表或附注中找不到。（　　）

4. 在其他条件不变的情况下，权益乘数越大，企业的负债程度越高，能给企业带来更多财务杠杆利益，同时也增加了企业的财务风险。（　　）

5. 应收账款周转率过低对企业不利，企业应保持较高的应收账款周转率。（　　）

6. 乙企业2013年年初资产总额为2 000万元，权益乘数为2，2013年年末所有者权益总额为1 200万元，则乙企业的资本积累率为25%。（　　）

7. 一般来说，固定资产周转率高，固定资产周转天数长，说明固定资产周转快，利用充分。（　　）

8. 通常市场利率越高，企业的市盈率越大。（　　）

9. 计算已获利息倍数时分母的利息费用，指的是计入财务费用的各项利息。（　　）

10. 某企业去年的销售净利率为5.73%，资产周转率为2.17；今年的销售净利率为4.88%，资产周转率为2.83。若两年的资产负债率相同，今年的净资产收益率与去年相比的变化趋势为上升。（　　）

四、计算分析题

1. 资料一：某上市公司2013年度归属于普通股股东的净利润为4 840万元。2012年年末的股本为9 000万股，2013年2月1日，经公司2012年年度股东大会决议，以截至2012年末公司总股本为基础，向全体股东每10股送红股5股，工商注册登记变更后公司总股本变为13 500万股。2013年6月1日经批准回购本公司股票2 400万股。假设上市公司2013年年末股东权益总额为22 200万元，每股市价7.2元。

资料二：该上市公司2013年10月1日按面值发行年利率2%的可转换公司债券，面值10 000万元，期限6年，利息每年年末支付一次，发行结束一年后可以转换股票，转换价格为每股8元。债券利息全部费用化，使用的所得税税率为25%。假设不考虑可转换公司债券在负债成分和权益成本之间的分拆，且债券票面利率等于实际利率。

要求：

（1）计算该上市公司2013年年末的基本每股收益和每股净资产；

（2）计算该上市公司2013年年末的市盈率；

（3）假设可转换公司债券全部转股，计算该上市公司2013年增加的净利润和增加的年加权平均普通股股数；

（4）假设可转换公司债券全部转股，计算增量股的每股收益，并分析可转换公司债券是否具有稀释作用；

（5）如果该可转换公司债券具有稀释作用，计算稀释每股收益。

2. ABC公司近三年的主要财务数据和财务比率如下表所示：

单位：万元

项目	2011 年	2012 年	2013 年
销售收入	4 000	4 500	3 500
净利润	300	250	100
年末资产	2 400	2 600	2 800
年末股东权益	900	1 100	1 100

要求：

（1）计算2012年和2013年的净资产收益率、销售净利率、总资产周转率和权益乘数（涉及资产负债表的数据均采用平均数计算）；

（2）利用因素分析法分析说明该公司2013年与2012年相比净资产收益率的变化及其原因（按销售净利率、总资产周转率、权益乘数顺序，计算结果保留小数点后四位）。

五、综合题

某公司2013年的有关资料如下：

（1）2013年12月31日资产负债表简表如下：

单位：万元

资产	年初	年末	负债及所有者权益	年初	年末
流动资产：			流动负债合计	350	320
货币资金	190	450	长期负债合计	450	580
交易性金融资产	70	50	负债合计	800	900
应收账款	210	200			
存货	240	300	股本	100	100
流动资产合计	710	1 000	资本公积	600	600
长期股权投资	190	150	盈余公积	40	70
固定资产	1 000	1 100	未分配利润	360	580
			所有者权益合计	1 100	1 350
合计	1 900	2 250	合计	1 900	2 250

（2）2013年利润表简表如下：

单位：万元

项目	金额
营业收入	2 000
减：营业成本（变动成本）	1 200
营业税金及附加（变动成本）	200

表(续)

项目	金额
期间费用（固定成本） 其中：利息费用	200 20
营业利润	400
减：所得税（所得税税率为25%）	100
净利润	300

（3）假设该公司股票属于固定成长股票，股利固定增长率为4%。该公司2013年年末每股现金股利为0.5元，年末普通股股数为100万股。该公司股票的β系数为1.3，市场组合的收益率为10%，无风险收益率为2%。

要求（计算结果保留小数点后两位小数）：

（1）计算该公司2013年年末的流动比率、速动比率、现金比率、权益乘数和利息保障倍数；

（2）计算该公司2013年应收账款周转率、存货周转率（按营业成本计算）和总资产周转率；

（3）计算该公司2013年净资产收益率、总资产报酬率、资本积累率和资产保值增值率；

（4）计算该公司2013年经营杠杆系数、财务杠杆系数和总杠杆系数；

（5）计算该股票的必要收益率和2013年12月31日的每股价值；

（6）假设2013年12月31日该股票的市场价格为18元/股，计算2013年年末该公司股票的市盈率和每股净资产。

参考文献

1. 中国注册会计师协会. 2018 年度注册会计师全国统一考试辅导及参考用书：财务成本管理［M］. 北京：中国财政经济出版社，2018.

2. 马元兴. 企业财务管理［M］. 3 版. 北京：高等教育出版社，2017.

3. 徐凤菊，等. 上市公司典型理财案例［M］. 武汉：武汉理工大学出版社，2004.

4. 石友蓉，等. 企业集团财务管理［M］. 武汉：武汉理工大学出版社，2003.

5. 沈艺峰. 沈洪涛公司财务理论主流［M］. 大连：东北财经大学出版社，2004.

6. 郭复初. 财务管理［M］. 北京：首都经济贸易大学出版社，2004.

7. 纪洪天. 现代财务管理教程［M］. 上海：立信会计出版社，2002.

8. ［美］道格拉斯 · R. 爱默瑞，约翰 · D. 芬尼特. 公司财务管理［M］. 荆新，王化成，李焰，等译. 北京：中国人民大学出版社，1999.

9. ［美］J. 弗雷德 · 维斯通，［韩］S · 郑光，［美］苏姗 · E. 侯格. 兼并、重组与公司控制［M］. 唐旭，等译. 北京：经济科学出版社，1999.

10. 韩建勋. 公司理财［M］. 北京：北京大学出版社，2010.

11. ［美］詹姆斯 · C. 范霍恩. 财务管理与政策［M］. 11 版. 刘志远，译. 大连：东北财经大学出版社，2006.

12. 何志勇. 公司理财［M］. 成都：西南财经大学出版社，1998.

13. ［美］詹姆斯 · C. 范霍恩，小约翰 · M. 瓦霍维. 现代企业财务管理［M］. 10 版. 郭浩，徐琳，译. 北京：经济科学出版社，2002.

14. 张卫东. 财务管理［M］. 上海：立信会计出版社，2009.

15. 章道云. 财务管理［M］. 成都：西南财经大学出版社，2009.

资金系数表

附表一　　　　　　　　　　　复利终值系数表

期数	1%	2%	3%	4%	5%	6%	7%	8%	9%	10%	11%	12%	13%	14%	15%
1	1.0100	1.0200	1.0300	1.0400	1.0500	1.0600	1.0700	1.0800	1.0900	1.1000	1.1100	1.1200	1.1300	1.1400	1.1500
2	1.0201	1.0404	1.0609	1.0816	1.1025	1.1236	1.1449	1.1664	1.1881	1.2100	1.2321	1.2544	1.2769	1.2996	1.3225
3	1.0303	1.0612	1.0927	1.1249	1.1576	1.1910	1.2250	1.2597	1.2950	1.3310	1.3676	1.4049	1.4429	1.4815	1.5209
4	1.0406	1.0824	1.1255	1.1699	1.2155	1.2625	1.3108	1.3605	1.4116	1.4641	1.5181	1.5735	1.6305	1.6890	1.7490
5	1.0510	1.1041	1.1593	1.2167	1.2763	1.3382	1.4026	1.4693	1.5386	1.6105	1.6851	1.7623	1.8424	1.9254	2.0114
6	1.0615	1.1262	1.1941	1.2653	1.3401	1.4185	1.5007	1.5869	1.6771	1.7716	1.8704	1.9738	2.0820	2.1950	2.3131
7	1.0721	1.1487	1.2299	1.3159	1.4071	1.5036	1.6058	1.7138	1.8280	1.9487	2.0762	2.2107	2.3526	2.5023	2.6600
8	1.0829	1.1717	1.2668	1.3686	1.4775	1.5938	1.7182	1.8509	1.9926	2.1436	2.3045	2.4760	2.6584	2.8526	3.0590
9	1.0937	1.1951	1.3048	1.4233	1.5513	1.6895	1.8385	1.9990	2.1719	2.3579	2.5580	2.7731	3.0040	3.2519	3.5179
10	1.1046	1.2190	1.3439	1.4802	1.6289	1.7908	1.9672	2.1589	2.3674	2.5937	2.8394	3.1058	3.3946	3.7072	4.0456
11	1.1157	1.2434	1.3842	1.5395	1.7103	1.8983	2.1049	2.3316	2.5804	2.8531	3.1518	3.4786	3.8359	4.2262	4.6524
12	1.1268	1.2682	1.4258	1.6010	1.7959	2.0122	2.2522	2.5182	2.8127	3.1384	3.4985	3.8960	4.3345	4.8179	5.3503
13	1.1381	1.2936	1.4685	1.6651	1.8856	2.1329	2.4098	2.7196	3.0658	3.4523	3.8833	4.3635	4.8980	5.4924	6.1528
14	1.1495	1.3195	1.5126	1.7317	1.9799	2.2609	2.5785	2.9372	3.3417	3.7975	4.3104	4.8871	5.5348	6.2613	7.0757
15	1.1610	1.3459	1.5580	1.8009	2.0789	2.3966	2.7590	3.1722	3.6425	4.1772	4.7846	5.4736	6.2543	7.1379	8.1371
16	1.1726	1.3728	1.6047	1.8730	2.1829	2.5404	2.9522	3.4259	3.9703	4.5950	5.3109	6.1304	7.0673	8.1372	9.3576
17	1.1843	1.4002	1.6528	1.9479	2.2920	2.6928	3.1588	3.7000	4.3276	5.0545	5.8951	6.8660	7.9861	9.2765	10.7613
18	1.1961	1.4282	1.7024	2.0258	2.4066	2.8543	3.3799	3.9960	4.7171	5.5599	6.5436	7.6900	9.0243	10.5752	12.3755
19	1.2081	1.4568	1.7535	2.1068	2.5270	3.0256	3.6165	4.3157	5.1417	6.1159	7.2633	8.6128	10.1974	12.0557	14.2318
20	1.2202	1.4859	1.8061	2.1911	2.6533	3.2071	3.8697	4.6610	5.6044	6.7275	8.0623	9.6463	11.5231	13.7435	16.3665
21	1.2324	1.5157	1.8603	2.2788	2.7860	3.3996	4.1406	5.0338	6.1088	7.4002	8.9492	10.8038	13.0211	15.6676	18.8215
22	1.2447	1.5460	1.9161	2.3699	2.9253	3.6035	4.4304	5.4365	6.6586	8.1403	9.9336	12.1003	14.7138	17.8610	21.6447
23	1.2572	1.5769	1.9736	2.4647	3.0715	3.8197	4.7405	5.8715	7.2579	8.9543	11.0263	13.5523	16.6266	20.3616	24.8915
24	1.2697	1.6084	2.0328	2.5633	3.2251	4.0489	5.0724	6.3412	7.9111	9.8497	12.2392	15.1786	18.7881	23.2122	28.6252
25	1.2824	1.6406	2.0938	2.6658	3.3864	4.2919	5.4274	6.8485	8.6231	10.8347	13.5855	17.0001	21.2305	26.4619	32.9190
26	1.2953	1.6734	2.1566	2.7725	3.5557	4.5494	5.8074	7.3964	9.3992	11.9182	15.0799	19.0401	23.9905	30.1666	37.8568
27	1.3082	1.7069	2.2213	2.8834	3.7335	4.8223	6.2139	7.9881	10.2451	13.1100	16.7387	21.3249	27.1093	34.3899	43.5353
28	1.3213	1.7410	2.2879	2.9987	3.9201	5.1117	6.6488	8.6271	11.1671	14.4210	18.5799	23.8839	30.6335	39.2045	50.0656
29	1.3345	1.7758	2.3566	3.1187	4.1161	5.4184	7.1143	9.3173	12.1722	15.8631	20.6237	26.7499	34.6158	44.6931	57.5755
30	1.3478	1.8114	2.4273	3.2434	4.3219	5.7435	7.6123	10.0627	13.2677	17.4494	22.8923	29.9599	39.1159	50.9502	66.2118

附表二

复利现值系数表

期数	1%	2%	3%	4%	5%	6%	7%	8%	9%	10%
1	0.990 1	0.980 4	0.970 9	0.961 5	0.952 4	0.943 4	0.934 6	0.925 9	0.917 4	0.909 1
2	0.980 3	0.971 2	0.942 6	0.924 6	0.907 0	0.890 0	0.873 4	0.857 3	0.841 7	0.826 4
3	0.970 6	0.942 3	0.915 1	0.889 0	0.863 8	0.839 6	0.816 3	0.793 8	0.772 2	0.751 3
4	0.961 0	0.923 8	0.888 5	0.854 8	0.822 7	0.792 1	0.762 9	0.735 0	0.708 4	0.683 0
5	0.951 5	0.905 7	0.862 6	0.821 9	0.783 5	0.747 3	0.713 0	0.680 6	0.649 9	0.620 9
6	0.942 0	0.888 0	0.837 5	0.790 3	0.746 2	0.705 0	0.666 3	0.630 2	0.596 3	0.564 5
7	0.932 7	0.860 6	0.813 1	0.759 9	0.710 7	0.665 1	0.622 7	0.583 5	0.547 0	0.513 2
8	0.923 5	0.853 5	0.787 4	0.730 7	0.676 8	0.627 4	0.582 0	0.540 3	0.501 9	0.466 5
9	0.914 3	0.836 8	0.766 4	0.702 6	0.644 6	0.591 9	0.543 9	0.500 2	0.460 4	0.424 1
10	0.905 3	0.820 3	0.744 1	0.675 6	0.613 9	0.558 4	0.508 3	0.463 2	0.422 4	0.385 5
11	0.896 3	0.804 3	0.722 4	0.649 6	0.584 7	0.526 8	0.475 1	0.428 9	0.387 5	0.350 5
12	0.887 4	0.788 5	0.701 4	0.624 6	0.556 8	0.497 0	0.444 0	0.397 1	0.355 5	0.318 6
13	0.878 7	0.773 0	0.681 0	0.600 6	0.530 3	0.468 8	0.415 0	0.367 7	0.326 2	0.289 7
14	0.870 0	0.757 9	0.661 1	0.577 5	0.505 1	0.442 3	0.387 8	0.340 5	0.299 2	0.263 3
15	0.861 3	0.743 0	0.641 9	0.555 3	0.481 0	0.417 3	0.362 4	0.315 2	0.274 5	0.239 4
16	0.852 8	0.728 4	0.623 2	0.533 9	0.458 1	0.393 6	0.338 7	0.291 9	0.251 9	0.217 6
17	0.844 4	0.714 2	0.605 0	0.513 4	0.436 3	0.371 4	0.316 6	0.270 3	0.231 1	0.197 8
18	0.836 0	0.700 2	0.587 4	0.493 6	0.415 5	0.350 3	0.295 9	0.250 2	0.212 0	0.179 9
19	0.827 7	0.686 4	0.570 3	0.474 6	0.395 7	0.330 5	0.276 5	0.231 7	0.194 5	0.163 5
20	0.819 5	0.673 0	0.553 7	0.456 4	0.376 9	0.311 8	0.258 4	0.214 5	0.178 4	0.148 6
21	0.811 4	0.659 8	0.537 5	0.438 8	0.358 9	0.294 2	0.241 5	0.198 7	0.163 7	0.135 1
22	0.803 4	0.646 8	0.521 9	0.422 0	0.341 8	0.277 5	0.225 7	0.183 9	0.150 2	0.122 8
23	0.795 4	0.634 2	0.506 7	0.405 7	0.325 6	0.261 8	0.210 9	0.170 3	0.137 8	0.111 7
24	0.787 6	0.621 7	0.491 9	0.390 1	0.310 1	0.247 0	0.197 1	0.157 7	0.126 4	0.101 5
25	0.779 8	0.609 5	0.477 6	0.375 1	0.295 3	0.233 0	0.184 2	0.146 0	0.116 0	0.092 3
26	0.772 0	0.597 6	0.463 7	0.360 4	0.281 2	0.219 8	0.172 2	0.135 2	0.106 4	0.083 9
27	0.764 4	0.585 9	0.450 2	0.346 8	0.267 8	0.207 4	0.160 9	0.125 2	0.097 6	0.076 3
28	0.756 8	0.574 4	0.437 1	0.333 5	0.255 1	0.195 6	0.150 4	0.115 9	0.089 5	0.069 3
29	0.749 3	0.563 1	0.424 3	0.320 7	0.242 9	0.184 6	0.140 6	0.107 3	0.082 2	0.063 0
30	0.741 9	0.552 1	0.412 0	0.308 3	0.231 4	0.174 1	0.131 4	0.099 4	0.075 4	0.057 3
35	0.705 9	0.500 0	0.355 4	0.253 4	0.181 3	0.130 1	0.093 7	0.067 6	0.049 0	0.035 6
40	0.671 7	0.452 9	0.306 6	0.208 3	0.142 0	0.097 2	0.066 8	0.046 0	0.031 8	0.022 1
45	0.639 1	0.410 2	0.264 4	0.171 2	0.111 3	0.072 7	0.047 6	0.031 3	0.020 7	0.013 7
50	0.608 0	0.371 5	0.228 1	0.140 7	0.087 2	0.054 3	0.033 9	0.021 3	0.013 4	0.008 5
55	0.578 5	0.336 5	0.196 8	0.115 7	0.068 3	0.040 6	0.024 2	0.014 5	0.008 7	0.005 3

续表

期数	12%	14%	15%	16%	18%	20%	24%	28%	32%	36%
1	0. 892 9	0. 877 2	0. 869 6	0. 862 1	0. 847 5	0. 833 3	0. 806 5	0. 781 3	0. 757 6	0. 735 3
2	0. 797 2	0. 769 5	0. 756 1	0. 743 2	0. 718 2	0. 694 4	0. 650 4	0. 610 4	0. 573 9	0. 540 7
3	0. 711 8	0. 675 0	0. 657 5	0. 640 7	0. 608 6	0. 578 7	0. 524 5	0. 476 8	0. 434 8	0. 397 5
4	0. 635 5	0. 592 1	0. 571 8	0. 552 3	0. 515 8	0. 482 3	0. 423 0	0. 372 5	0. 329 4	0. 292 3
5	0. 567 4	0. 519 4	0. 497 2	0. 476 2	0. 437 1	0. 401 9	0. 341 1	0. 291 0	0. 249 5	0. 214 9
6	0. 506 6	0. 455 6	0. 432 3	0. 410 4	0. 370 4	0. 334 9	0. 275 1	0. 227 4	0. 189 0	0. 158 0
7	0. 452 3	0. 399 6	0. 375 9	0. 353 8	0. 313 9	0. 279 1	0. 221 8	0. 177 6	0. 143 2	0. 116 2
8	0. 403 9	0. 350 6	0. 326 9	0. 305 0	0. 266 0	0. 232 6	0. 178 9	0. 138 8	0. 108 5	0. 085 4
9	0. 360 6	0. 307 5	0. 284 3	0. 263 0	0. 225 5	0. 193 8	0. 144 3	0. 108 4	0. 082 2	0. 062 8
10	0. 322 0	0. 269 7	0. 247 2	0. 226 7	0. 191 1	0. 161 5	0. 116 4	0. 084 7	0. 062 3	0. 046 2
11	0. 287 5	0. 236 6	0. 214 9	0. 195 4	0. 161 9	0. 134 6	0. 093 8	0. 066 2	0. 047 2	0. 034 0
12	0. 256 7	0. 207 6	0. 186 9	0. 168 5	0. 137 3	0. 112 2	0. 075 7	0. 051 7	0. 035 7	0. 025 0
13	0. 229 2	0. 182 1	0. 162 5	0. 145 2	0. 116 3	0. 093 5	0. 061 0	0. 040 4	0. 027 1	0. 018 4
14	0. 204 6	0. 159 7	0. 141 3	0. 125 2	0. 098 5	0. 077 9	0. 049 2	0. 031 6	0. 020 5	0. 013 5
15	0. 182 7	0. 140 1	0. 122 9	0. 107 9	0. 083 5	0. 064 9	0. 039 7	0. 024 7	0. 015 5	0. 009 9
16	0. 163 1	0. 122 9	0. 106 9	0. 098 0	0. 070 9	0. 054 1	0. 032 0	0. 019 3	0. 011 8	0. 007 3
17	0. 145 6	0. 107 8	0. 092 9	0. 080 2	0. 060 0	0. 045 1	0. 025 9	0. 015 0	0. 008 9	0. 005 4
18	0. 130 0	0. 094 6	0. 080 8	0. 069 1	0. 050 8	0. 037 6	0. 020 8	0. 011 8	0. 006 8	0. 003 9
19	0. 116 1	0. 082 9	0. 070 3	0. 059 6	0. 043 1	0. 031 3	0. 016 8	0. 009 2	0. 005 1	0. 002 9
20	0. 103 7	0. 072 8	0. 061 1	0. 051 4	0. 036 5	0. 026 1	0. 013 5	0. 007 2	0. 003 9	0. 002 1
21	0. 092 6	0. 063 8	0. 053 1	0. 044 3	0. 030 9	0. 021 7	0. 010 9	0. 005 6	0. 002 9	0. 001 6
22	0. 082 6	0. 056 0	0. 046 2	0. 038 2	0. 026 2	0. 018 1	0. 008 8	0. 004 4	0. 002 2	0. 001 2
23	0. 073 8	0. 049 1	0. 040 2	0. 032 9	0. 022 2	0. 015 1	0. 007 1	0. 003 4	0. 001 7	0. 000 8
24	0. 065 9	0. 043 1	0. 034 9	0. 028 4	0. 018 8	0. 012 6	0. 005 7	0. 002 7	0. 001 3	0. 000 6
25	0. 058 8	0. 037 8	0. 030 4	0. 024 5	0. 016 0	0. 010 5	0. 004 6	0. 002 1	0. 001 0	0. 000 5
26	0. 052 5	0. 033 1	0. 026 4	0. 021 1	0. 013 5	0. 008 7	0. 003 7	0. 001 6	0. 000 7	0. 000 3
27	0. 046 9	0. 029 1	0. 023 0	0. 018 2	0. 011 5	0. 007 3	0. 003 0	0. 001 3	0. 000 6	0. 000 2
28	0. 041 9	0. 025 5	0. 020 0	0. 015 7	0. 009 7	0. 006 1	0. 002 4	0. 001 0	0. 000 4	0. 000 2
29	0. 037 4	0. 022 4	0. 017 4	0. 013 5	0. 008 2	0. 005 1	0. 002 0	0. 000 8	0. 000 3	0. 000 1
30	0. 033 4	0. 019 6	0. 015 1	0. 011 6	0. 007 0	0. 004 2	0. 001 6	0. 000 6	0. 000 2	0. 000 1
35	0. 018 9	0. 010 2	0. 007 5	0. 005 5	0. 003 0	0. 001 7	0. 000 5	0. 000 2	0. 000 1	*
40	0. 010 7	0. 005 3	0. 003 7	0. 002 6	0. 001 3	0. 000 7	0. 000 2	0. 000 1	*	*
45	0. 006 1	0. 002 7	0. 001 9	0. 001 3	0. 000 6	0. 000 3	0. 000 1	*	*	*
50	0. 003 5	0. 001 4	0. 000 9	0. 000 6	0. 000 3	0. 000 1	*	*	*	*
55	0. 002 0	0. 000 7	0. 000 5	0. 000 3	0. 000 1	*	*	*	*	*
* <. 0 001										

附表三　　年金终值系数表

期数	1%	2%	3%	4%	5%	6%	7%	8%	9%	10%
1	1.000 0	1.000 0	1.000 0	1.000 0	1.000 0	1.000 0	1.000 0	1.000 0	1.000 0	1.000 0
2	2.010 0	2.020 0	2.030 0	2.040 0	2.050 0	2.060 0	2.070 0	2.080 0	2.090 0	2.100 0
3	3.030 1	3.060 4	3.090 9	3.121 6	3.152 5	3.183 6	2.214 9	3.246 4	3.278 1	3.310 0
4	4.060 4	4.121 6	4.183 6	4.246 5	4.310 1	4.374 6	4.439 9	4.506 1	4.573 1	4.641 0
5	5.101 0	5.204 0	5.309 1	5.416 3	5.525 6	5.637 1	5.750 7	5.866 6	5.984 7	6.105 1
6	6.152 0	6.308 1	6.468 4	6.633 0	6.801 9	6.975 3	7.153 3	7.335 9	7.523 3	7.715 6
7	7.213 5	7.434 3	7.662 5	7.898 3	8.142 0	8.393 8	8.654 0	8.922 8	9.200 4	9.487 2
8	8.285 7	8.583 0	8.892 3	9.214 2	9.549 1	9.897 5	10.260	10.637	11.028	11.436
9	9.368 5	9.754 6	10.159	10.583	11.027	11.491	11.978	12.488	13.021	13.579
10	10.462	10.950	11.464	12.006	12.578	13.181	13.816	14.487	15.193	15.937
11	11.567	12.169	12.808	13.486	14.207	14.972	15.784	16.645	17.560	18.531
12	12.683	13.412	14.192	15.026	15.917	16.870	17.888	18.977	20.141	21.384
13	13.809	14.680	15.618	16.627	17.713	18.882	20.141	21.495	22.953	24.523
14	14.947	15.974	17.086	18.292	19.599	21.015	22.550	24.214	26.019	27.975
15	16.097	17.293	18.599	20.024	21.579	23.276	25.129	27.152	29.361	31.772
16	17.258	18.639	20.157	21.825	23.657	25.673	27.888	30.324	33.003	35.950
17	18.430	20.012	21.762	23.698	25.840	28.213	30.840	33.750	36.974	40.545
18	19.615	21.412	23.414	25.645	28.132	30.906	33.999	37.450	41.301	45.599
19	20.811	22.841	25.117	27.671	30.539	33.760	37.379	41.446	46.018	51.159
20	22.019	24.297	26.870	29.778	33.066	36.786	40.995	45.752	51.160	57.275
21	23.239	25.783	28.676	31.969	35.719	39.993	44.865	50.423	56.765	64.002
22	24.472	27.299	30.537	34.248	38.505	43.392	49.006	55.457	62.873	71.403
23	25.716	28.845	32.453	36.618	41.430	46.996	53.436	60.883	69.532	79.543
24	26.973	30.422	34.426	39.083	44.502	50.816	58.177	66.765	76.790	88.497
25	28.243	32.030	36.459	41.646	47.727	54.863	63.249	73.106	84.701	98.347
26	29.526	33.671	38.553	44.312	51.113	59.156	68.676	79.954	93.324	109.18
27	30.821	35.344	40.710	47.084	54.669	63.706	74.484	87.351	102.72	121.10
28	32.129	37.051	42.931	49.968	58.403	68.528	80.698	95.339	112.97	134.21
29	33.450	38.792	45.219	52.966	62.323	73.640	87.347	103.97	124.14	148.63
30	34.785	40.568	47.575	56.085	66.439	79.058	94.461	113.28	136.31	164.49
40	48.886	60.402	75.401	95.026	120.80	154.76	199.64	259.06	337.88	442.59
50	64.463	84.579	112.80	152.67	209.35	290.34	406.53	573.77	815.08	1 163.9
60	81.670	114.05	163.05	237.99	353.58	533.13	813.52	1 253.2	1 944.8	3 034.8

续表

期数	12%	14%	15%	16%	18%	20%	24%	28%	32%	36%
1	1.000 0	1.000 0	1.000 0	1.000 0	1.000 0	1.000 0	1.000 0	1.000 0	1.000 0	1.000 0
2	2.120 0	2.140 0	2.150 0	2.160 0	2.180 0	2.200 0	2.240 0	2.280 0	2.320 0	2.360 0
3	3.374 4	3.439 6	3.472 5	3.505 6	3.572 4	3.640 0	3.777 6	3.918 4	3.062 4	3.209 6
4	4.779 3	4.921 1	4.993 4	5.066 5	5.215 4	5.368 0	5.684 2	6.015 6	6.362 4	6.725 1
5	6.352 8	6.610 1	6.742 4	6.877 1	7.154 2	7.441 0	8.048 4	8.699 9	9.398 3	10.146
6	8.112 5	8.535 5	8.753 7	8.977 5	9.442	9.929 9	10.980	12.136	13.406	14.799
7	10.089	10.730	11.067	11.414	12.142	12.916	14.615	16.534	18.698	21.126
8	12.300	13.233	13.727	14.240	15.327	16.499	19.123	22.163	25.678	29.732
9	14.776	16.085	16.786	17.519	19.086	20.799	24.712	29.369	34.895	41.435
10	17.549	19.337	20.304	21.321	23.521	25.959	31.643	38.593	47.062	57.352
11	20.656	23.045	24.349	25.733	28.755	32.150	40.238	50.398	63.122	78.998
12	24.133	27.271	29.002	30.850	34.931	39.581	50.895	65.510	84.320	108.44
13	28.029	32.089	34.352	36.786	42.219	48.497	64.110	84.853	112.30	148.47
14	32.393	37.581	40.505	43.672	50.818	59.196	80.496	109.61	149.24	202.93
15	37.280	43.842	47.580	51.660	60.956	72.035	100.82	141.30	198.00	276.98
16	42.753	50.980	55.717	60.925	72.939	87.442	126.01	181.87	262.36	377.69
17	48.884	59.118	65.075	71.673	87.068	105.93	157.25	233.79	347.31	514.66
18	55.750	68.394	75.836	84.141	103.74	128.12	195.99	300.25	459.45	770.94
19	63.440	78.969	88.212	98.603	123.41	154.74	244.03	385.32	607.47	954.28
20	72.052	91.025	102.44	115.38	146.63	186.69	303.60	494.21	802.86	1 298.8
21	81.699	104.77	118.81	134.84	174.02	225.03	377.46	633.59	1 060.8	1 767.4
22	92.503	120.44	137.63	157.41	206.34	271.03	469.06	812.00	1 401.2	2 404.7
23	104.60	138.30	159.28	183.60	244.49	326.24	582.63	1 040.4	1 850.6	3 271.3
24	118.16	158.66	184.17	213.98	289.49	392.48	723.46	1 332.7	2 443.8	4 450.0
25	133.33	181.87	212.79	249.21	342.60	471.98	898.09	1 706.8	3 226.8	6 053.0
26	150.33	208.33	245.71	290.09	405.27	567.38	1 114.6	2 185.7	4 260.4	8 233.1
27	169.37	238.50	283.57	337.50	479.22	681.85	1 383.1	2 798.7	5 624.8	11 198.0
28	190.70	272.89	327.10	392.50	566.48	819.22	1 716.1	3 583.3	7 425.7	15 230.3
29	214.58	312.09	377.17	456.30	669.45	984.07	2 129.0	4 587.7	9 802.9	20 714.2
30	241.33	356.79	434.75	530.31	790.95	1 181.9	2 640.9	5 873.2	12 941.	28 172.3
40	767.09	1 342.0	1 779.1	2 360.8	4 163.2	7 343.2	2.729.	69 377.	*	*
50	2 400.0	4 994.5	7 217.7	10 436.	21 813.	45 497.	*	*	*	*
60	7 471.6	18 535.	29 220	46 058.	*	*	*	*	*	*
	* >99 999									

附表四

年金现值系数表

期数	1%	2%	3%	4%	5%	6%	7%	8%	9%
1	0.990 1	0.980 4	0.970 9	0.961 5	0.952 4	0.943 4	0.934 6	0.925 9	0.917 4
2	1.970 4	1.941 6	1.013 5	1.886 1	1.859 4	1.833 1	1.808 0	1.783 3	1.759 1
3	2.941 0	2.883 9	2.828 6	2.775 1	2.723 2	2.673 0	2.624 3	2.577 1	2.531 3
4	3.902 0	3.807 7	3.717 1	3.629 9	3.546 0	3.465 1	3.387 2	3.312 1	3.239 7
5	4.853 4	4.713 5	4.579 7	4.451 8	4.329 5	4.212 4	4.100 2	3.992 7	3.889 7
6	5.795 5	5.601 4	5.417 2	5.242 1	5.075 7	4.917 3	4.766 5	4.622 9	4.485 9
7	6.728 2	6.472 0	6.230 3	6.002 1	5.786 4	5.582 4	5.389 3	5.206 4	5.033 0
8	7.651 7	7.325 5	7.019 7	6.732 7	6.463 2	6.209 8	5.971 3	5.746 6	5.534 8
9	8.566 0	8.162 2	7.786 1	7.435 3	7.107 8	6.801 7	6.515 2	6.246 9	5.995 2
10	9.471 3	8.982 6	8.530 2	8.110 9	7.721 7	7.360 1	7.023 6	6.710 1	6.417 7
11	10.367 6	9.786 8	9.252 6	8.760 5	8.306 4	7.886 9	7.498 7	7.139 0	6.805 2
12	11.255 1	10.575 3	9.954 0	9.385 1	8.863 3	8.383 8	7.942 7	7.536 1	7.160 7
13	12.133 7	11.348 4	10.635 0	9.985 6	9.393 6	8.852 7	8.357 7	7.903 8	7.486 9
14	13.003 7	12.106 2	11.296 1	10.563 1	9.898 6	9.295 0	8.745 5	8.244 2	7.786 2
15	13.865 1	12.849 3	11.937 9	11.118 4	10.379 7	9.712 2	9.107 9	8.559 5	8.060 7
16	14.717 9	13.577 7	12.561 1	11.652 3	10.837 8	10.105 9	9.446 6	8.851 4	8.312 6
17	15.562 3	14.291 9	13.166 1	12.165 7	11.274 1	10.477 3	9.763 2	9.121 6	8.543 6
18	16.398 3	14.992 0	13.753 5	12.689 6	11.689 6	10.827 6	10.059 1	9.371 9	8.755 6
19	17.226 0	15.678 5	14.323 8	13.133 9	12.085 3	11.158 1	10.335 6	9.603 6	8.960 1
20	18.045 6	16.351 4	14.877 5	13.500 3	12.462 2	11.469 9	10.594 0	9.818 1	9.128 5
21	18.857 0	17.011 2	15.415 0	14.029 2	12.821 2	11.764 1	10.835 5	10.016 8	9.292 2
22	19.660 4	17.658 0	15.936 9	14.451 1	13.488 6	12.303 4	11.061 2	10.200 7	9.442 4
23	20.455 8	18.292 2	16.443 8	14.856 8	13.488 6	12.303 4	11.272 2	10.371 1	9.580 2
24	21.243 4	18.913 9	16.935 5	15.247 0	13.798 6	12.550 4	11.469 3	10.528 8	9.706 6
25	22.023 2	19.523 5	17.413 1	15.622 1	14.093 9	12.783 4	11.653 6	10.674 8	9.822 6
26	22.795 2	20.121 0	17.876 8	15.982 8	14.375 2	13.003 2	11.825 8	10.810 0	9.929 0
27	23.559 6	20.705 9	18.327 0	16.329 6	14.643 0	13.210 5	11.986 7	10.935 2	10.026 6
28	24.316 4	21.281 3	18.764 1	16.663 1	14.898 1	13.406 2	12.137 1	11.051 1	10.116 1
29	25.065 8	21.844 4	19.188 5	16.983 7	15.141 1	13.590 7	12.277 7	11.158 4	10.198 3
30	25.807 7	22.396 5	19.600 4	17.292 0	15.372 5	13.764 8	12.409 0	11.257 8	10.273 7
35	29.408 6	24.998 6	21.487 2	18.664 6	16.374 2	14.498 2	12.947 7	11.654 6	10.566 8
40	32.834 7	27.355 5	23.114 8	19.792 8	17.159 1	15.046 3	13.331 7	11.924 6	10.757 4
45	36.094 5	29.490 2	24.518 7	20.720 0	17.774 1	15.455 8	13.605 5	12.108 4	10.881 2
50	39.196 1	31.423 6	25.729 8	21.482 2	18.255 9	15.761 9	13.800 7	12.233 5	10.961 7
55	42.147 2	33.174 8	26.774 4	22.108 5	18.633 5	15.990 5	13.939 9	12.318 6	11.014 0

续表

期数	10%	12%	14%	15%	16%	18%	20%	24%	28%	32%
1	0. 909 1	0. 892 9	0. 877 2	0. 869 6	0. 862 1	0. 847 5	0. 833 3	0. 806 5	0. 781 3	0. 757 6
2	1. 735 5	1. 690 1	1. 646 7	1. 625 7	1. 605 2	1. 565 6	1. 527 8	1. 456 8	1. 391 6	1. 331 5
3	2. 486 9	2. 401 8	2. 321 6	2. 283 2	2. 245 9	2. 174 3	2. 106 5	1. 981 3	1. 868 4	1. 766 3
4	3. 169 9	3. 037 3	2. 917 3	2. 855 0	2. 798 2	2. 690 1	2. 588 7	2. 404 3	2. 241 0	2. 095 7
5	3. 790 8	3. 604 8	3. 433 1	3. 352 2	3. 274 3	3. 127 2	2. 990 6	2. 745 4	2. 532 0	2. 345 2
6	4. 355 3	4. 111 4	3. 888 7	3. 784 5	3. 684 7	3. 497 6	3. 325 5	3. 020 5	2. 759 4	2. 534 2
7	4. 868 4	4. 563 8	4. 288 2	4. 160 4	4. 038 6	3. 811 5	3. 604 6	3. 242 3	2. 937 0	2. 677 5
8	5. 334 9	4. 967 6	4. 638 9	4. 487 3	4. 343 6	4. 077 6	3. 837 2	3. 421 2	3. 075 8	2. 786 0
9	5. 759 0	5. 328 2	4. 916 4	4. 771 6	4. 606 5	4. 303 0	4. 031 0	3. 565 5	3. 184 2	2. 868 1
10	6. 144 6	5. 650 2	5. 216 1	5. 018 8	4. 833 2	4. 494 1	4. 192 5	3. 681 9	3. 268 9	2. 930 4
11	6. 495 1	5. 937 7	5. 452 7	5. 233 7	5. 028 6	4. 656 0	4. 327 1	3. 775 7	3. 335 1	2. 977 6
12	6. 813 7	6. 194 1	5. 660 3	5. 420 6	5. 197 1	4. 793 2	4. 439 2	3. 851 4	3. 386 8	3. 013 3
13	7. 103 4	6. 423 5	5. 842 4	5. 583 1	5. 342 3	4. 909 5	4. 532 7	3. 912 4	3. 427 2	3. 040 4
14	7. 366 7	6. 628 2	6. 002 1	5. 724 5	5. 467 5	5. 008 1	4. 610 6	3. 961 6	3. 458 7	3. 060 9
15	7. 606 1	6. 810 9	6. 142 2	5. 847 4	5. 575 5	5. 091 6	4. 675 5	4. 001 3	3. 483 4	3. 076 4
16	7. 823 7	6. 974 0	6. 265 1	5. 954 2	5. 668 5	5. 162 4	4. 729 6	4. 033 3	3. 502 6	3. 088 2
17	8. 021 6	7. 119 6	6. 372 9	6. 047 2	5. 748 7	5. 222 3	4. 774 6	4. 059 1	3. 517 7	3. 097 1
18	8. 201 4	7. 249 7	6. 467 4	6. 128 0	5. 817 8	5. 273 2	4. 812 2	4. 079 9	3. 529 4	3. 103 9
19	8. 364 9	7. 365 8	6. 550 4	6. 198 2	5. 877 5	5. 316 2	4. 843 5	4. 096 7	3. 538 6	3. 109 0
20	8. 513 6	7. 469 4	6. 623 1	6. 259 3	5. 928 8	5. 352 7	4. 869 6	4. 110 3	3. 545 8	3. 112 9
21	8. 648 7	7. 562 0	6. 687 0	6. 312 5	5. 973 1	5. 383 7	4. 891 3	4. 121 2	3. 551 4	3. 115 8
22	8. 771 5	7. 644 6	6. 742 9	6. 358 7	6. 011 3	5. 409 9	4. 909 4	4. 130 0	3. 555 8	3. 118 0
23	8. 883 2	7. 718 4	6. 792 1	6. 398 8	6. 044 2	5. 432 1	4. 924 5	4. 137 1	3. 559 2	3. 119 7
24	8. 984 7	7. 784 3	6. 835 1	6. 433 8	6. 072 6	5. 450 9	4. 937 1	4. 142 8	3. 561 9	3. 121 0
25	9. 077 0	7. 843 1	6. 872 9	6. 464 1	6. 097 1	5. 466 9	4. 947 6	4. 147 4	3. 564 0	3. 122 0
26	9. 160 9	7. 895 7	6. 906 1	6. 490 6	6. 118 2	5. 480 4	4. 956 3	4. 151 1	3. 565 6	3. 122 7
27	9. 237 2	7. 942 6	6. 935 2	6. 513 5	6. 136 4	5. 491 9	4. 963 6	4. 154 2	3. 566 9	3. 123 3
28	9. 306 6	7. 984 4	6. 960 7	6. 533 5	6. 152 0	5. 501 6	4. 969 7	4. 156 6	3. 567 9	3. 123 7
29	9. 369 6	8. 021 8	6. 983 0	6. 550 9	6. 165 6	5. 509 8	4. 974 7	4. 158 5	3. 568 7	3. 124 0
30	9. 426 9	8. 056 2	7. 002 7	6. 566 0	6. 177 2	5. 516 8	4. 978 9	4. 160 1	3. 569 3	3. 124 2
35	9. 644 2	8. 175 5	7. 070 0	6. 616 6	6. 215 3	5. 538 6	4. 991 5	1. 164 4	3. 570 8	3. 124 8
40	9. 779 1	8. 243 8	7. 105 0	6. 641 8	6. 233 5	5. 548 2	4. 996 6	4. 165 9	3. 571 2	3. 125 0
45	9. 862 8	8. 282 5	7. 123 2	6. 654 3	6. 242 1	5. 552 3	4. 998 6	4. 166 4	3. 571 4	3. 125 0
50	9. 914 8	8. 304 5	7. 132 7	6. 660 5	6. 246 3	5. 554 1	4. 999 5	4. 166 6	3. 571 4	3. 125 0
55	9. 947 1	8. 317 0	7. 137 6	6. 663 6	6. 248 2	5. 554 9	4. 999 8	4. 166 6	3. 571 4	3. 125 0